大学问

始于问而终于明

守望学术的视界

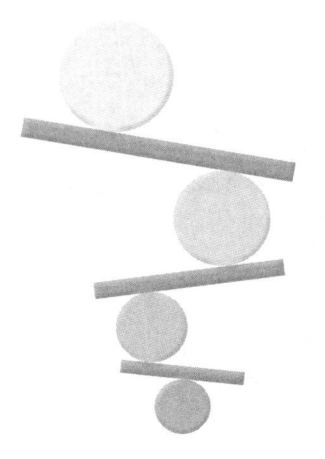

适度经济学导论

洪朝辉 著

Introduction to Propriety Economics

广西师范大学出版社
GUANGXI NORMAL UNIVERSITY PRESS

·桂林·

适度经济学导论
SHIDU JINGJIXUE DAOLUN

©2022 香港城市大学
本书原由香港城市大学出版社出版，发行全世界。
本书中文简体字版由香港城市大学授权出版，在中国大陆（台湾、香港及澳门除外）出版发行。
著作权合同登记号桂图登字：20-2024-015 号

图书在版编目（CIP）数据

适度经济学导论 / 洪朝辉著. -- 桂林：广西师范大学出版社，2024.5
ISBN 978-7-5598-6716-2

Ⅰ．①适… Ⅱ．①洪… Ⅲ．①经济学 Ⅳ．①F0

中国国家版本馆 CIP 数据核字（2024）第 018191 号

广西师范大学出版社出版发行

（广西桂林市五里店路 9 号　邮政编码：541004

网址：http://www.bbtpress.com　）

出版人：黄轩庄
全国新华书店经销
广西广大印务有限责任公司印刷
（桂林市临桂区秧塘工业园西城大道北侧广西师范大学出版社集团有限公司创意产业园内　邮政编码：541199）
开本：880 mm×1 240 mm　1/32
印张：11.875　　　字数：265 千
2024 年 5 月第 1 版　2024 年 5 月第 1 次印刷
印数：0 001~5 000 册　定价：88.00 元

如发现印装质量问题，影响阅读，请与出版社发行部门联系调换。

序

笔者自中国来美读书、教书、写书已有 30 多年。长期浸淫于"批判性思维"(critical thinking)的学术环境,可能长于批评各种学派与观点,但忽视了"批判性创新"(critical creating),容易出现批判有余、建设不足的缺憾。但只"破"不立的"破",是一种消极批判,只有为"立"而"破"的批判,才是一种积极和有效的批判,也是"破"的应有出发点和归宿。

笔者在美从事美国经济史、西方经济学思想史和经济转型的学习、教学和科研,一直期望对现有的经济学思想提出一些"立"的观点,尤其是写作一本有关适度经济学的专著。这次,终于完成多年的成书心愿,希望通过治学和治史,在学术上提供些许原创性记录。

本书试图融合史学、哲学和经济学,来阐述适度经济学思想,从东西方史学与哲学开题,以西方经济学思想史的演变为脉络,结合社会科学和自然科学的跨学科演化,系统论述适度经济学思想的起源、定义、内涵、外延、结构和功能,提出研究适度经济学所独有的三元理论、三角范式、适度曲线、合宜政策和宏观案例,并探讨未来经济学发展的可能方向与选择。所以,本书是一个多学科、跨学科、交叉学科的研究课题,也是史学、哲学和经济学三大学科的浅显集成。

此书的中文构思与写作,起始于2017年以来所开设的"西方经济学思想史"的博士课程,主要为笔者所在的美国福坦莫大学(Fordham University)与北京大学国家发展研究院合作培养的金融管理博士班所开。过去几年的独特讲课经历,给了笔者与中国学生教学相长的难得机会,我们之间的见解分享和观点交流,为本书的形成和发展增添了学术营养。自己参与博士论文指导的四位博士班学生——张祥国博士、韩燕博士、徐元区博士、孔欣博士——直接贡献了有关主题的讨论,并提供了许多建设性的修改意见。同时,通过主持博士班学生的多次读书会,我从学生的讨论中得到灵感、启发,他们包括2019级的杨欣宇、位晨、胡光书、马生聪、董寒冰、潘莉莉,2018级的纪开宇、靳晓东,2017级的李其谚和2016级的赵焱等。

本书的一些观点还得到国内一些教授和专家的启发,他们包括北大国发院的周其仁、杨壮、余淼杰、王进杰等。

在写作过程中,笔者还得到各学科专家的鼎力相助,包括鲁进教授、吕行教授、孙怡教授、黄朴民教授和董平教授所提供的人文学和历史哲学方面的启示,高琴教授、田国强教授和孙美萍教授所提供的有关经济学方面的解释;澳门大学《南国学术》主编田卫平先生对我的文章《适度经济学思想的跨学科演化》①,提出了编辑方面的指正;香港城市大学出版社陈明慧编辑也提供了许多帮助。在此一并致谢。

本书于2021年7月由香港城市大学出版社出版繁体字版,获得了一些好评。② 承蒙广西师范大学出版社的支持,出版简体字版。笔者对此版做了许多修正、补充,增加了许多新的文献资料和案例,尤其是重写了第一章的导论,增加了第九章的案例研究,全书新增25%以上的字数和160多个注释。在此感谢广西师范大学出版社刘隆进先生和亢东昌、和永发两位编辑的鼎力支持。

最后,需要感谢我的家人。太太沈澜教授是我每一个重要理念的第一个检验者、批判者,无数次茶余饭后的激烈辩论和想法同频共振,为全书的顺利完成提供了最大的帮助。女儿洪芊芊和洪晓晓利用她们关于美国政府政策和企业运营的知识,对书中的一些观点提出了质疑和建议,也让

---

① 洪朝辉:《适度经济学思想的跨学科演化》,《南国学术》2020年第3期,第397—413页。
② 陈子炜:《〈适度经济学思想导论〉:一本探讨经济的哲学书》,《香港01》,2021年12月10日书评。

我受益匪浅。特别需要一提的是,我父母无时无刻不关心我的点滴成长,父亲关于中国经济政策的毕生研究成果和母亲一生对会计事业的坚持,都潜移默化地影响了我对经济史的关注与热爱。当然,书中的所有缺陷,皆由本人负责。

洪朝辉

2024 年 2 月 18 日于美国纽约

目 录

序 *1*

第一章 导论 *1*
  第一节 何为适度经济学？ *1*
    一、定义 *2*
    二、思想要素 *2*
  第二节 为何研究适度经济学？ *9*
    一、时代背景 *9*
    二、人性需求 *10*
    三、学术储备 *13*
  第三节 如何研究适度经济学？ *16*
    一、东方中庸思想与西方适度哲学 *17*
    二、经济思想史中的适度思想要素 *18*
    三、适度经济学的基本理论和研究主题 *19*

　　　　四、适度经济学的研究方法　20
　　　　五、适度经济学的政策原则　21
　　　　六、适度经济学的案例研究　22
　　第四节　本书特点　22
　　　　一、学术贡献　23
　　　　二、研究主题　24
　　　　三、写作特色　26

第二章　适度思想的哲学渊源与定义　28
　　第一节　孔子前后中庸思想的发展脉络　29
　　　　一、前孔子时期的中庸观点　29
　　　　二、孔子及后孔子时期的中庸思想　30
　　第二节　亚里士多德前后适度思想的演化　37
　　　　一、美德　38
　　　　二、不偏不倚　39
　　　　三、目标双重性　41
　　　　四、理性　44
　　第三节　适度哲学的定义　46
　　　　一、适度哲学的六项内涵　47
　　　　二、适度哲学与中庸思想的比较　49

第三章　古典和新古典经济学的平衡与均衡　51
　　第一节　古典经济学的平衡思想　51
　　　　一、《道德情操论》的适度思想　52

二、"一只看不见的手"的适度经济学功能　56
三、《国富论》与适度经济学思想　60

第二节　新古典经济学的均衡性　65
　　一、一般均衡理论　66
　　二、均衡理论的基准与参照　68
　　三、一般均衡理论的适度思想　69

第四章　制度经济学的中和性与行为经济学的主观性　74
第一节　制度经济学派的中和性　74
　　一、旧制度经济学派的中和努力　75
　　二、新制度经济学派的中和贡献　80
　　三、其他制度经济学家的中和观点　84

第二节　制度经济学派的价值相对性　89
　　一、相对价值论　89
　　二、意识作用　91

第三节　制度经济学思想的历史演化性　93
　　一、凡勃伦的努力　93
　　二、制度变迁理论　94
　　三、研究方法　95

第四节　行为经济学的有限理性　97
　　一、完备理性迷思　98
　　二、有限理性约束　101
　　三、有限理性改进　104

第五节　行为经济学的主观性　107

一、前景理论　107
　　二、有限自利和有限意志力假设　110
　　三、心理账户理论　112
第六节　行为经济学的心理性　113
　　一、对比效应　113
　　二、历史性　114
　　三、特殊性　114

第五章　文化经济学共享价值与适度经济学定义　116
第一节　适度共享理念　118
　　一、共享价值与"普世价值"　118
　　二、适度共享要义　122
第二节　适度调节与选择　128
　　一、第三种调节：道德　129
　　二、第三种选择：分配　132
第三节　适度经济学定义　137
　　一、适度经济学内涵　138
　　二、适度哲学与适度经济学的交集　140

第六章　适度经济学三元理论与研究主题　143
第一节　三元理论　143
　　一、三元理论核心　144
　　二、三元理论与人文社会科学　146
　　三、三元理论与自然科学　149

四、三元悖论和困境的启发　155

第二节　三角范式　160
　　一、价值中立性和包容性　161
　　二、相互依赖性与相克性　162
　　三、不确定性和复杂性　163
　　四、循环性和价值相对性　164

第三节　研究主题　166
　　一、第三变量的学术意义　166
　　二、单一变量的三种视角　168
　　三、同一概念的三重解释　170

第七章　适度经济学研究方法　175
第一节　定性和定量组合　177
　　一、扎根理论与混合方法　177
　　二、三大实验方法　182
　　三、文化价值与指数研究　190

第二节　归纳法、演绎法、溯因法的融合　191
　　一、演绎法的缺陷　192
　　二、归纳法的优势　193
　　三、溯因法的效用　194
　　四、适度组合的可能　198

第三节　西方经济学曲线的适度内涵　201
　　一、拉弗曲线（Laffer Curve）　201
　　二、菲利普斯曲线（Phillips Curve）　203

三、马歇尔供求曲线 204

第四节 适度经济学曲线的设计与思考 205
一、政府与市场关系的适度曲线 205
二、适度经济曲线的应用主题 211

第八章 适度经济学政策原则 219
第一节 决策者的适度守则 222
一、不偏不倚的德性 223
二、回应民意的习性 227
三、拒绝民意的胆识 229
四、拨乱反正的魄力 230
第二节 合理评价适度经济政策的原则 232
一、评价要点 232
二、政策要素 234
三、基本措施 237
四、量化标准 242

第九章 适度经济学宏观案例研究 246
第一节 美国早期工业化困境的适度平衡 246
一、美国早期工业化的经济主题 247
二、美国早期工业化的双重影响 250
三、美国社会经济改革的适度努力 252
第二节 美国政府干预经济的共享原则(1783—1920) 258
一、美国州权与司法权的经济功能 259

二、美国联邦、立法与经济干预　263

三、联邦行政权力与经济干预　267

四、美国政府适度干预经济的效应　272

第三节　美国治理贫困路径的理性演化(1933—2000)　274

一、治理物质贫困阶段　274

二、治理能力贫困阶段　276

三、治理权利贫困阶段　277

四、治理动力贫困阶段　279

五、美国治理贫困的启示　283

第四节　中国早期经济改革的适度路径　291

一、中国经济体制的适度选择　291

二、中国经济制度安排的适度案例　293

第十章　结语　297

第一节　西方经济思想史的视野　298

一、起：前古典经济学(公元前5世纪—1776年)　299

二、承：古典和新古典经济学(1776—1936年)　301

三、转：凯恩斯经济学派(1936年—1970年代)　302

四、合：现代经济学派(1970年代—2023年)　303

第二节　适度经济学的特点与研究方法　305

一、确定与不确定　305

二、均衡与非均衡　307

三、收益递增与递减　311

四、三元研究视角　313

五、独特研究方法　315
　第三节　对未来经济学走向的思考　316
　　一、回归"初心"的可能　317
　　二、未来趋势与方向　323

参考文献　333

第一章 导论

世界进入非常态的2020年代,客观时代和主观人性都要求我们认识和研究适度经济学。作为学者,我们更需要探讨建立适度经济学架构的学术可能和学理准备,深入了解适度经济学的内容与方法。本章作为全书的导论,将简要介绍何为适度经济学、为何研究适度经济学、如何研究适度经济学,以及本书的学术贡献、研究主题和写作特色。

第一节 何为适度经济学?

过去250年,一些西方经济学家自觉或不自觉地在亚里士多德的适度哲学影响下,构建了五条通向适度经济学的桥梁,它们包括古典经济学的平衡供需、新古典经济学的均衡价格、制度经济学的演化发展、行为经济学的有限理性、文化经济学的共享价值。这些理论所显示的"平衡""均衡""演化""有限"和"共享",正包含了适度经济学的五大基本元素和哲学概念。

一、定义

为了便于读者尽快简要了解何为适度经济学的 ABC,笔者在此先对适度经济学的定义和内涵做一个超前交代,具体论述将在本书第五章第三节中予以展开。

大致而言,适度经济学可定义如下:适度经济学旨在研究影响经济发展的适度因素,其内涵是寻求资源供需平衡、市场价格均衡、制度演化安排、行为有限理性、文化价值共享的经济学理论、方法和政策。适度经济学包括不及、过度和适度三大维度对经济发展的不同作用,它体现在作为经济主体的民众,也体现在作为经济客体的市场,更体现在介于主体与客体之间的政府、集体、企业、社区、制度、文化、道德、科技和国际等因素。其宗旨是导正经济主体的过度保守或过度自由的意识和行为,纠偏政府政策的过度干预或过度放任,协调市场的过度任性或过度停滞,并在民众权利、政府权力和市场资本三者之间,寻求中道、中和与共生同长的经济资源与机制,共同构建平衡、均衡、演化、有限理性和共享的经济制度和适度社会。

二、思想要素

除适度经济学定义之外,我们需要讨论适度经济学的核心思想要素。一般而言,一门经济学由其特定的思想、理论、方法和政策四大部分构成,但其思想是纲领,是重中之重。只有理解了思想的真谛,才能更有效地认识和分析各个经济学派的特点和异同,进而帮助经济主体保持清醒、定力、理性和平衡。但在理解适度经济学思想之前,有必要厘清何为思想要素的主要成分。所以,笔者希望通过借鉴东西方思想的核心内容,将"醒""悟""理""道"四大要素,融入适度经济学,借以理解总体思想和具体适度经济学思想的基本构成和逻辑关系。

思想的第一大要素是醒(awakening),也是讨论适度经济学思想的一大要素。古希腊哲学家苏格拉底(Socrates,前470—前399)对思想觉醒做出了很大贡献,其做法显示出思想的觉醒至少有三大要点。

一是极问,以问促醒。苏格拉底习惯对学生不断提问、追问、逼问。比如,他在与学生艾先斯(Aeschines,前390—前314)讨论何为幸福时,前后发问了22次。① 在极问过程中,苏格拉底其实在教导学生,任何知识都是可以被质疑和挑战的。基于这种境界,他才有可能培养出大哲学家柏拉图(Plato,前427—前347),进而柏拉图才有了亚里士多德(Aristotle,前384—前322)这样"犯上"的学生,说出了"吾爱吾师,但吾更爱真理"的传世名句。这种"以问促醒"的启示在于,对于任何主流和经典的经济学理论,我们都要敢于和善于不唯上、不唯书、不唯师,通过发问、疑问和质问,挑战经典,不断创新经济学理论与方法,这也是适度经济学得以出现的必要条件。

---

① Alan Adams Jacobs, "Free Will and Predetermination," Advaita Vision. http://www.advaita.org.uk/discourses/teachers/freewill_jacobs.htm.

二是辩论,以辩促醒。苏格拉底的特长就是通过对话和辩论,不断阐明自己的观点,凸显对方的自相矛盾,促使对方修正原先的观点,接受自己的论说,由此就能起到振聋发聩的催醒作用。尤其是他习惯通过悖论式的陈述,促使学生警醒与反思,如著名的美诺悖论(Meno's Paradox)。① 类似悖论在经济学研究中广泛出现,有助于激发经济学家进行深层思考,有效解释和解决由悖论所导致的困惑和困境,并由此思考和推出新的经济学思想与理论,如适度经济学,解决不断涌现的经济难题。

三是启蒙。苏格拉底坚持认为哲学家代表光明,因为他们有能力将愚昧的众人唤醒,开启民智。他的学生柏拉图在《理想国》中所记载的洞穴比喻(Allegory of the Cave),就是要求民众在黑洞中转身,而且要敢于走出黑洞,学会转向,而不是安于落后的现状,谨守传统的舒适区,拒绝光明自由的选择。② 但这个"洞穴比喻"更深层次的含义是人类需要持续不断地转身、转向和转念。而且,这种创新不一定是线性地从黑暗走向光明,再从光明走向更大的光明,而有可能是循环转向,从黑暗到光明,再从光明回到黑暗,但这种重复不是简单的重复,而是辩证的扬弃。这正是适度经济学所强调的三角形范式和循环思维的哲学渊源(参见本书第六章第二节)。

思想的第二大要素是悟(enlightment),也是适度经济学思想由

---

① Gail Fine, *The Possibility of Inquiry: Meno's Paradox from Socrates to Sextus* (Oxford: Oxford University Press, 2014).
② Plato, *The Republic of Plato*, 2 nd. ed., translated with notes and an interpretive essay by Allan Bloom. (New York: Basic Books, 1968), book Ⅶ, pp. 193-195.

醒入悟的一大表现。苏格拉底式的醒是人类思考的起点,而具有东方特色的悟性思维方式,则有助于提升思想的高度与深度。作为第二大思想要素的"悟"大致包含了三层意思。

一是心悟。东方的儒、释、道都推崇"悟"心,儒家视心性本然为悟性;佛家禅宗,提倡觉悟所在的悟境;道家则推崇虚心的悟道。悟性、悟境、悟道成为中国文化的重要精髓。二是觉悟。旨在透彻了解表面和暂时的现象,找到自在、笃定和基本的方向。觉悟是思想中的一个重要节点,唯有觉悟,才能识明理、观天下、通思想。三是通透。"通"是指知识的广度:贯通古今,贯通中外,贯通左右。只有触类旁通,闻一知十,举一反三,才有可能达到通达境界。"透"是指知识的深度:透析深刻原理,透视复杂现象,透彻发展奥秘,清澈透明。而且,由浅入深,由表及里,由虚及实是大彻大悟的根本。

所以,在思想层面,"醒"而不"悟",等于无觉无悟;"通"而不"透",只是一知半解。适度经济学思想的感悟需要心悟和觉悟,旨在通透观察和比较各主要经济学派的特点。如此,才能悟出自己的独特观点与方法。

思想的第三大要素应该是理(reason)。除"醒""悟"能力以外,人类思想还需要整合"醒""悟"的各种要素,归纳成理,建立抽象的思想体系和理论。同时,"理一分殊",要从"理"中演绎万物,并以一己之心,推及众心之理,从个别到一般。这样,来自归纳与演绎双向努力的"理",具有三大特点。

一是理性。西方古典经济学派推崇完备理性,善于使用实证和实验等方法,理清和理顺事物的前因后果,排斥偏见与极端。但在极性对立的现实世界中,理性日益成了人类社会的稀缺资源,而适度思想正是支撑理性的重要杠杆,很多非理性、极端性、荒诞性的不适度言行,就是由理性的缺乏导致的。

二是逻辑。西方的逻辑提倡"同一律",反对似是而非;还主张"矛盾律",没有什么事物既是它,又不是它;而且,西方逻辑学更热衷于"排中律",如果 A 为真,那么非 A 就是假,不存在半真半假的可能,黑白两极、泾渭分明。逻辑就是对事物关系做出判断的思维升华,讲究确定性和条理性,排斥似是而非、模棱两可和自相矛盾等逻辑不自洽,以独特的思维方式综合和呈现"理"。

三是科学。科学的精髓是"发现"(discovery),而不是发明(invention),科学的一大目的在于发现已存现象的规律。所以,科学"发现"与技术"发明"存在本质不同。李约瑟难题(Needham's Grand Question)曾提出一大困惑,为何近现代科学大多发生在欧洲,而不是中国?因为古代中国的四大发明不是科学发现,而是科技发明。① 虽然改变世界的功臣是"发明",但真正认识世界的原动力来自"发现","发现"是"发明"的前提,科学是技术的基础。

很显然,理性、逻辑、科学是传统经济学安身立命的基础,但现实生活中缺理性、少逻辑、不科学的现象,比比皆是。理论与现实的矛盾,正好赋予适度经济学出现和发展的机会。如何平衡经验科学与实验科学、经济理论与客观现实、保守思想与激进行为、政府干预与市场主导,就需要思想的力量和适度经济学的创新。

思想的第四大要素是道(Dao)。很显然,"理定而后方可得

---

① [英]李约瑟:《中国科学技术史》,北京:科学出版社、上海:上海古籍出版社,2006 年。

道","得道先须得理"。① 尽管"理"很重要,但相对而言,理浅道深,理方道圆,理清道玄,理简道繁,"道"中深藏着人类的智慧和思想,而不仅仅是知识和理论。而且,"万物各异理",但"道者万物之所然",也就是说,万物之理各不相同,但万物之道则是共同和共通的,也就是所谓"理一分殊"或"道一理殊"。② 简而言之,东方的道可从三个方面予以理解。

一是玄。西方英文教科书对"道"这个中文字,没法找出合适的词来翻译,只能用拼音(Dao 或 Tao)应付。尤其是道家思想演变为道教以后,就出现了玄学,更难说清。比如,福祸相倚相伏,既是一种转化论,也是一种玄乎论,属于"A 而 B"或"亦 A 亦 B"的公式。③ 其实,道家的"玄"就是指"周行而不殆"的状况。④ 以"道"为核心的中国文化,是智能型文化,中国的经济也是智能型经济,而不是理论型经济。在中国,任何理论型经济都是难以完全适用的,例如纯粹的苏联计划经济和西方市场经济,在中国都很难成功。

二是深。"道"的另一特点就是深邃和深刻,可圆可方,似圆似方,无圆无方。但从重要性角度而言,道理道理,先道后理,类似的公理、原理、学理、哲理都要服从道理。人需要先得五道:知道、悟道、行道、合道、得道,才谈得上格物、诚意、正心、修身、齐家、治国、

---

① 庞朴:《庞朴文集·第四卷·一分为三》,济南:山东大学出版社,2005 年,第 213、215 页。
② 庞朴:《庞朴文集·第四卷·一分为三》,第 214 页。
③ 庞朴:《庞朴文集·第四卷·一分为三》,第 2、14、20 页。
④ 庞朴:《庞朴文集·第四卷·一分为三》,第 120 页。

平天下。需要指出的是，王阳明的"心即理"的"理"，主要指的是"道"，而不是西方思想意义上的理性、逻辑或科学。

三是自然。《道德经》提倡"道法自然"。东方的道主要是指自然规律、宇宙本源，追求平淡和谐、回归自然、体认人本，因为人生之短暂，不如自然之永恒。这一自然的思想作用于经济学，就是植根于市场经济的自然规律，回归中道与适度。

所以，为了提升经济学思想的深度和高度，经济学家需要知"道"和悟"道"，并将"道"的元素运用到经济学思想和理论中，指导经济学实践与政策。适度哲学思想的精髓不仅得益于儒家的中庸，也与道家的和谐、辩证、无为、不争等思想不谋而合，其中所体现的"自由放任""无为而治""不与民争利"等经济观，更与适度经济学思想的基本理念相合。尤其是，如果说"器"是形而下的物质，"道"是形而上的精神，那么，"理"就是"形而中"的第三元。①

很显然，尽管各种经济学派貌似杂乱无章，其实，每一个经济学派都不外乎由以下四大要素构成：思想意识、经济理论、研究方法和经济政策，但经济思想往往决定经济理论、方法和政策。所以，我们在创立一个适度经济学学派之前，首先需要厘清和建构适度经济学的思想。没有思想的经济学，只是一种工具、一个理论而已。许多传世的经济学家首先是思想家，其次才是经济学家，他们是有思想的经济学家。

---

① 庞朴：《庞朴文集·第四卷·一分为三》，第214页。徐复观也曾提出"形而中学"，指一门居于道与器之间的学问，但主要是指"心"，参见徐复观：《中国思想史论集续篇》，上海：上海书店出版社，2004年；徐复观：《徐复观全集》，北京：九州出版社，2014年；韩星：《徐复观形而中学探微》，《黑龙江社会科学》2018年第3期，第101—109页。

总之,西学的醒,利于创新;汉学的悟,善于学透。西学的理,长于理性、逻辑和科学,但汉学的道,乐于思辨、变通和回归自然。而适度哲学和适度经济学的使命是融合与交叉思想的四大要素,将自由的"醒"思、透彻的感"悟"、科学的"理"性、自然的大"道",进行创造性组合,最大限度地体现经济学的思想魅力。

第二节 为何研究适度经济学?

明确适度经济学的研究目标、意义和需要,是建构适度经济学研究框架的题中应有之义,有助于学者明确一门新学科产生的时代背景、人性需求和学术储备。

一、时代背景

时至 21 世纪,世界进入动荡(volatile)、不确定(uncertain)、复杂(complex)、混沌(ambiguous)的时代,即所谓 VUCA 时代。[①] 尤其是经历了 2008 年的全球性金融危机和 2020 年的新冠疫情之后,人类充分体验了动荡不已、前景不定、复杂不清和混沌不明的至暗梦魇。

身处这种恶劣的情势下,人类的心智很容易走向两极,忽左忽

[①] Nate Bennett and G. James Lemoine, "What VUCA Really Means for You," *Harvard Business Review* (January-February, 2014): 27.

右,无所适从,要么是"束手无策的慌乱",要么是"退避三舍的虚无"。① 于是,无良政客往往趁机乱为、恶为和胡作非为,分化族群,强化对立,激化矛盾,以得一党之利、一己之私;而"慌乱"或"虚无"的民众也很容易在此时此刻盲从一些政客和媒体偏激的煽动和误导,导致上下、左右、内外共同推波助澜,加大了正反馈效应出现的速度和程度。极端民族主义、民粹主义、种族主义、专制主义等思潮也趁机甚嚣尘上,导致社会失去理智,走向极端,陷入疯狂。类似现象在"一战"和"二战"前后已经多次出现,世界大战、全球冷战、经济危机、天灾人祸渐成常态,殷鉴未远,触目惊心。

面对经济领域的难适度、不确定、高风险状态,我们更需要谨慎防范过热的经济泡沫和过冷的市场萧条,探索解释困境和摆脱困境的适度经济思想、理论和方法。所有这些时代的困境,都在显示理性、中道和适度的心智和行为的必要与迫切。

二、人性需求

自中国孔子(前551—前479)、古希腊亚里士多德以来,人类系统追求"中庸""适度"的理想已经超过2500多年。此后,无数先贤前赴后继,试图超越"轴心时代"②的大师,也有许多国家的决策

---

① W. Brian Arthur, *Complexity and the Economy* (New York: Oxford University Press, 2015), p. 7.
② 德国思想家雅斯贝尔斯(K. T. Jaspers, 1883—1969)把公元前500年左右(前800—前200年之间)在中国、西方、印度地区出现人类文化突破现象的时期称为"轴心时代"。Karl Jaspers, *The Origin and Goal of History* (New York: Routledge, 2010), p. 1.

者持续实践"中庸""适度"哲学,希望摆脱经济困境。自亚当·斯密(Adam Smith,1723—1790)开始,适度思想逐渐在西方经济学中得到零碎而不系统的呈现和演绎,并得到各种人文科学、社会科学和自然科学理论的验证和拓展。

但是,知适度难,行适度更难,因为走极端、行极化,往往能使人类的选择过程变得简单、容易、高效,不需要苦苦求中,持续定位,自我纠结。而且,极化的声音一般比较清晰、明确,富于激情,容易形成有效的战斗力、凝聚力和集体效应。加上人类普遍的思维定式决定了很难抛弃左右偏见,放弃保守与自由两端,更难避免自私与狭隘,由此导致在行动上保持长期合作和持续适度更是难上加难。于是,人性贪婪与供需失衡造成的通货膨胀或通货紧缩,成了200多年来世界经济的普遍梦魇,挥之不去。例如,面对2020年以来的全球新冠肺炎疫情,有的反应迟钝,错失防治疫情的最佳窗口期;有的惊慌失措,反应过度;有的见到疫情和缓,立即复工复学,导致第二波疫情迅猛反扑;更有人幸灾乐祸、隔岸观火、以邻为壑、推卸责任,拒绝佩戴口罩,反对社交安全距离,害人害己、祸国殃民。所有这些,都反映了人性在危难面前的"不及"或"过度"之缺失。虽然在百年不遇的大灾大难前谈适度,有点奢侈,但反思一定有利于未来更妥善地因应危机。

尽管理论和现实都证明,人类多数倾向于中间选择与温和政策,但最终适度成为全民选择的事实少之又少,而由适度带来历史进步的景象,也成为一种奢望。也许,追求温和的中庸之人,大多缺乏堂吉诃德式的激情,也少有"传道士"般的执着,他们偏爱以理性的语言和温和的行动去捍卫执中的理念,于是,很容易在左右的喧嚣声中被边缘化、被忽略，并被少数人拖向非理性、非适度的深渊。所以，对于适度的知难行更难之事实，更多需要从人性深处去寻找答案，应该超越文化、种族、国籍、阶级、制度、政党的界限。

今天，我们研究适度思想在经济学中的演绎和互动，对于纠偏经济政策的两端，制约供需市场的失衡，完善经济人的心性，其意义不言而喻。只要人类的共同弱点仍然存在，那么适度思想的生命力就会永存；只要人类的心性还存在偏见、偏激、偏执，那么，以适度思想为指导的经济学就一定具有现实的必要性和重要性。尽管非理性、极端化也许会成为特定时间、地点和人群的常态，适度也未必能够战胜不及或过度，但不及与过度的政策通过对抗、磨合、互补，仍然有可能自我纠错、纠偏，逐渐孕育出一种趋于适度的导向。

必须指出，我们追求适度，但适度只是一种理想，犹如均衡和理性，它在现实中出现的概率很低，成功的难度很高，但这并不能否定我们追求适度理想的努力。我们承认不及和过度是常态，人类纠错的过程也往往是矫枉过正。但只有承认达到适度目标的难度，才有努力追求适度的意义。康德（Immanuel Kant, 1724—1804）承认，他不信上帝，但不反对上帝，为了维护道德，为了给理想或信仰设计实践的准则，尽管上帝存在是一个难以用实验证明的假设，也很有必要为众人的努力提供一个方向和标的，并假设肉体生命的结束并不是一切的终结，人类还有超然于肉体的灵性（spirituality）和灵魂。这样，尽管我们可以不信理想中的上帝，但没有上帝，人类孜孜以求的道德律令就难以得到遵守。[1] 也诚如南北

---

[1] Immanuel Kant, *Critique of Practical Reason* (Cambridge: Cambridge University Press, 2015).

朝诗人谢灵运(385—433)的诗句:"明月在云间,迢迢不可得。"①高远的境界尽管难以达到,不过心中有追求,行动就有目标。

在经济哲学层面,我们可以不信适度的存在,但没有适度的理想,经济发展就很可能失去发展的方向和基本的准则,更容易进入混沌、混乱和不确定的状态。而这种适度理想的最现实经济表现,就是供应与需求、公平与效率、就业与通胀、自由市场与政府干预之间都能够取得适时、适地、适度的平衡与和谐。其实,这些适度的经济现象并不是天方夜谭、空中楼阁似的乌托邦,而是不时出现,并在现实中存在的时间越来越长,空间越来越广,张力也越来越小。

三、学术储备

进入21世纪,适度经济学的学术思想不断显现,因为现有的经济学科正在进入一个"动荡期"。② 尽管250年来古典和新古典经济学派仍然占据西方经济学主流,但是自1970年代开始,新制度经济学、行为经济学、文化经济学和复杂经济学等"新兴"学派不断地质疑、挑战和修正了传统的经济学经典理论。它们系统地对"经济人"性质、完备理性、利益最大化、完全竞争、完全信息、市场完全出清等几大传统经济学的基本假设,提出全面而又深入的批判,也对一般均衡、正反馈、收益递减、静态封闭和数学建模等理论和方

---

① 谢灵运:《东阳溪中赠答二首》,见李运富编注:《谢灵运集》,长沙:岳麓书社,1999年,第115页。
② Arthur, *Complexity and the Economy*, p. ix.

法进行了广泛的质疑。因为这些传统经典理论难以解释现实中无处不在、无时不在的自然人、非理性、有限理性、满意最大化、垄断竞争、信息不对称、市场失灵现象,也没法解释非均衡、负反馈、收益递增、动态演化的存在原因,更难以排斥实验、计算机、定性和归纳等非数学研究方法的有效性和实用性。

于是,新时代呼唤新思想。但是至今,中外经济学界尚未开始全面、系统地论述适度经济学的思想、理论、方法和政策,尽管现有的一些经济学学派和观点,如演化经济学(Evolutionary Economics)、金发女孩经济(Goldilocks Economy)[1]、善恶经济学等,已经隐含了某些适度经济学思想的"闪光点"。

首先,演化经济学强调经济学的演化性和有机性,与适度经济学的动态性与历史性相关,而且,它也与适度经济学一样,侧重研究经济发展的整体性、多样性、复杂性。演化经济学还推崇生物学的类比与隐喻方法,而不是牛顿经典物理学的机械和模仿,这也与适度经济学类似。另外,演化经济学采用的是满意原则,追求更优结果,而不是传统经济学所追求的最优结果,这与适度经济学的相对性不谋而合。但是,演化经济学的思想本质与适度、中道并没有任何直接联系。相反,它是以挑战新古典经济学的另一极端的面目出现的,没有考虑如何平衡与协调传统和现代经济学的适度选

---

[1] Celeste Kidd, Steven T. Piantadosi and Richard N. Aslin, "The Goldilocks Effect: Human Infants Allocate Attention to Visual Sequences That Are Neither Too Simple Nor Too Complex," *Plos One*, May 23, 2012.

择。① 而这种以反一端的名义,进行另外一端的研究,正是适度经济学所反对的,因为这将导致经济学研究难以摆脱永无止境的左右摇摆,从一个极端走向另一个极端,这样就很难推动经济学研究的真正而有实质性的进步。

其次,金发女孩经济旨在描绘经济发展的一个短暂的黄金时期,也就是所谓"伟大的温和"(Great Moderation),它象征着两大经济危机之间出现的经济增长之佳境,显示经济发展出现了不冷不热的温和状态。② 尽管"金发女孩经济"的恰到好处与适度经济学所期待的理想状态有点类似,但是,这些"金色的美好"有可能是虚假的、短暂的、不可持续的,也有可能为下一轮更严重的经济危机提供条件。因为任何过低利率、过低失业率的现象都不是适度,而是不及,它有可能为下一步的房地产泡沫、股市虚高、通货膨胀准备条件。同时,这类"黄金"时期有时又是银行家们发财、投机的良机,广大穷人则深受房贷或通胀的困扰,一旦如2008年的房贷泡沫破裂,有可能再度导致民众倾家荡产。③

最后,善恶经济学发展了道德经济学的部分思想。捷克经济学家赛德拉切克(Tomas Sedlacek)于2011年出版《善恶经济学》,先通过神话来解释经济学中的善恶问题,然后再从经济学反观神

---

① Ulrich Witt, "What is Specific about Evolutionary Economics?" *Journal of Evolutionary Economics* 18 (2008): 547–575; Ulrich Witt, *Evolutionary Economics* (Aldershot: Edward Elgar Publishing, Inc., 1993).

② Ben Bernanke, "The Great Moderation," *Federal Reserve History* (https://www.federalreservehistory.org/essays/great_moderation), November 22, 2013.

③ Michael Hudson, "The Bubble Economy: From Asset-Price Inflation to Debt Deflation," *Counterpunch*, July 5, 2013.

话与哲学。① 其中的核心观点继承了亚里士多德的适度理念：适度就是善，不及或过度就是恶。作者从基本的善恶观出发，批判人性贪婪无度的欲望，也批判古典经济学对人性自利的过度张扬，认为这在客观上鼓励了人性之恶，更谴责人的非理性所表现出来的恶。他同时质疑数学对经济学研究的主导影响，忽略了经济学现象中常常出现的规律之外的情况和给定条件。最后，善恶经济学强调经济学必须坚守的人性、伦理、道德和价值底线。类似这些理念，应该属于道德经济学的范畴，而且《善恶经济学》不是一本真正意义上的经济学思想史著作，善恶经济学也很难成为一门独立和独特的经济学新学科。《善恶经济学》至多是一本与经济哲学有关的著作。

总之，上述三大经济理论都没有直接、明确地提出"适度经济学"这个术语，也没有系统、全面和深入地论述适度经济学的定义、思想、理论、方法和政策，而这些正是本书的主题与努力方向。

第三节　如何研究适度经济学？

为了有效推动适度经济学的研究，学者们至少需要系统研究东方的中庸思想、西方的适度哲学，以及西方经济思想史的脉络与发展，旨在寻找适度经济学的哲学依据，发现适度经济学的主要理论与研究主题，有效使用适度经济学的主要研究方法，提出实施适

---

① Tomas Sedlacek, *Economics of Good and Evil: The Quest for Economic Meaning from Gilgamesh to Wall Street* (Oxford: Oxford University Press, 2011).

度经济学的政策原则,尤其是要给出如何在经济运行过程中做到适度的准则和可计量标准。

一、东方中庸思想与西方适度哲学

研究适度经济学,首先需要理解它的哲学思想起源和核心,这是适度经济学的基本指南。适度思想在中国源远流长。尽管孔子是中庸思想的集大成者,但孔子以前的先秦思想大家在一些经典文献中,已经论述了中庸和中正的思想,包括《周易》《尚书》《周礼》等。到了孔子所处的春秋时代,中庸思想已日渐成熟,后来又得到程朱理学的丰富和发展。

大致而言,东方中庸思想推崇不偏、不倚、中正、执中,也强调"中"是一种"权",即不断地权变。另外,中庸具有"和"的功能,主张"中和"。最后,中庸的价值取向是正面和积极的。

西方的适度哲学大致由古希腊的亚里士多德完成,并由亚当·斯密进行了拓展,开始在《国富论》中有所提及。西方哲学将适度视为美德、不偏,也强调适度目标的双重性,更重要的是推崇理性,这是东西方中庸与适度的一大区别。

大致而言,西方适度哲学坚持中间性、平常性、主观性、历史性、中和性和相对性,它们为适度经济学思想提供了框架和指南(详见本书第二章)。

二、经济思想史中的适度思想要素

任何一门经济学派都有它的经济思想史渊源,它是适度经济学的文献依据。尽管自亚当·斯密以来的经济学家尚未明确、系统地提出适度经济学的概念,但通过仔细梳理他们的思想、理论、方法、政策等要素,能够发现适度经济学所特有的一些闪光点。

首先,古典经济学所提出的适度思想、"一只看不见的手"的适度经济学功能、市场经济的供需平衡理论,是适度经济学的一大基石。同时,新古典经济学所提倡的一般均衡理论、均衡理论的基准,则为适度经济学提供了微观指导(详细内容参见本书第三章)。

其次,制度经济学显现了中和的努力、贡献和观点,为适度经济学注入了重要养分。而且,新旧制度经济学所强调的相对价值理论和意识在经济学中的意义,则为适度经济学走向软性和非数学性提供了依据,尤其是制度经济学所推动的制度变迁理论,为适度经济学增添了历史演化的特性和方法论的启发(详细内容参见本书第四章)。

再次,行为经济学所特有的有限理性思想,对完备理性提出了挑战,也丰富了适度经济学的内涵;行为经济学所坚持的前景理论、有限自利和有限意志力假设,以及心理账户理论(Mental Accounting)等,也为适度经济学提供了理论依据。此外,行为经济学具有鲜明的心理性,在对比效应、历史演化和特殊例外等方面,都挑战了新古典经济学的静止性和一般性根基,而这是适度经济学的本质特征之一(详细内容参见本书第四章)。

最后,文化经济学所蕴含的共享意识、共享价值、共享利益、共享凝聚力、共享效率等准则,都是适度经济学的基本支柱,并为适度经济学所推崇的适度调节(如道德调节)和适度分配(如第三次分配),提供了重大理论和现实的启示(详细内容参见本书第五章)。

上述五大经济学派的思想、理论、方法都为适度经济学提供了文献根据和思想渊源,通过分析、综合与创新,适度经济学呼之欲出。

三、适度经济学的基本理论和研究主题

研究适度经济学必须澄清它的基本理论和研究主题,它们是适度经济学的基本理论原则。适度经济学的思想核心是一分为三的,基本原则是执两用中,根本路径是不过、不及的中道妥协,所以适度经济学的核心理论就是三元理论。

应用在经济研究领域,这一三元理论旨在将经济现象尽量分为三种不同元素和变量,形成左中右、上中下、里中外、前中后的不同时空或价值,并把它们放在一个系统或平台上予以理性讨论。同时,运用一分为三的视角,分析比较每一种经济现象的优、中、劣,避免偏见、无知与冲动。最后在政策设计层面,提出上、中、下三种选择方案,并列出每一种方案的代价、风险和收益;或平衡左、中、右各种利益集团的诉求,寻求最大的利益公约数。

适度经济学的三元理论能够引导三角范式的形成,旨在反对线性思维,提倡价值的包容性,深化研究三种经济主体之间的相互

依赖性和相克性,应对现实经济世界的不确定性和复杂性,强化适度经济学所推崇的循环性和价值相对性。

同时,适度经济学的三元理论有助于界定研究的主题、边界与对象。适度经济学的一大原则是研究对象必须具有三种可供比较的变量,在两极之间、左右之上,适当引入第三个变量,进行比较研究,寻找取一弃二或者取二弃一的次优选择。同时,适度经济学主张在单一变量中进行三种选择,包括不及、过度与适度,或者阴、阳、和;还可以在同一概念下进行三重解释,将政府干预或者市场机制都分解为好、中、坏三重解释与评判,开拓经济学研究的新空间、新课题(详细内容参见本书第五章)。

四、适度经济学的研究方法

研究方法是理论研究的基本工具。适度经济学的研究方法借鉴了复杂经济学的进化组合方法。经济学的研究方法已经极其丰富而又齐备,其创新不是另辟蹊径,而是根据适度经济学的研究目的与对象,对现有的各种方法进行适度组合。

第一就是对定性与定量的研究方法进行组合,对扎根理论、混合方法、实验方法和价值指数研究方法进行有机的组合。第二是对归纳法、演绎法和溯因法进行融合,弥补三种方法的不足,通过融合,发挥各自的研究效用。第三是对经典的经济学曲线进行提炼和创新,提出独特的适度经济学曲线,并设计应用这一曲线的课题(详细内容参见本书第六章)。

五、适度经济学的政策原则

政策原则是回答如何才能做到适度的关键问题。适度经济政策的实现之本当然是制定政策者的适度素质,它包括不偏不倚的德性、回应正确民意的习性、拒绝错误民意的胆识,以及拨乱反正的魄力。

同时,尽管很难对适度做定量分析,但经过几百年经济运行的实践,人类社会已经演化出一些约定俗成的标准,并形成了一些被多数国家普遍接受的评价标准和量化参照,包括充分就业、产业协调、运行稳定、效益显著和福利最大。与此相适应,就需要在失业率、通胀率、基尼系数、银行利率、财政赤字、经济增长率上得到计量体现。

而且,为了达到合理与适度的经济增长率,必须体现需要与可能的统一,生产与生活的统一,速度、比例与效益的统一,短期与长期的统一,最终帮助决策者形成干预政策的三种基本选择:一是是否有必要干预,二是需要在哪些领域和类别适度干预,三是干预政策的力度多大、时间多久才是合理和适度的区间。

所以,适度经济政策是为经济增长建立具有边界意义的区间,而建立边界的决定因素是经济要素所能达到的弹性,而弹性是指各要素所能达到的最优极限,在这个弹性极限的区域内,根据自身的张力达到适度的均衡点(详细内容参见本书第八章)。

六、适度经济学的案例研究

案例研究和政策原则都试图回答如何做到适度,如何运行适度经济,如何取得适度效用。本书第九章主要考察了美国经济发展的适度内涵,并运用适度经济学的研究方法,重新解释美国经济史的基本发展路径。

例如,运用适度哲学的平衡理念,有助于发现 19 世纪上半期,美国社会各界面对早期工业化所带来的个人自由与社会动荡的双重困境,是如何推出平衡应对的适度举措的;通过共享的适度经济学视角,研究 1783—1920 年美国州权、司法、立法和行政各部门是如何逐渐地适度干预经济发展,又是如何适时地改变干预部门、主题、强度和广度,促使社会各界共享经济发展的成果;最后,运用适度经济学的演化原则,研究美国 20 世纪下半期治理贫困政策的案例,探讨美国的经验与教训,并发现一个比较适度的可能方向。

第四节 本书特点

首先需要说明的是,本书的主题只是对适度经济学这一新学派做一个简要的介绍,建构一个骨架和基础,故称"导论"。笔者正在利用中国和美国经济发展的案例,丰富适度经济学的内容,健全适度经济学学派和学科。

一、学术贡献

本书是论述适度经济学的一本专著,它首次探讨了适度经济学的定义,对适度经济学思想的历史脉络和跨学科演化进行了文献研究,并挖掘和论述了古典经济学的平衡性、新古典经济学的均衡性、制度经济学的中和性、行为经济学的主观性、文化经济学的共享性、复杂经济学的组合性等具有适度经济学思想的闪光点;首次建构和丰富了适度经济学的"三元理论"和"三角范式";具体讨论了适度经济学研究的组合方法,创立了适度经济学曲线;设计与界定了适度经济学的政策设计和执行准则,阐明了如何做到适度的标准;结合中美经济史的案例,研究了适度经济学在美国实践中的经验与教训;最后,根据2500多年来西方经济学思想的起、承、转、合之发展历程,笔者倡导未来经济学需要逐渐沿着相对适度、局部适度、有限适度、理性适度的方向,走向进化性组合、创新性综合、包容性融合。

基于适度经济学的跨学科性质,本书首先利用历史学的研究方法,分析适度思想在东西方文化中产生的历史背景。其次,借助哲学的智慧,寻找中庸与适度的内在链接和传承变化。再次,运用经济学范式,探索西方经济学思想史的框架和思想,梳理适度经济学思想的起源和发展。另外,还借鉴了物理学、生物学、计算机、逻辑学、心理学、政治学、社会学等其他自然科学和社会科学的知识,来强化对适度经济学的理解与解释,为跨学科和多学科地建构适度经济学,提供学科交叉的思想、学理、逻辑和方法。所以,本书是一部跨学科、多学科和交叉学科的专著。

二、研究主题

本书主题是适度经济学,研究适度经济学思想的历史发展和跨学科演化,建构和丰富适度经济学的理论和研究范式,讨论和提出适度经济学的研究方法与曲线阐释,指出政策设计和执行的原则和准则,并将适度经济学应用于具体案例研究。同时,本书首次以专著的形式,提出"适度经济学"作为一个新兴经济学科的可能与方向。从西方经济思想史的视角,探讨适度经济学,有其必要性、可能性和现实性,而且,适度经济学非常契合许多西方经济学大家的一些观点和思路,尽管他们没有自觉、明确、系统地提出"适度经济学"这一概念。全书各章的内容简介如下:

第一章(导论)旨在简要介绍何为适度经济学(定义)、为何研究适度经济学(意义)、如何研究适度经济学(方法),分析建构适度经济学的时代需要,突出问题意识和现实效应;强调知适度难、行适度更难的人性困境,由此凸显推动适度经济学研究的必要性和重要性;考察创立适度经济学的学术准备,讨论演化经济学、金发女孩经济、善恶经济学与适度经济学的某些联系。

第二章是文献考古,总结归纳中国的中庸思想与西方的适度哲学,并结合它们在经济学方面的指导作用,比较两者的异同,最后提出适度哲学的六项内涵,包括中间性、平常性、主观性、历史性、中和性和相对性,为适度经济学思想的构成与发展提供指导和规范。

第三章是站在西方经济思想史的角度,通过文献研究,挖掘梳理、系统评价适度思想在古典经济学和新古典经济学中的"蛛丝马迹",指出古典主义平衡理论和新古典主义均衡理论对适度经济学的思想启发与借鉴作用。

第四章旨在讨论制度经济学和行为经济学对适度经济学思想的贡献,包括旧制度经济学和新制度经济学所揭示的功能中和性、价值相对性、历史演化性,也涵盖行为经济学所展示的有限理性、主观性和心理性。

第五章侧重考察文化经济学与适度经济学的相关性,强调文化经济学所推崇的共享理念、多种调节与多元分配思想,及其对适度经济学的思想启示。同时,结合适度哲学的内涵,借鉴五大主要经济学派的理念,笔者指明了适度经济学的内涵,总结归纳了适度经济学的五大特性:平衡性、均衡性、演化性、理性有限性和共享性。

第六章提出"三元理论"和"三元悖论"应该成为适度经济学的主体理论,验证适度思想在人文科学、社会科学、自然科学进行跨学科应用的有效性和工具性,并设计了"三角范式",作为理解和解释适度经济问题的分析工具和方法。

第七章根据适度经济学的基本要求,分析了主流经济学研究方法中各类曲线的优点与缺陷,设计和讨论了适合适度经济学研究的主要方法,提出分析适度经济学问题的几条原创性的"适度曲线"。

第八章讨论了适度经济学的政策原则,旨在回答如何做出适度的经济决策,强调决策者所应具备的适度素质和人格,建立合理评价适度经济政策的原则,设计适度经济政策的基本措施,确立适度经济运行的几大指标,以及制定防范和惩罚过度或不及经济行为的方法。

第九章运用美国经济发展的三个案例(早期工业化、政府干预经济和治理贫困),来说明适度经济在美国成功与失败的经验教训。同时,还简要分析了中国改革开放以来的四个案例(农村土地制度、乡镇企业、国有企业和城市化),来说明中国的经济发展是否符合适度经济的内涵。

第十章总结了全书的新观点、新框架、新方法和新政策原则,并从西方经济思想史的演化视角,分析适度经济学的历史定位,提出未来经济学发展的可能选择与方向,呼吁经济学研究应逐渐沿着相对适度的方向发展,走向方法、学科、思想的和合,为当下提供更多的选择和可能。

三、写作特色

与同类中英文专著相比,本书具有四大写作特色。

其一,结构整体性。本书各章之间紧密相连、逻辑自洽,从而形成了一个有机整体。虽然笔者曾经在2020年8月发表过《适度经济学思想的跨学科演化》一文[①],但并没有成为本书其中的一章,而是散见于每一章节,所以并不影响全书的整体结构,这就与有些作者论文集式的"专著"不同,如阿瑟(W. Brian Arthur)的《复杂经

[①] 洪朝辉:《适度经济学思想的跨学科演化》,《南国学术》2020年第3期,第397—413页。

济学》。

其二,资料丰富性。本书使用的英文原始资料比较翔实和丰富,20余万字的正文共有660多个注释。全书注释多数尽量注明具体页码,重要引文提供英文原文,对一些重要的学术用语,也列出英文原文,方便读者对照、查证。对于一些名著,如亚当·斯密的《道德情操论》《国富论》等,皆不采用流行的中文翻译版本,而由作者直接从英文原文翻译,并给出英文原文,便于读者比较与鉴别。

其三,内容通俗性。鉴于适度经济学的特性,本书以定性研究为主,没有使用任何数学模型。而且,尽量使用通俗的语言和例子,以使没有受过经济学和历史学专业训练的读者,也能容易理解。

其四,观点温和性。本书的遣词用句比较温和、理性和中性,所举案例大多贴近中国和美国的社会现实,尽量避免偏激、极端,旨在与适度哲学的主题相符,坚持学术性、客观性、平衡性。

总之,适度首先是一个哲学概念,但一旦运用到经济学,就具有了独特的内涵和功效。在政府与市场、效率与公平、干预与自由两极对立的发展进程中,经济学的适度思想更加值得深入观察与分析。笔者希望本书能够有助于读者厘清流行的关于"中庸"和"适度"的歧义与偏见,批判地思考西方主流经济学家关于适度经济学的观点,为适度经济学的未来提供一些思想、理论、方法、政策和案例方面的学术准备。

第二章　适度思想的哲学渊源与定义

追溯思想的起源,探寻思想原创者的背景,是学术考古和诠释的一种需要,也是还原历史文献的一种努力。解读适度经济学,同样需要追寻其发展的思想渊源、学理路径和文本依据。

诠释学理论认为,诠释者对历史文本的阐释,存在选择文献和解读文献的"前理解"和思想倾向,也就是研究者理解特定文献的先行立场或视角,其一切理解"是基于理解者的前结构的先行的前理解,前结构将构成理解者的不可言喻的无可争论的先入之见"。[①] 本书的讨论主题是适度经济学,笔者希望通过对东西方有关中庸/适度思想的历史文献分析,并通过重构问题、给定条件、规定预期,对历史文本的生成提出新的诠释与解读。

---

① 洪汉鼎:《诠释学:它的历史和当代发展》,北京:人民出版社,2001年,第205页。

第一节　孔子前后中庸思想的发展脉络

经济学的适度思想与东西方"轴心时代"的哲学思想密切相关,所以,先行分析东方的"中庸"思想,有助于理解和定义西方哲学和经济学的"适度"。

一、前孔子时期的中庸观点

在东方,尽管中庸思想的集大成者是孔子,但在孔子之前,众多先秦文献典籍都提到了中庸思想。

其一,《周易·讼·象传》中,已经提出"'讼,元吉',以中正也"。讼卦九五阳爻,居于上卦之中位,表示谨守中正之道。《周易》还强调执中、行中,在文字中已经表现出赞美中庸的意思,例如《周易》提到,"有孚窒惕,中吉","'包荒,得尚于中行',以光大也","'鼎黄耳',中以为实也","中以行正也"等。[①]

其二,《尚书》也大篇幅论及有关"中"的思想,要求为政者学习周公所提倡的"中德"和"中正"。一是要求行之于德,《尚书·盘庚中》:"汝分猷念以相从,各设中于乃心。"要求大家把自己的心放得中正。[②] 二是行之于刑,《尚书·立政》提出,"兹式有慎,以列用中罚",[③]强调设"中"于心,用刑谨慎,尽量不轻不重。对于"中

[①] 杨天才、张善文译注:《周易》,北京:中华书局,2011 年,第 71、119、443、555 页。
[②] 王世舜、王翠叶译注:《尚书》,北京:中华书局,2012 年,第 117 页。
[③] 王世舜、王翠叶译注:《尚书》,第 301 页。

正",《尚书·洪范》讲得最为清晰:"无偏无党,王道荡荡;无党无偏,王道平平;无反无侧,王道正直。"①将中庸、中道与至高的王道,相提并论。

其三,《周礼》也论及许多关于"中"的建言,如"以五礼防万民之伪,而教之中","以乐德教国子:中、和、祗、庸、孝、友",将"中"与教化和德性相联系。②

所以,《周易》《尚书》《周礼》等为孔子的中庸思想提供了文献基础和起源,使中庸之道成为有源之水、有本之木。

二、孔子及后孔子时期的中庸思想

到了孔子所处的春秋时代,中庸思想日渐成形。孔子论述中庸的主要文本是《论语》,并由他的孙子子思(前483—前402)以《中庸》详述,还得到诸子百家和程朱理学的后续发展和丰富。大致而言,孔子的中庸思想有四大含义。

第一,中庸与不偏、中正、执中相合。《中庸》第一章就说:"中也者,天下之大本也。"同时,《论语》所引的一段《尚书》佚文认为:"天之历数在尔躬,允执其中。"(《论语·尧曰》)这是在假天的意志,要求圣贤具有责任担当,坚持中正的治国方略。孔子还认为:"政者,正也。子帅以正,孰敢不正?"(《论语·颜渊》)强调为官者端正执中的重要性,只有心身正,才能言行"中"。但孔子也承认,"不得中行而与之,必也狂狷乎"(《论语·子路》),表示"中行"之

---

① 王世舜、王翠叶译注:《尚书》,第149页。
② 吕友仁、李正辉、孙新梅注译:《周礼》,郑州:中州古籍出版社,2018年。

士难求,但如果有积极进取的"狂"者和清高自守的"狷"者,也算不错。

同时,《论语·先进》载:"子曰:过犹不及。"意思就是,"过度"与"不及"一样,都是不合适、不适度的。但在现实中,孔子发现:"道之不行也,我知之矣:知者过之,愚者不及也",也就是说,中庸之道之所以不能实行,是因为聪明人太过明白中庸之理,不为也;但笨拙的人又不懂中庸,不能也。其中一个暗示似乎是,宁"过"勿"不及",因为民众毕竟更推崇知者,而不是愚者。

此后,从先秦诸子百家到宋代程朱理学,大都将中庸当作一种"政治正确",争相称颂。

其一,前述的《周易》,在战国时期得到进一步解释,如《文言》提到:"龙,德而正中者也",将中华民族的图腾——龙,比喻为"中正"的象征;"刚健中正,纯粹精也",表示卦中诸爻,刚强劲健、居中守正、通体不杂、纯粹至精。再如《彖》所言:"利见大人,尚中正也","贞,正也。能以众正,可以王天下矣",体现出"尚中正"成了《周易》的基本纲领;还有《象》也提及"大君之宜,行中之谓也","九二贞吉,中以行正也"。类似"中""正"的字眼比比皆是,尤其是将"中"与"正"紧密相连,似乎不"中"即"邪"、即"坏"、即"无志"也。

其二,此后的诸子百家也纷纷跟进,赞美和阐发中道。如《庄子》提出:"无入而藏,无出而阳,柴立其中央。三者若得,其名必极。"①表示既不可潜藏太深,也不可太过显露,要如无心之槁木,适

---

① 庄子:《庄子·达生》,载《诸子集成》第3册,上海:上海书店出版社,1986年,第117页。

中而立,体现了道家与儒家在中道原则上的相通之处;当然,如果不藏、不扬和中道三元都能做到,可称高人。孟子(前372—前289)也持类似观点:"汤执中,立贤无方。"(《孟子·离娄下》)"无方"即不拘一格,没有框框,就是中,①赞扬汤保持中正、唯贤是举、执中用贤,此乃为人为政之根本。还有,韩非子认为:"去甚去泰,身乃无害",②强调适可而止,不可过分。管子也提到:"中正者,治之本也","和以反中,形性相葆",③此处"反"这个字,通"返";"返",即归也,表示安和能归返于适中,适中则安稳,所以形性能相保。上述文献似乎表明,中国先秦诸子大多重视"中"的境界,中庸成了诸子百家的一个热门话题,"中"也成了先秦文献中出现频率最高的关键字之一。

其三,到了宋代,程颐(1033—1107)进一步解释说:"不偏之为中,不易之为庸。中者,天下之正道;庸者,天下之定理。"④把"中""庸"与天道、定理并称。朱熹(1130—1200)也注道:"中者,不偏不倚、无过不及之名。"⑤也就是说,"中庸"是指无偏颇,以平常之心平衡矛盾、牵制两极。

必须指出,"中"是不偏、不倚、中度、合节,涵盖上下之间、左右之间、前后之间,以及内外之间的"中"。也就是说,"中"不仅是指

---

① 庞朴:《庞朴文集·第四卷·一分为三》,济南:山东大学出版社,2005年,第11页。
② 韩非子:《韩非子·扬权》,载《诸子集成》第5册,上海:上海书店出版社,1986年,第30页。
③ 管子:《管子·宙合》,载《诸子集成》第5册,第62页;《管子·白心》,载《诸子集成》第5册,第228页。
④ 朱熹:《四书章句集注·中庸章句》,北京:中华书局,1983年,第17页。
⑤ 朱熹:《四书章句集注·中庸章句》,第17页。

时间之"中",也不仅是指方位之"中",更是指人的言行举止要适中得当。① 所以,"中"字除了是指中间或两者之间,还指代言行的适度、合标,以及更高境界的内心平衡与和谐。②

总之,不偏不倚、中正执中是中庸最核心的思想。"一"是主张一致和大同,不承认对立与冲突,更不能容忍"二";"二"是强调不同与二元,反对一统与划一;而中庸承认一分为二,但更推崇将对立的"二"过渡到对立统一的"三",也就是"参"。而"参"包含许多中国式的哲理,强调考察对立双方的情况,提出适宜的建议与方法,包括"参考""参议""参详""参看""参访""参量""参谋""参透"和"参照"等,而这类"参"的效用,就是"用中"。③

第二,中庸的"中"是一种权。《孟子·尽心上》说:"执中无权,犹执一也。所恶执一者,为其贼道也,举一而废百也。"强调"执一"就是固执、不变;"执中",则是实事求是,做出适度判断和选择。如果"执一""执中""守经"是坚持原则性的话,那么,"权变"则是提倡灵活性、坚持"通权达变",于是"经""权"成为中庸的一大准则。④ 所以,"中"的要义在于"权"。但是,这种"权"首先是一种主观判断,没有具体、明确、定量的规定性,而是一种理想状态的描述。同时,这种权变与权衡不同,因为权变所强调的判断标准是不断变动,而"衡"则是不变,"权"只能依据当时当地多数人的常识和

---

① 甘筱青、柯镇昌:《从轴心时代的中和思想到现代文明对话》,《深圳大学学报(人文社会科学版)》2017年第3期,第21页。
② 王岳川:《中西思想史上的中庸之道——〈中庸〉思想的发生与本体构成》,《湖南社会科学》2007年第6期,第39页。
③ 庞朴:《庞朴文集·第四卷·一分为三》,第31页。
④ 黄朴民:《感受儒家思想方法论的永恒魅力》,《国际儒学》2022年第2卷,第36页。

习惯而变,即所谓"两害相权取其轻,两端相对取其中",但"害"与"端"的标准随时变化,所以需要不断地"权"。

于是,中庸就成了一种动态和主观的权变,非常人可达。《中庸》引用孔子的话形容了中庸之难:"天下国家可均也,爵禄可辞也,白刃可蹈也,中庸不可能也。"(《第九章》)也就是说,中庸比治理天下国家、辞去高官厚禄、承受刀锋枪刃更难、更不可能。中庸之难,难在常人往往忘记自己的本性、心性和恒性,因为常人乐于干大事、易事和讨巧之事,而且一般经不起欲望、名利的诱惑,要么随波逐流、无所适从,要么好强斗胜、铤而走险,要么不愿坚持平淡、不甘寂寞平凡。

第三,中庸具有"和"的深刻意涵。明末清初的王夫之首先从拆字学角度认为,"中"这个字:"其字从口,而上下贯通,调和而无偏胜,适与相宜,故周子曰:'中也者,和也。'",也就是说,这个"中"字,上下贯通的一竖,就是起到了调和、中和的功能。王夫之还认为,"酌之以中,所以和顺义理,而苟得其中,自无乖戾也。中为体,和为用,用者即用其体,故中、和一也"。由此表明,"和"与"庸"应属一种手段,服务于"中","中庸"一体,犹如"中和"一体。还有,王夫之认为,"不偏而和,则与事物恰合,故又为当也,'发而皆中节',当其节也。俗有'中用'之语,意正如此",[①]其要义是,不偏不倚,不仅能致中,更能达和。

中庸所追求的是,人与事都需要到达一种"中和"的境界。这种思想与提倡中庸的"士"的社会地位相关,因为"士"属于典型的

[①] 王夫之:《说文广义》卷2,《船山全书》第9册,长沙:岳麓书社,1996年,第240页。

"中产阶级",面对上层的暴力侵权和下层的暴力维权,中产的"士"具有一种无可取代的和平功能,他们不仅反对上下层的暴力,更希望成为上下层之间的中介,起到调和、中和与妥协的作用,维系社会的稳定、和谐与进步。所以,"中"与"和"的功能可以产生有机互动,尚中、执中有助于达"和",而达"和"也有助于返"中"。可谓求"中"则"和",逆"中"则乱。①

同时,中和不仅是指调和具体事物和人物之间的矛盾,更是指中和与平衡自己的内心世界。《中庸》开头即说:"中也者,天下之大本也;和也者,天下之达道也。致中和,天地位焉,万物育焉。"(《第一章》)这里的"中和"就是指人的内心世界的平和与平静,只有内心和谐与内心中正之人,才能达到人际关系的长远和谐。而且,《周易》将这种中和提高到美学的范畴,认为中和之人一定至美。《周易·坤卦·文言传》载:"君子黄中通理,正位居体,美在其中而畅于四肢,发于事业,美之至也。"认为黄色最美,因为"黄裳,元吉"。

第四,中庸具有正向的价值判断。中庸是儒家所尊奉的一种德行,甚至是一种信仰,不可妥协。《论语·雍也》强调:"中庸之为德也,其至矣乎!民鲜久矣",表明中庸应属最高的一种道德,但人们已经长久缺乏这种道德。所以,中庸是一种价值判断,不是价值中立或没有价值,它具有引人向善和向上的正面动力。

《中庸》提到,中庸是君子与小人的分界:"君子中庸,小人反中庸;君子之中庸也,君子而时中;小人之中庸也,小人而无忌惮也。"

---

① 王岳川:《"中庸"的超越性思想与普世性价值》,《社会科学战线》2009年第5期,第139页。

(《第二章》)强调君子不仅修养内心,而且依守正道,而小人没有为人之标准,没有敬畏之心,乐于行险侥幸,习惯投机取巧。《中庸》还提到:"君子尊德性而道问学,致广大而尽精微,极高明而道中庸。"(《第二十七章》)强调君子既尊崇德性,又勤学好问;既宽广博大,又精细入微。更重要的是,君子既高明至极,又行于中道,推崇非高明,则不可能有辉煌的中华文化;不中庸,则难以使中华文化致远、包容和守恒。所以,《中庸》第一章还强调:"喜怒哀乐之未发,谓之中。"这个"中",就是性,而"天命之谓性",所以,"中"就是天命之性,天命之性纯粹中正,此乃人伦之根本。这样,循性而行就是正路,①逆性而动就是邪路。总之,"孔子赞中庸为至德,至者至高至尚,至为重要"。②

同时,在先秦诸子的解释中,"庸"不是平庸或平常,而是恒常、有常,可供长久尊奉,行事做人需要始终如一。孔子曾高度赞赏具有恒常、恒德之人,《论语·子路》中提到:"南人有言曰:'人而无恒,不可以作巫医。'善夫!"荀子也在《不苟》篇中强调"庸言必信之,庸行必慎之",③表示平常说话一定要有信用,平常行为一定要谨慎。所以,只有将执中、中正持之以恒地予以坚持,才能真正将中、庸两德合二为一,完成中庸之道,并将中庸提升到孔子所推崇的仁的至高境界,也就是孔子心心念念的为仁有恒、时时不违礼、终生依乎仁的人生境界。④

---

① 李京:《从中、庸到〈中庸〉》,《孔子研究》2007年第5期,第46页。
② 李京:《从中、庸到〈中庸〉》,第46页。
③ 王先谦:《荀子集解》,北京:中华书局,1988年,第50页。
④ 李京:《从中、庸到〈中庸〉》,第48页。

第二节　亚里士多德前后适度思想的演化

在西方,适度思想的完成者应属亚里士多德。根据王岳川的研究,早在公元前 6 世纪,就有了"适度"思想的萌芽,因为希腊诗人潘季里特在他的《祈祷诗》中说:"无过不及,庸言致祥,生息斯邦,乐此中行。"①但笔者暂时无法找到此诗的原始出处。不过,在亚里士多德前的 50 年左右,古希腊伊索克拉底(Isocrates,前 436—前 338)确实提及"适度"一词,希腊文是 πρεπον、Kairos,英文为 appropriateness。②

西方的"适度"概念由亚里士多德大致完成,他有时用"appropriate",③有时用"intermediate",④有时又用"mean"。⑤ 亚里士多德关于适度的论述主要反映在他的《尼各马可伦理学》书中,而休谟(David Hume, 1711—1776),尤其是亚当·斯密(Adam Smith, 1723—1790)于 1759 年出版的《道德情操论》中,对适度思想进行了拓展。斯密在 1776 年出版的《国富论》中曾 13 次提及"适度"(propriety),并开始将适度非常随意而缺乏系统地应用于经济学理论。尽管斯密之后的西方学者卢梭、康德、马克思和尼采等,丰富和发展了适度哲学,但由于从斯密起,适度思想已经开始应用于经

---

① 王岳川:《中西思想史上的中庸之道——〈中庸〉思想的发生与本体构成》,第 40 页。
② Isocrates, *Isocrates with an English Translation in Three Volumes* (Cambridge, MA: Harvard University Press, 1980).
③ Aristotle, *Nicomachean Ethics* (Kitchener: Batoche Books, 1999), p. 21.
④ Aristotle, *Nicomachean Ethics*, pp. 26–27.
⑤ Aristotle, *Nicomachean Ethics*, p. 27.

济学,而本书探讨适度思想是为适度经济学寻找文献研究起源,所以,本书就省略了对斯密之后西方适度哲学的论述。

一、美德

亚里士多德的适度思想经过斯密等发挥和发展,形塑了西方的适度思想,而且与东方的中庸思想基本一致,但也有不同之处。

首先,亚里士多德认为,美德是一种"适度",目标是"居中";①与居中不同的"过度""不足",都属于"恶"。当然,这种恶不是有意之恶,也不是刑事犯罪之恶,而是一种习惯之恶、缺德之恶、庸人之恶,以及一种没有意愿和能力掌握适度之恶;而介于这两种恶之间的适度,则是他最推崇的"道德德性"。② 所以,亚里士多德对适度的价值判断,尽管与孔子的中庸之道相似,但比孔子似乎更为强烈和鲜明,因为孔子至多将中庸列为区别君子与小人的标准,而亚里士多德则把适度作为善与恶的界限。

对此,亚当·斯密也认为,没有适度,就没有德性。③ 斯密的《道德情操论》提出,道德情操必须涵盖同情共理、正义良心、审慎仁慈与自制理性等核心价值,但制约这些核心价值的主轴是适度

---

① 英文译文:"Therefore virtue is a kind of mean, since, as we have seen, it aims at what is intermediate." Aristotle, *Nicomachean Ethics*, p. 27.
② 英文译文:"That moral virtue is a mean, then, and in what sense it is so, and that it is a mean between two vices, the one involving excess, the other deficiency, and that it is such because its character is to aim at what is intermediate in passions and in actions, has been sufficiently stated." Aristotle, *Nicomachean Ethics*, p. 32.
③ Adam Smith, *The Theory of Moral Sentiments* (Indianapolis: Liberty Fund, Inc., 1982), p. 294.

哲学。正如罗卫东等所论述的,适度性(或合宜性)是贯穿《道德情操论》始终的核心概念。首先,从文本结构而言,斯密将全书的第一篇定为《论行为的适度性》,其中第一章为《论适度感》,第二章和第三章都以适度为题,而且除第一篇外,《道德情操论》的其他篇章也都是围绕着适度性这个核心之核心展开。其次,就书中出现的文字频率而言,"适度"(propriety)一词共出现327次,并均匀地分布在每一篇章,《国富论》中出现"适度"的次数也有13次;相比较而言,他的著名的"一只看不见的手"的比喻,则只出现过一次。

二、不偏不倚

与中庸思想类似,"适度"的核心是不偏不倚,过度、不及都是适度的对立面,但适度、过度与不及之间的边界,存在着"相对性"(relativity)。①

亚里士多德罗列了人类德性的十四种核心价值观,包括慷慨、温和、羞耻、节制、义愤、公正、诚实、友爱、自尊、勇敢、坚强、大度、大方、明智,其核心就是适度;为了提供适度价值的参照,他主张应该时时比较不及、过度与适度三者的不同。例如,在亚里士多德看来,慷慨不够是吝啬,慷慨过度是奢侈,而最适度的价值取向就是慷慨;再如,不够勇敢是怯懦,过于勇敢则是莽撞,不偏不倚才是勇敢,过犹不及。② 他还提到适度开玩笑的标准,如过度玩笑就会变成戏弄,而完全不开玩笑就属于呆板。所以,玩笑需要分寸与适

---

① Aristotle, *Nicomachean Ethics*, p. 31.

② Aristotle, *Nicomachean Ethics*, pp. 45–46.

度,适度玩笑就是圆通和机智,需要触景生情、见机行事的能力。① 他也提到一个简单的不偏不倚的定量方法:如果"十"太多而"二"太少,那么,"六"就是居中。②

适度的经济学意义是"度",尤其是定量的度,并且具有定量意义的标准或法则。但这个计量的适度,不一定是绝对50%的"中"点,而是指一种适度的范围和区间。③ 如古希腊美学中存在一条审美的黄金分割定律,不是0.5,而是0.618。雅典的帕特农神庙就是严格遵循黄金分割律的要求来建造的,有一种匀称、和谐的美感。它也表明,绝对的、过于完美的适度中点是不适宜的,给出一定的适度边界和区间,更为现实、灵活,可供操作。

斯密也强调需要不断寻找适度的标准。例如,为了达到适度而又有意义的同情,当事人需要连续实践,或连续试错,由此培养一种总结和概括的能力。④ 斯密还揭示了一个基本的伦理原则:可以利己,但不可以损人。利己不损人,符合常理;利己而损人,违反正义。⑤ 所以,在亚当·斯密看来,商人的自利无可厚非,但必须是

---

① Aristotle, *Nicomachean Ethics*, p. 69.
② Aristotle, *Nicomachean Ethics*, pp. 70–71.
③ 王岳川:《"中庸"的超越性思想与普世性价值》,第139页。
④ 英文原文:"Our continual observations upon the conduct of others, insensibly lead us to form to ourselves certain general rules concerning what is fit and proper either to be done or to be avoided." Smith, *The Theory of Moral Sentiments*, p. 159.
⑤ 英文原文:"In the race for wealth, and honours, and preferment, he may run as hard as he can, and strain every nerve and every muscle, in order to outstrip all his competitors. But if he should justle, or throw down any of them, the indulgence of the spectators is entirely at an end. It is a violation of fair play, which they cannot admit of." Smith, *The Theory of Moral Sentiments*, p. 83.

适度的自利,他在《国富论》中提倡的是利益和资源的交换,而不是毫无正义的掠夺。

三、目标双重性

实现"适度"的目标既难也不难。亚里士多德认为,找到这个"中间"并不容易,①因为这需要一个正确的人,在正确的范围、时间,以正确的方式、动机行事。② 与孔子类似,亚里士多德将适度与人的德性和品行相联系,强调德性就是适度,就是最高的善和极端的正确,于是,这就加大了凡人达到适度的难度。

但古罗马的西塞罗(Marcus Tullius Cicero,前 106—前 43)在名著《论义务》中认为,适度(合宜)(拉丁文是 decorum,英文是 propriety)可分为两类:一种是普遍的适度,存在于一切道德的活动之中,也就是说,适度与道德紧密相连,"因为凡是适度的都是高尚的,凡

---

① 英文译文:"For in everything it is no easy task to find the middle." Aristotle, *Nicomachean Ethics*, p. 32.
② 英文译文:"but to do this to the right person, to the right extent, at the right time, with the right motive, and in the right way, that is not for everyone, nor is it easy." Aristotle, *Nicomachean Ethics*, p. 32.

是高尚的都是适度的";①第二种适度则附属于第一种,涉及高尚行动的具体和个别的现象。西塞罗对第一种适度的定义是"一种人依其本性区别于其他动物而产生的与卓越(excellentiae)相一致的特性",而第二种适度可以定义为"是一种与本性相一致,节制与克己在其中,以某种符合家世身份的尊严表现的适度"。② 也就是说,西塞罗开始将适度分成高尚的卓越和具体的节制两个层次,对常人而言,第一个很难达到,而第二个经过努力,可行、可及。

到了亚当·斯密,他不认同孔子、亚里士多德式的高难标准,开始借鉴西塞罗的第二种适度。斯密在《道德情操论》中提出"适度"的一大含义是"平庸"和"平常"(mediocrity),认为人们对适度的客观评价要建立在一定程度的平庸基础和标准之上;③而且强调,适度与同情一样,是人人都可以做到的,因为适度与同情都是人与生俱来的一种自然禀赋。④

斯密的观点与中国第一部训诂书籍《尔雅·释诂上》对"庸"的

---

① 英文译文:"We have next to discuss the one remaining division of moral rectitude. That is the one in which we find considerateness and self-control, which give, as it were, a sort of polish to life; it embraces also temperance, complete subjection of all the passions, and moderation in all things. Under this head is further included what, in Latin, may be called decorum (propriety); for in Greek it is called πρέπον. Such is its essential nature, that it is inseparable from moral goodness; for what is proper is morally right, and what is morally right is proper. The nature of the difference between morality and propriety can be more easily felt than expressed." Cicero, *De Officiis*, latin text with an English translation by Walter Miller (Cambridge, Mass.: Harvard University Press, 1990), I: 93.

② Cicero, *De Officiis*, I: 96.

③ Smith, *The Theory of Moral Sentiments*, p. 27.

④ Smith, *The Theory of Moral Sentiments*, p. 27.

解释相合:"庸,常也。"①具体指常行常道。朱熹也采纳这种解释,认为"庸,平常也"。② 宋代的陈襄更强调,"中者,性之德也,庸者,性之用也,常也"。③ 徐复观也认为:"所谓'庸'者,乃指'平常的行为'而言。所谓平常的行为,是指随时随地,为每一个人所应实践,所能实现的行为。"④对此,王岳川的结论是,"执两用中,用中为常道,中和可常行,这三层互相关联的意思,就是儒家典籍赋予'中庸'的全部含义"。⑤ 也许,"轴心时代"以后的学者降低了对"适度""中庸"的标准,认为适度不是可望而不可即的言行规范,旨在鼓励更多民众学习和实践适度。

当然,也有人对平民与中庸标准的关系,提出另类解释。《荀子·王制》中提到:"元恶不待教而诛,中庸民不待政而化。"⑥表示对元凶首恶,不需教育,立即杀掉,但对待平常百姓,则不需要行政手段,而需要教育感化。北齐颜之推的《颜氏家训·教子》也认为:"上智不教而成,下愚虽教无益,中庸之人,不教不知也。"⑦这是说上等智者不经教育而有所成,下等愚者虽受教育而无益,但平常百姓不经教育是不明白事理的。至于鲁迅,他则直接将中庸归入懒惰一类:"惰性表现的形式不一,而最普通的,第一是听天任命,第

---

① 胡奇光、方环海:《尔雅译注》,上海:上海古籍出版社,2016年。
② 朱熹:《四书章句集注·中庸章句》,第17页。
③ 陈襄:《礼记讲义·中庸》,《古灵集》卷12,《中华大典》工作委员会编:《中华大典》,昆明:云南教育出版社,2007年,第4304页。
④ 徐复观:《中国人性论史》,上海:华东师范大学出版社,2005年,第70页。
⑤ 王岳川:《"中庸"的超越性思想与普世性价值》,第135页。
⑥ 王先谦:《荀子集解》,北京:中华书局,1988年,第94页。
⑦ 唐翼明编:《颜氏家训解读》,北京:国家图书馆出版社,2017年。

二就是中庸。"①

四、理性

适度的一大要素是理性。亚里士多德与孔子的一个不同是，他强调适度这种德性是由理性决定的，而这种理性又决定了人的智慧。② 由于处于极贫与极富的阶层有可能失去理性，亚里士多德将适度与德性、价值和理性紧密相连。

为了达到适度，西塞罗还提出需要遵循三大原则：一是让欲望服从理性；二是促使自己的努力程度与事务的优先等级适度配合；三是注意一切会影响自己仪表与身份的事务。但他强调，这三大原则中的首要原则是让欲望服从理性。③ 很显然，阻止我们达到适度目标的魔鬼是欲望，而理性则是适度的充分条件。

不过，西塞罗反对以国家利益为名，"理性"地牺牲适度和道德

---

① 鲁迅:《华盖集·通讯》,见《鲁迅全集》第 3 卷,北京:人民文学出版社,2005 年,第 26 页。
② 英文译文:适度 "being determined by a rational principle, and by that principle by which the man of practical wisdom would determine it." Aristotle, *Nicomachean Ethics*, p. 28.
③ 英文译文:"In entering upon any course of action, then, we must hold fast to three principles: first, that impulse shall obey reason; for there is no better way than this to secure the observance of duties; second, that we estimate carefully the importance of the object that we wish to accomplish, so that neither more nor less care and attention may be expended upon it than the case requires; the third principle is that we be careful to observe moderation in all that is essential to the outward appearance and dignity of a gentleman… Yet of these three principles, the one of prime importance is to keep impulse subservient to reason." Cicero, *De Officiis*, I: 141.

的标准,因为理性不是放弃道德标准的理由。他认为,由于一些事情性质的丑陋或可鄙,即使为了拯救国家的利益,有智慧的人也会拒绝。① 也就是说,他坚决反对以追求崇高目标和效益为名,牺牲道德和适度。他认为,只要存在丑恶,效益就不可能存在。不高尚的丑恶最违背自然,因为自然崇尚一切正当、适度以及稳定的事物,因此利益和鄙陋不可能同存。② 这种不适度的典型表现就是对财富与权力的无限贪婪,并由此造成毁灭性后果。③ 对此,休谟在《人性论》中将适度的标准运用到人的利己行为,强调一方面现实中的多数人一定是爱自己胜过爱别人,但另一方面,他们不会自私到完全不顾他人的感受与利益。④

亚当·斯密也强调适度在于理性与自制。⑤ 一方面,自制(self-commend)不如自控(self-control)严苛,因为自控类同于宗教意义上的戒律,在性质和程度上更加严格;另一方面,自控更具有理性,因为适度思想的第三大要素就是理性。自制的德行来自对他人情感的了解与尊重,只有尊重他人的情感,才能自觉地克制过度激情、过度自我、过度叛逆,才能实现与他人之间的和谐,这也是"客观的旁观者"(impartial spectator)的精神和状态。而自制的根本之道就是理性,理性与理智是狂妄、失控、纵欲的天敌。因害怕

---

① Cicero, *De Officiis*, I: 159.
② Cicero, *De Officiis*, III: 35.
③ 萧高彦:《西塞罗与马基雅维利论政治道德》,《政治科学论丛》2012 年第 16 期,第 10 页。
④ David Hume, *A Treatise of Human Nature: Being an Attempt to Introduce the Experimental Method of Reasoning into Moral Subjects* [1739], Book II (New York: Cover Publications, 2003), pp. 339–366.
⑤ Smith, *The Theory of Moral Sentiments*, p. 237.

自己的行为可能带来的负面后果而控制情绪只是治标之道,因恐惧所持有的自制,是表面的、暂时的和不彻底的,并会导致更加危险和更加狂热的日积月累式的爆发。只有坚持情感适度性的原则,站在客观旁观者的立场,审慎自制,才能真正驾驭和控制自己的激情,保持稳定、长久的自制和理性,才是治本之道。斯密在1790年《道德情操论》的第六版中,开始批判由于钦佩富人、轻视穷人所导致的道德情感的败坏,而这恰恰是人类不够自制、不够适度的天性,这种天性可能导致道德情感的腐败。①

第三节　适度哲学的定义

综合上述东西方文献信息,似乎可以给"适度"下一个既反映中外哲学,又对经济学思想具有指导意义的定义:适度是在一定时空条件下,常人所认同的一种不偏不倚的中间言行;这种中间言行来自常人的主观、动态、理性、相对的权变,并具有正面和谐的功能与道德美德的取向。这一定义,揭示了适度哲学的六项主要内涵。

---

① 英文原文:"This disposition to admire, and almost to worship, the rich and the powerful, and to despise, or, at least, to neglect persons of poor and mean condition, though necessary both to establish and to maintain the distinction of ranks and the order of society, is at the same time, the great and most universal cause of the corruption of moral sentiments." Also, "To attain to this envied situation, the candidates for fortune too frequently abandon the paths of virtue; for unhappily, the road which leads to the one, and that which leads to the other, lie sometimes in very opposite directions." Smith, *The Theory of Moral Sentiments*, pp. 61, 64.

一、适度哲学的六项内涵

第一是中间性。适度是一种不偏不倚的"中间"状态。"中间"（middle range）不等于"中点"（midpoint），它代表一个"中"心的区"间"。观察、分析、决策需要运用一分为三的"三元"视角：不及、适度、过度。因为没有两端与左右的存在，就没有"中间"；没有好坏与长短的比较，更无法找到适度的边界，所以，"一分为三"是适度的核心。① 不过，这个"中间"不是"中点"，因为"中间"不是绝对的二分之一，而是一种适度的区间，根据不同情境，可以对适度的区间进行适度的移动与调整，范围则可大可小。

第二是平常性。这个"中间"是由常人所认定的一种常理、常识、习惯、风俗。"中间"的标准必须受到常人的观念和民意的制约，只能及时而又不断地予以调整与变更，任何违背大多数民众意愿的适度言行和标准，都是难以持久的。更重要的是，笔者赞同朱熹和斯密的观点，适度不是常人可望而不可即的梦想，而是通过努力，可以达到的现实目标。

第三是主观性。这个"中间"产生于主观的权变。为了寻找"中间"，需要借鉴康德的反例训练，为特定的观念划界；②先界定不及与过度的边界，最后判断两极之间的"中间"，执两用中。正如行为学中的激励和差异原则所指出的，主体是通过差异来分辨不同的事物。对此，德国哲学家莱布尼兹（Gottfried Wilhelm Leibniz,

---

① 庞朴：《庞朴文集·第四卷·一分为三》，第 266 页。
② Immanuel Kant, *Critique of Pure Reason* (New York: Barnes & Noble, 2004).

1646—1716)也发展了"两极化的认识论原理",即必须有正负两极,人们才能认识这个世界。① 这就是所谓有比较才有鉴别的道理,通过认识两极对立,寻找适度中立。而且,界定适度的主体既包括精英,也不能排除平民,这是一种上下互动、渐进形成的主观共识。必须指出,主观是对应客观,感性是对应理性的,而且主观与感性也存在许多类同之处。但是,主观性不一定就是不理性。为了纠偏曾经的不及或过度,不同的理性决策者会做出不同的主观选择,并出现主观的理性或理性的主观之可能。

第四是历史性。这个"中间"的认定具有历史的演化理性。"中间"的标准具有动态和历史发展的特点,昨天的适度有可能是今天的过度或不及。这也是建立适度经济学数学模型的难点,因为多数经济学理论的数学建模之基础是变量的静止状态。适度标准的历史性演化,属于一种演化理性,尽管难以定量,但必须理性,旨在减少感性和冲动的短期行为。

第五是中和性。这个"中间"存在和谐的功能,因"中"而"和",为"和"而"中"。"中"是减少两极冲突、寻求左右妥协的前提。和平来自妥协,妥协来自执中、求中、谋中和践中,可谓始于"中",终于"和"。所以,"中"不仅是适度的精髓,也是推动社会经济走向和谐、平衡与发展的重要元素。

第六是相对性。适度存在价值的相对性。适度具有一般意义上的正面道德取向,但是,这种正面价值不是绝对和固定不变的,因为过度的适度,又是过度,物极必反;过度的过度或过度的不及,

---

① Leroy E. Loemker, "Gottfried Wilhelm Leibniz. Philosophical Papers and Letters," *Philosophical Quarterly* 8 (1958): 283–285.

也许又是适度。适度一旦被长期固化或过度崇拜,可能导致进步的动力缺乏、活力不够,为故步自封、因循守旧、惰性无为提供借口。

所以,适度哲学有中间性、平常性、主观性、历史性、中和性、相对性六项内涵,它们将是发现、理解和解释适度经济学的六把钥匙。

二、适度哲学与中庸思想的比较

根据上述对孔子中庸思想与亚里士多德适度哲学的阐述,它们在中间性、主观性、相对性和道德性方面高度吻合。但它们也在下列几个方面存在不同的侧重。

第一,关于理性。孔子的中庸与亚里士多德的适度之最大不同在于理性。古希腊哲学的一大传统和根基就是理性和逻辑,注重智慧知性,更推崇法律平衡与公正,并由此为今日的西方文化和西方科学提供了独特基因。而孔子的中庸思想较少存在西方形式逻辑的内容,也很难找到直接谈理性和科学的论述。相反,孔子的中庸较少存在西方形式逻辑的内容,也难找到他直接论述理性和科学的文献。孔子更崇尚道德评价、情感心境、人性仁爱、心灵和谐,尤其主张"为尊者讳,为亲者讳,为贤者讳"。他还提出"亲亲相隐"的观点:"父为子隐,子为父隐,直在其中矣。"(《论语·子路》)主张家丑不外扬,这似乎不是理性地看是非、讲法律,而是感性地重亲情、讲仁爱。不过,儒家的仁爱不一定是反理性的,它也许存在超越理性的一面,孔子"七十而从心所欲不逾矩"(《论语·为政》),表示即使随心所欲,也不会超出规矩法度之外,体现了欲望与理性的高度一致。

第二,关于自由。孔子的中庸强调个人服从家庭、家庭服从国家、国家服从君王,即所谓君君臣臣、父父子子;而且侧重入世的人伦守中,追求现实的妥协与和谐。而亚里士多德和亚当·斯密的适度则尊重个人意志与自由,满足个人的自利需求,尽管也强调形而上的美德追求。①

第三,关于中和。似乎中庸讲中和,适度不讲中和。其实,从亚里士多德的适度哲学发展而来的亚当·斯密的"客观的旁观者"观点,尽管不等同于孔子中庸的"中和"思想,但这个"第三者"的功能旨在纠偏双方的对立与冲突,希望用一种理性、适度、道德的视角,提出一种现实、理性和神性的"仲裁",促使对立双方能够自省、觉悟,最后消弭冲突、达到和谐。所以,"客观的旁观者"与中和思想存在一定的交集。

除此之外,继承了亚里士多德适度思想的斯密的道德哲学体系,也与儒家思想体系存在许多内在的相似性。儒家的仁、义、礼、智与斯密的同情、正义、尊重、自制等,存在很多可以相互参照的内涵。还有,儒家的法统/正统同斯密的具有灵性的"客观的旁观者"之间的关系,也值得研究。另外,儒家的道统/君子与斯密眼中的法官和政治家,也需要关注。②

明确了适度哲学的定义之后,就需要通过文献研究西方主要经济学派的理论和方法,分析其中所蕴含的适度经济学思想,并提出适度经济学的定义和研究框架。

---

① 王岳川:《中西思想史上的中庸之道——〈中庸〉思想的发生与本体构成》,第41页。
② 罗卫东:《情感 秩序 美德:亚当·斯密的伦理学世界》,北京:中国人民大学出版社,2006年。

第三章 古典和新古典经济学的平衡与均衡

亚里士多德的适度思想不仅影响了西方哲学界,也深刻影响了西方经济学界。从古典经济学、新古典经济学、制度经济学、行为经济学和文化经济学五大流派中,都能找到亚里士多德"适度"思想的印记。本章试图通过文献研究的方式,梳理蕴含在古典经济学和新古典经济学中的适度观点、视角和方法,为系统论述适度经济学提供文献支持。

第一节 古典经济学的平衡思想

1733年,在亚当·斯密发表《道德情操论》前26年,英国诗人亚历山大·蒲柏(Alexander Pope,1688—1744)发表《人论》(*Essay on Man*),非常睿智地提出:"整个自然都是艺术,只是你未曾领悟;一切偶然都有方向,只是你没能看清;一切不和谐,都是你不理解的和谐;一切局部的恶,都是整体的善。高傲可鄙,只因它不近情理。凡存在皆合理("Whatever is, is right"),这就是清楚的道理。"①

我们在发掘古典和新古典经济学中的适度思想时,就需要在艺术中领悟,在偶然中发现,在混沌中理解,并将短期、局部、主观的恶,理解为一种整体的平衡、和谐与良善,努力接近理想,放弃傲慢,发现存在,认识合理。

西方适度经济学思想的萌芽可能起始于亚当·斯密。作为古典经济学派鼻祖的斯密,是结合道德哲学与经济理论的第一人,通过两部重要著作《道德情操论》(1759)和《国富论》(1776),综合、创新、衔接和发展了适度哲学,并为适度经济学的创立奠定了重要基础。

一、《道德情操论》的适度思想

斯密的《道德情操论》主要在道德、哲学和思想方面,为适度经济学起到了"明道"的效用,而《国富论》则是在经济理论与实践层面,有着"优术"的功能。

《道德情操论》提出,道德情操必须涵盖同情共理、正义良心、审慎仁慈与自制理性等核心价值,但这些核心价值的主轴是适度哲学,并为市场供需平衡理论与经济理性人格提供了哲学与伦理

---

① W. Brian Arthur, *Complexity and the Economy* (New York: Oxford University Press, 2015), p. 172.

基础。① 尽管《国富论》成为经济学经典,斯密却认为,《道德情操论》"高于《国富论》",②适度哲学在斯密的宏大伦理哲学体系中,成了一个具有公理意义的基础,也是其他学科(包括经济学)的重大指南。③

尽管强调适度哲学的重要性与必要性并不是斯密的原创,但对于如何鉴定和确定何为适度,则是斯密的一大伦理学创新,并为适度经济学思想提供了重要资源。

其一,斯密推崇"客观的旁观者"观点,强调界定适度与否的评判者不能是你我两个主观的当事人,而是超然于你我之外的第三者,借此张扬客观、中道、适度的原则。而且,这个旁观者是逐渐从现实的旁观者,进化到理想的旁观者(ideal spectator),最后进化为具有神启、灵性、精神意义的无形旁观者。这个精神意义上的旁观者是一个内在的人(the man within)、胸中的那个人(the inhabitant of the breast),或者说是良心(conscience)。④

其二,斯密根据关系的疏密程度,假设了旁观者与当事人可能存在的三种关系:陌生人、点头之交和朋友,并描述了同一个体在不同情境下的行为差异。⑤ 所以,适度运用道德情操的一大条件是

---

① Zhaohui Hong, "The Theory of Moral Sentiments and Whole Person Education," in Benedict Chan and Victor Chan eds., *Whole Person Education in East Asian Universities: Perspectives from Philosophy and Beyond* (New York: Routledge, 2021), p. 127.

② D. D. Raphael, *The Impartial Spectator: Adam Smith's Moral Philosophy* (New York: Oxford University Press, 2007), p. 1.

③ Adam Smith, *The Theory of Moral Sentiments* (Indianapolis: Liberty Fund, Inc., 1982), p. 294.

④ Smith, *The Theory of Moral Sentiments*, pp. 27, 110, 153.

⑤ Smith, *The Theory of Moral Sentiments*, pp. 223-224.

必须了解对方,与对方的激情出现一致。斯密对此提出两个要点:一是充分了解对方;二是立场中立,不偏不倚。斯密认为,感情适度精确或明晰的标准,"只能在于公正的和信息充分的旁观者的同情之感中"。① 所以他提出,同情者与被同情者所处的地理位置远近所产生的同情程度,往往存在不同。

其三,斯密强调适度审慎与仁慈。为了自己的幸福,人们的动机和目标都会很自利,而这种自利的动机有可能产生负面的社会效应,所以要求我们审慎地自利:审慎评估自己的利己动机,审慎执行利己的行为,审慎预测利己的结果。斯密认为,"对自己幸福的关心,要求我们具有谨慎的美德;对别人幸福的关心,要求我们具有正义和慈善的美德"。② 为了关心他人的幸福,则需要仁慈之德,因为仁慈之德有助于关心和增加他人的幸福,其主要表现是避免造成伤害他人的客观后果。也就是说,好心不能办坏事,如高调公开地施舍捐赠,期待被捐赠者的感激涕零,这是二度伤害;类似地,为了帮助受性侵的女性或慰安妇,召开公听会,这也是典型的好心办坏事。斯密在《道德情操论》第六章的小结中提出,关心自己和他人幸福的德性具有五大要素或"五主德":审慎(prudence)、正义(justice)、仁慈(beneficence)、自制(self-command)、适度(pro-

---

① Smith, *The Theory of Moral Sentiments*, pp. 38-39.
② Smith, *The Theory of Moral Sentiments*, pp. 294-300.

priety)。①

其四,《道德情操论》所揭示的许多核心价值可以被脑神经科学的实验予以证明。例如,辛格(Tania Singer)证实每个人的大脑中确实存在"同情共感"的神经元网络,它们集中于大约8个脑区。另外,扎克(Paul Zak)的实验为斯密的《道德情操论》提供了生理学和心理学的神经科学基础,认为人的激素存在铁三角:催产素,主导同情心;血清素,管理惩罚心;多巴胺,控制慷慨心。而且,这三种激素主导人的三种道德行为:同情、惩罚和慷慨。尤其是,同情心控制慷慨心与惩罚心,有多同情,就有多慷慨,两者成正比;相反,同情心与惩罚心、报复心成反比,同情心越强,报复心越弱。对此,扎克为斯密《道德情操论》提供了一个"同情—慷慨—惩罚"模型(The Empathy-Generosity-Punishment model)。②

斯密从人性的道德情操高度,提供了理解适度、观察适度和力行适度的理念和参照。由此,就提升了适度的道德高度,为适度在经济学的应用提供了规范和发展的基点。更重要的是,斯密揭示了一个准则:行适度之策的关键是需要具有适度道德和情操的决

---

① 英文原文:"The virtues of prudence, justice, and beneficence, may, upon different occasions, be recommended to us almost equally by two different principles; those of self-command are, upon most occasions, principally and almost entirely recommended to us by one; by the sense of propriety, regard to the sentiments of the supposed impartial spectator." Smith, *The Theory of Moral Sentiments*, p. 262.

② Paul Zak, et., "The Neuroeconomics of Distrust: Sex Differences in Behavior and Physiology," *American Economic Review* 95 (2005): 360 – 364; Paul Zak, ed., *Moral Markets: The Critical Role of Values in the Economy* (Princeton: Princeton University Press, 2008); Paul Zak, "The Physiology of Moral Sentiments," *Journal of Economic Behavior & Organization* 77 (2011): 53–65.

策者,只有适度之人才可能制定适度之策。

二、"一只看不见的手"的适度经济学功能

首先,必须澄清,亚当·斯密所提出的"一只看不见的手"的比喻,与市场没有直接联系,但与适度经济学思想存在关联。① 斯密分别在一篇文章和两本著作中提到过"一只看不见的手"(an invisible hand)。

斯密第一次提到"一只看不见的手",不是在他的《道德情操论》(1759)中,也不是在《国富论》(1776)中,而是更早的1758年之前写成的"天文学史"一文中。尽管此文在他生前没有发表,但这是他在去世前不舍得烧掉的一篇文稿,可见他对这篇大作的珍爱。② 1971年,此文第一次发表。③ 1980年,牛津大学出版社从斯密担任过校长的苏格兰格拉斯哥大学(University of Glasgow)的档案中,编辑出版他的文集,第一次向世人展示斯密"一只看不见的手"的原始出处:

> 可以观察到,在所有多神宗教、野蛮人和异教的古代中,只有自然的不规则事件才被归因于神灵的体制和力量。火燃

---

① 洪朝辉:《"一只看不见手"的百年误读——文献还原亚当·斯密的隐喻》,《南国学术》2021年第1期,第4—15页。
② Syed Ahmad, "Adam Smith's Four Invisible Hands", *History of Political Economy* 22 (1990): 142.
③ A. Macfie, "The Invisible Hand of Jupiter", *Journal of the History of Ideas* 32 (1971): 595–599.

烧,水复活;重物下降,而较轻的物质由于其自身的性质而向上飞行;这些都是物体自身性质的必然;即使木星的那只<u>看不见的手</u>也从未发现并作用于这些物体。①

这是斯密试图从宇宙、木星或神的角度,解释"看不见的手"的局限,因为它们没有发现或无法解释地球上所出现的水与火的生生灭灭和地心吸引力的现象。②

"一只看不见的手"一词第二次出现在斯密于 1759 年出版的《道德情操论》的第四部分第一章。他描述了一个自私的地主由"一只看不见的手"带领,将他的收获分配给为他工作的人:

> 这位傲慢无情的地主望着自己广阔的土地,没有为(农民)弟兄的需要而思考,而是想象着由自己消耗全部的收获……[然而]他的肠胃承受能力与他的欲望之旺盛不成比例。多余的(资源)他不得不分配给(他人)。因此,所有得利的人都源于这个地主的奢侈和遐想……(其实)富人……是被<u>一只看不见的手</u>所带领……在没有意图、并不知道的情况下,

---

① 英文原文:"For it may be observed, that in all polytheistic religions, among savages, as well as in the early ages of Heathen antiquity, it is the irregular events of nature only that are ascribed to the agency and power of their gods. Fire burns, and water refreshes; heavy bodies descend, and lighter substances fly upwards, by the necessity of their own nature; nor was <u>the invisible hand</u> of Jupiter ever apprehended to be employed in those matters." Adam Smith, *The Glasgow Edition of the Works and Correspondence of Adam Smith*, 7 vols. (Oxford: Oxford University Press, 1980), vol. III, p. 49.
② 洪朝辉:《"一只看不见手"的百年误读——文献还原亚当·斯密的隐喻》,第 7 页。

就会促进社会的利益。①

这段引文的核心意思就是,富人的自利欲望无限,但富人的消费能力有限,如果没有富人的奢侈欲望和发财想象,富人就没有动力去雇用农民、投资土地和发财致富。一旦富人发财成功,他只能将无法消受的多余资源,通过各种方式分配给他人,于是,主观利己的富人,不知不觉地在客观上为社会提供了好处和利益。②

"一只看不见的手"第三次也是最后一次出现,是在1776年出版的《国富论》中:

> 实际上,他通常既不打算促进公共利益,也不知道他对公共利益有多少促进。他宁愿支持本国产业而不支持外国产业,只是想要确保他自己的安全;他这种重国内产业、轻国外产业的态度,是为了最大限度地达到产品的价值,是自利的目的使然。与许多其他场合一样,他这样做只是被<u>一只看不见的手</u>引导着,去达到他并不想达到的目的。这种结果,往往既不会对社会更有害,也不是他意愿的一部分。通过追求自己

---

① 英文原文:"The proud and unfeeling landlord views his extensive fields, and without a thought for the wants of his brethren, in imagination consumes himself the whole harvest ... [Yet] the capacity of his stomach bears no proportion to the immensity of his desires ... the rest he will be obliged to distribute among those...; all of whom thus derive from his luxury and caprice... The rich...are led by <u>an invisible hand</u> to make nearly the same distribution of the necessaries of life... and thus without intending it, without knowing it, advance the interest of the society...." Smith, *The Theory of Moral Sentiments*, p. 466.
② 洪朝辉:《"一只看不见手"的百年误读——文献还原亚当·斯密的隐喻》,第7—8页。

的利益,他常常比他真正希望促进社会利益时,更有效地促进了社会利益。①

斯密在《国富论》中第三次提及的"一只看不见的手"的本意是想说明,投资人重国内产业、轻国外产业的主要目的是"安全",而不是直接利润的最大化,尽管这种国内投资的安全性在客观和长期意义上,有助于促进投资人的根本利益。这种出于投资安全的理性考虑,满足了古典经济学的两大假设:理性和追求利益最大化。②

很显然,尽管上述"一只看不见的手"的意思有所不同,但它们都反映了一种看不见的平衡和适度功能:个人的主观意愿与客观结果经常相反,自利的主观欲望往往带来有利于社会和他人的结果。这种具有"神性"的平衡、制衡和适度功能,无处不在,不仅是个体行为使然,也可能促成社会的整体行为,更可能表现在供需失衡的经济领域。③ 正如罗卫东等指出,斯密的"一只看不见的手"

---

① 英文原文:"He generally, indeed, neither intends to promote the public interest, nor knows how much he is promoting it. By preferring the support of domestic to that of foreign industry, he intends only his own security; and by directing that industry in such a manner as its produce may be of the greatest value, he intends only his own gain, and he is in this, as in many other cases, led by an invisible hand to promote an end which was no part of his intention. Nor is it always the worse for the society that it was not part of it. By pursuing his own interest, he frequently promotes that of the society more effectually than when he really intends to promote it." Adam Smith, *The Wealth of Nations* (New York: Shine Classics, 2014), pp. 242–243.
② 林金忠:《从"看不见的手"到"市场神话"》,《经济学家》2021 年第 7 期,第 14 页。
③ 洪朝辉:《"一只看不见手"的百年误读——文献还原亚当·斯密的隐喻》,第 7—8 页。

犹如一只适度性"约束下自我关照的手,每个人都按照自我关照的原则之指引去生活",却在对适度性的"遵守中产生了一定程度的关照他人的效果,不知不觉中构建起了一个可能的社会",①并有可能以个体、短期和无意识约束,推动群体、长期和有意识的社会生态的平衡。

三、《国富论》与适度经济学思想

如果说《道德情操论》给适度思想、道德和观念提供了指导和规定了内涵的话,斯密的《国富论》所揭示的市场理论,则直接反映了适度经济学的精髓。斯密在《国富论》中提到市场的次数高达623次,尽管他没有明确定义市场的内涵与外延,但他认为,市场是一个"公开和自由的市场"(an open and free market),②是买卖双方进行自愿交换的一种交易场所,是买卖、供需或生产者与消费者双方的较量,决定了市场交易的结果。而决定市场机制的最重要元素是价格,它就是供需双方博弈的"第三者",既客观又可计量,而且价格能够迫使交易双方走向理性、适度与平衡。同时,来自自由竞争的价格(the price of free competiton)是最低的,而垄断价格(the price of monopoly)则是最高的。③

例如,如果生产者过于贪婪,要价过高,那么消费者必然选择

---

① 罗卫东、刘璐:《基于亚当·斯密"合宜性"理论的人类个体行为模型》,《社会科学战线》2016年第7期,第45页。
② Smith, *The Wealth of Nations*, p. 353.
③ Smith, *The Wealth of Nations*, p. 35.

其他产品,导致供大于求,迫使生产者降价,进而出现经济危机或经济萧条,最终损害自身利益。类似地,如果厂家出价过低,期待薄利多销,则可能破坏市场的价格机制,导致员工工资相对降低,企业员工离职增加,并由此导致生产成本相对提高,进而导致生产能力不足,低价产品的成本难以为继,企业破产。

所以,在消费者追求最大满足和生产者追逐最高利润的博弈中,双方只能妥协,服从"适度"原则。一方面,企业必须精打细算,最有效地利用人力和物质资源,降低成本,这样既降低了价格,保证了质量,又满足了盈利的欲望,最终促使企业利益和全社会利益趋于平衡,促使资源的有效配置。另一方面,消费者也不能过于贪心,过度追求价廉物美,导致消费需求降低,购买力低下,其后果有可能是市场出现供大于求,逼使企业倒闭,最后出现求大于供,物价反而暴涨,出现通货膨胀危机。

在一个公平而又自由的市场体系下,价格是一个重大信号。如果粮食歉收,粮价一定上涨,于是就会激励地主们投资农业,生产更多粮食,社会的粮食危机就会得到缓解,这样,个人利益和社会利益就可能得到理性而又适度的平衡。[1]

斯密在《国富论》第一卷第五章中专门论述了商品的真实价格(the real price)和名义价格(the normal price)的关系。[2] 在商业贸易中,斯密认为存在两种价格:一是商品的名义价格,由货币来衡量;二是商品的真实价格,即获取物品所需的力气和所谓的风险,包括非经济的风险,所以商品的真实价格是劳动力的数量,而不是

---

[1] 田国强:《高级微观经济学》,北京:中国人民大学出版社,2020年,第11—12页。
[2] Smith, *The Wealth of Nations*, p. 20.

货币的数量。而且,斯密在《国富论》第一卷第七章中分析了市场价格(the market price)与自然价格(the natural price)之间的区别。自然价格是生产、制造、运输商品到市场所使用的按自然率支付的地租、工资和利润,所以,自然价格是中心价格,一切商品的价格都受到它的吸引和指引。自然价格是每一个投资人在市场供需关系相等的情况下,能够接受的价格底线,但市场供需关系总是随时波动起伏,于是就产生了因供需关系的转变而发生改变的"市场价格"。①

例如,某时某地突发天灾人祸,造成粮食供不应求,粮食的市场价格一定比自然价格高;如果某时某地,参与投资和生产的人数超常增加,造成供大于求,则市场价格会无限接近甚至低于成本。斯密的观点是,一方面,当市场价格走高的时候,会有大量投资者和劳动力涌入,结果将导致供给大于需求,造成市场价格逐渐走回成本价格;另一方面,当市场价格偏低的时候,由于无利可图,大量投资者和劳动力撤回,这让供需逐渐平衡,于是乎,市场价格与自然价格再次持平。

由此表明,这个价格的客观信号是根据适度的同情和推己及人的要求,确定两类价格:一是前述的市场价格,平衡供需冲突;二是理想状态的、完备理性的、拥有充分信息对称的、中道客观的适度价格,类似于自然价格。适度理论对社会发挥的正面作用,与价格机制对经济运行和市场供需所发挥的平衡作用类同。② 所以,价格、市场、客观的旁观者与适度一样,犹如一道阀门,能够抑制人性

---

① Smith, *The Wealth of Nations*, p. 31.
② 罗卫东、刘璐:《基于亚当·斯密"合宜性"理论的人类个体行为模型》,第41页。

的过度贪欲、激情的失控,人需要追求财富的"油门"和冲动,但必须借助理性和适度的"刹车",这也是《国富论》的思想基础。"如果这样来理解,那么,斯密在《道德情操论》和《国富论》中的人性假定是完全一致的",①"斯密问题"所提出的"道德的斯密"与"市场的斯密"的矛盾,也就成了一个伪问题。

其实,斯密尤其注重市场的平衡,以及通过供需平衡所实现的适度。他在《国富论》中提及"需求"(demand) 319 次、"供应"(supply) 178 次。例如,斯密强调,"每种特定商品的市场价格,是由实际(供应)市场的商品数量与有意愿支付该商品自然价格的人的需求之间的比例,来进行调节的;或者说,是为了把商品带到市场,所必须支付的租金、劳动和利润的全部价值"。② 由此反映了斯密对供需平衡的深刻理解,表明市场价格由商品的供应数量和消费者的需求意愿决定,也说明决定这种供需比例的关键是市场调节,尤其是,市场价格需要考虑三大要素价格,包括土地报酬(地租)、劳动报酬(工资)和资本报酬(利润)。

同时,他提到"平衡"与"反平衡"(counter-balance)达到 90 次,而且提到"适度"与"不适度"(impropriety) 13 次,深刻揭示了平衡是维护市场繁荣与健康的基石,体现了适度经济学的平衡原理。大致而言,斯密论述了市场中的六大平衡主题,一是平衡供需问题,表现在产品供应与需求③、生产与消费④上;二是平衡劳工问

---

① 罗卫东、刘璐:《基于亚当·斯密"合宜性"理论的人类个体行为模型》,第 42—43 页。
② Smith, *The Wealth of Nations*, p. 84.
③ Smith, *The Wealth of Nations*, p. 85, 86, 261.
④ Smith, *The Wealth of Nations*, p. 652.

题,表现在工资与商品价格①、工资与利润②、劳动力自由流动③等方面;三是平衡金融问题,包括利润获取与亏损④、收入与支出⑤、借款与贷款⑥、收益税与关税⑦等;四是平衡贸易问题,包括进出口贸易⑧、自由贸易与垄断贸易⑨;五是平衡政教问题,表现在国王专制与殖民地民主⑩、王权与神权⑪、王权与土地贵族之间的关系⑫;六是平衡自由与安全的两难,主要表现在处理民众的总体自由与安全的敏感关系上⑬。这类平衡思想与理论是亚当·斯密市场理论的精髓。⑭

具体而言,斯密非常注重贸易的平衡,29次提及和论述了这个问题,但他既反对贸易赤字(unfavorable balance of trade),⑮也反对其他领域的过度平衡(over-balance),⑯体现了适度的思想和原则。

---

① Smith, *The Wealth of Nations*, pp. 125-126, p. 135.
② Smith, *The Wealth of Nations*, pp. 142-143.
③ 斯密以排他性的"学徒制"为例,强调学徒制阻碍了劳动力的自由流动;作为对比,在公司法规范下的企业,股票就能自由流动。Smith, *The Wealth of Nations*, pp. 191-192.
④ Smith, *The Wealth of Nations*, p. 154.
⑤ Smith, *The Wealth of Nations*, p. 419.
⑥ Smith, *The Wealth of Nations*, p. 393, 621.
⑦ Smith, *The Wealth of Nations*, pp. 1195-1196.
⑧ Smith, *The Wealth of Nations*, p. 501, pp. 561-588, 617-653.
⑨ Smith, *The Wealth of Nations*, pp. 806-807.
⑩ Smith, *The Wealth of Nations*, pp. 827-828.
⑪ Smith, *The Wealth of Nations*, p. 1064.
⑫ Smith, *The Wealth of Nations*, p. 1105.
⑬ Smith, *The Wealth of Nations*, p. 712.
⑭ 洪朝辉:《文献还原亚当·斯密的"市场"真意》,《南国学术》2022年第1期,第7页。
⑮ Smith, *The Wealth of Nations*, p. 230.
⑯ Smith, *The Wealth of Nations*, p. 75.

同时,他认为所有法定的政府干预必须适度。① 另外,银行可以向商户支付预付款,但必须适度地支付预付款;②而且,银行、银行家在与贸易商的交易过程中,也要牢记适度的原则。③ 尤其是,他强调了对等适度(equal propriety)的原则,提醒交易双方都需要理性、同情、互相尊重和推己及人。④

所以,亚当·斯密建立在适度哲学基础上的市场供需平衡理论,能够指引个体行为理论与社会秩序理论的链接与平衡,并为后来的经济学家组合经验证据与数学模型提供了一条可行与逻辑自洽的路径,最终将哲学、伦理、情境三大维度纳入经济分析的框架之中,⑤为适度经济学思想的发展,提供了巨大的可能与机遇。

第二节 新古典经济学的均衡性

如果说,斯密的价格论和市场论所蕴含的供需平衡理论,指引了经济学适度的方向,那么新古典经济学的一般均衡理论(general equilibrium theory),则为适度经济学提供了更丰富的元素。这一理论的最重要贡献者是剑桥学派代表人物马歇尔(A. Marshall,1842—1924),他在1890年提出一般均衡和均衡价格理论,一定程度上体现了适度经济学的某些理念。

---

① Smith, *The Wealth of Nations*, p. 50.
② Smith, *The Wealth of Nations*, p. 164.
③ Smith, *The Wealth of Nations*, p. 176.
④ Smith, *The Wealth of Nations*, p. 445.
⑤ 罗卫东、刘璐:《基于亚当·斯密"合宜性"理论的人类个体行为模型》,第45页。

一、一般均衡理论

1890年,马歇尔发表《经济学原理》,提出"均衡价格"三要点,与斯密的平衡和适度原则有异曲同工之妙。① 马歇尔运用边际效用理论,说明需求数量随着价格下跌而增加,随着价格上涨而减少;同时,他运用边际生产费用理论,证明价格高则供给多,价格低则供给少。更重要的是,他结合需求规律和供给规律提出均衡价格规律,睿智地指出,当供给价格和需求价格取得一致时,需求量和供给量也会一致,并形成均衡价格。②

显然,马歇尔的新古典主义提出的一般均衡价格系统,揭示了三大要点。第一,对消费者而言,均衡价格能够帮助他们在给定价格下,确定自己所需要的投入,在给定的预算下进行消费,最大化自己的适度消费效用,既不浪费,也不奢侈。第二,对生产者而言,企业也需要受到给定价格的约束,来决定投入与产出的数量,最大化自己的适度生产利润,既不能好高骛远,高估自己的能力,也不能低估自己的产能,浪费宝贵资源。第三,在这一供需双方所形成的价格体系下,每个产品市场和投入市场都会达到总供给与总需求的均衡。所以,为了确保得到唯一的、可预测的均衡,新古典经济学理论提出收益递减的假设:如果一个厂商在市场上遥遥领先,那么它会遇到更高的成本或其他形式的负反馈,结果其市场份额

---

① Alfred Marshall, *Principles of Economics* (New York: Cosimo, Inc., 2009), pp. 281-291.
② Marshall, *Principles of Economics*, pp. 302-315.

将稳定在某个可以预测的唯一的均衡水平上。①

同样,与一般均衡理论类似,经典博弈论(Game Theory)研究的主题是,在给定博弈对手可能选择的策略、行动和资源配置的情况下,一个行为主体需要根据某种判断标准,选择正确的策略、行动和资源配置,旨在达到最优的行动效果。再如,理性预期经济学(rational expectations economics)研究的主题是,什么样的预期符合所有这些预期共同创造的结果,或者说,平均而言,能够被所有这些预期共同创造的结果所验证。这种便捷的均衡理论,不失为研究经济模式的一种自然方法,同时也为数理分析提供了用武之地。②

马歇尔创造性地把传统经济的供给决定论(斯密的劳动价值论),同边际学派的需求决定论进行了有机结合。他认为,商品的市场价格决定供需双方的力量均衡,犹如剪刀之两刃,共时与交互地发生作用,从而建立起均衡价格论。③马歇尔还认为,人类的进步似乎存在两种相反的力量:一方面是追求满足,犹如汽车油门,促使人类不断追求利益最大化;另一方面是避免牺牲,犹如车闸,抑制冲动或过度,谨慎行事。其实,油门与车闸的功能不存在价值判断,④它们反映了适度与均衡思想的共同亮点,符合适度哲学的权变原则。

---

① Marshall, *Principles of Economics*, pp. 411-417.
② Arthur, *Complexity and the Economy*, p. 4.
③ Marshall, *Principles of Economics*, pp. 276-280.
④ Marshall, *Principles of Economics*, pp. 58-59.

二、均衡理论的基准与参照

新古典经济学理论首先提出理想性的基准点和参照系。尽管在现实中这种接近完美的假设和理想很难实现,但为了数学建模的需要,这类纯而又纯的基准点就成为必要。而且对于经济发展目标的设定,确立高标准的追求,有助于激励各自的努力程度和方向。

所以,新古典经济学在古典经济学的理性与逐利最大化的两大假设基础上,由瓦尔拉斯(Léon Walras,1834—1910)提出另外三大假设。其一是完全信息假设,假定经济当事人在签订合同、进行交易时,对产品的价格、质量、效用、生产方法都了如指掌,而且,他们一定会根据足够的信息做出决策,因此供求双方不可能互相欺骗,骗也没用,因为一定会被对方或迟或早地发觉。

其二是市场出清假设,假定价格具有完全的弹性,而且可以自动调节,那么,各种市场总是可以实现需求量与供给量的总体相等,既不会存在持续过剩,也不会存在持续短缺。也就是说,所有市场的产品都是可以出清的,保持完美的平衡、均衡和守恒,这个价格就被称为市场出清价格或均衡价格。

其三是完全竞争假设,表明每一个行业的无数企业,进行完全竞争,但因为每一个企业都非常小,所以它们不可能对整个行业造成任何重大影响,并形成垄断地位。尤其是,每个企业都使用同样的技术与同样的成本生产同样的产品,产品的出售价格一致,企业没有任何定价权;但如果一旦出现定价权,就可能出现垄断。这样,只有满足了上述条件,市场才是最好的,其结果才会达到帕累托最优。一旦偏离这个完全竞争的模型,就形成了垄断。① 这些假设就代表了第一类基准经济理论,代表了一种理想的目标。②

但在现实中,经济人需要在给定的约束条件下,对自己的行为和行为的结果进行选择和取舍,取得最优的"均衡结果",这个结果也许是一个利己、利人、利社会的均衡,促使生产者与消费者通过彼此之间的有形或无形的博弈,取得所有商品的市场竞争均衡。③ 这种均衡背后的理论与哲学支撑,就是适度。

三、一般均衡理论的适度思想

新古典经济学派所推崇的一般均衡理论,在以下三大方面体现了部分适度经济学思想。

其一,均衡无限欲望与有限资源、公平与效率之间的矛盾。自利欲望的无限与经济资源的有限是一对永恒的矛盾。新古典经济学在斯密古典经济学的三大生产要素(劳动、土地和资本)的基础上,④增加了第四大要素:企业组织所有者⑤。对此,科斯(Ronald Harry Coase,1910—2013)认为,不仅马歇尔提到了组织,克拉克

---

① Léon Walras, *Elements of Theoretical Economics or The Theory of Social Wealth* [1900], translated and edited by Donald A. Walker and Jan van Daal (Cambridge: Cambridge University Press, 2014), p. 442.
② 田国强:《高级微观经济学》,第 8 页。
③ 田国强:《高级微观经济学》,第 46—47 页。
④ Smith, *The Wealth of Nations*, pp. 27-31.
⑤ Marshall, *Principles of Economics*, pp. 243-261, 602-623.

(John Bates Clark, 1847—1938)也提及,组织的存在能使企业家得以协作。① 而且,经济主体还会受到时间、知识、技术、管理、数据和自由资源的限制。对此,基于欲望的无限和资源的有限,人类必须对基本条件约束下的有限资源,进行适度哲学所提倡的"权变"、评估和选择,旨在尽可能减少资源消耗、增加产出,最大限度地满足社会需求。② 于是,由新古典主义经济学、边际主义、洛桑学派所派生出来的帕累托改进(Pareto improvement),就推动了福利经济学(Welfare Economics)的创立和发展。

福利经济学强调经济研究的主要动机就是帮助社会的改进。③ 福利经济学的第一基本定理证明了竞争市场制度在配置资源方面的最优性,因为竞争均衡导致个人理性逐利的行为与社会资源的最优配置,实现了完美统一的兼容。④ 鉴于市场不是万能的、市场一定存在失灵的事实,经济学家就需要设计市场的适用边界。例如,一旦出现新古典主义三大假设的失灵,包括信息不完全、市场不完全竞争、外部效应显现等,帕累托改进和福利经济学的数学模型就可能提出一系列修正和纠偏市场失灵的机制,防止市场对资源的无效配置。再如,福利经济学所推崇的转移支付竞争均衡(competitive equilibrium with transfers),就是旨在对个体的财富进行重新分配,在效率与公平的两难中走中道、行适度,最后

---

① R. H. Coase, "The Nature of the Firm," *Economica* 4 (1937): 388.
② 田国强:《高级微观经济学》,第3页。
③ A. C. Pigou, *The Economics of Welfare* (London: Macmillan and Co., 1929), third edition, p. ix.
④ Vilfredo Pareto, *The Mind and Society*, ed. By Arthur Livingston (New York: Harcourt, Brace & Company, 1935);田国强:《高级微观经济学》,第616、621页。

到达经济均衡。① 同时,根据福利经济学的第二定理,任何一个帕累托最优配置,都可以通过对个体财富的适度地重新分配,推动竞争市场机制的成功实现。其核心要义就是,面对市场可能导致分配不公、资源配置不均、贫富严重分化的现实,可以考虑使用政府的税收政策,如累进所得税、遗产税和房产税等,进行抽肥补瘦;也可以增加各类补贴和优惠,推出产业扶持政策,增加关税,资助义务教育。②

由此就展示了适度经济学的最基本功能:如果过度使用市场机制,就会导致效率有余、公平不足,这就需要发挥政府的功能,予以纠偏,尤其是在公共服务方面,包括公共卫生、公共教育、生态环境保护、收入分配等;同样,如果政府干预过度,就会出现无效市场,这就需要发挥市场的机制。由此可见,适度经济学的要义是,一旦市场竞争过度,绝不是取消市场,不能因噎废食;同样,一旦效率低下,也不是放弃政府,而是需要市场与政府的适度协调和运作,通过初始禀赋的再配置,对财富进行再分配,对竞争市场再运作,尤其是不能干扰价格、搞乱市场,③因为这些举措都不符合适度哲学的六项内涵。

其实,适度也是一种理想状态,与古典、新古典主义的五大假设类似,很难达到,甚至无法达到。但没有适度这个标杆和基准,人类一定更容易走向两极,要么不及,要么过度。

---

① 田国强:《高级微观经济学》,第 625 页。
② Nicholas Kaldor, "Welfare Propositions of Economics and Interpersonal Comparisons of Utility," *The Economic Journal* 49(1939): 551-552.
③ 田国强:《高级微观经济学》,第 629、643 页。

其二,竞争均衡也体现了适度原则。竞争均衡与一般均衡紧密相连,是指消费者效用最大化和生产者利润最大化的同时,所有商品的市场总需求(aggregate demand)不超过市场总供给(aggregate supply)(及市场出清)的状态。所以,竞争均衡理论的适度思想主要体现在竞争均衡的福利性质,也就是说,一方面,竞争均衡需要考虑资源的最有效配置,但一方面,更需要考虑这种资源配置的公平效用。

例如,在美国应对新冠肺炎疫情的过程中,尽管非常时期给了政府高效调配资源的权力,减少了摩擦系数,但有效的治疗有可能导致不公平的资源倾斜,出现弱势团体的民众就医率低、死亡率高的现象。于是,经济学家就需要强化对消费和生产的外部性现象进行研究,探讨效率与公平的均衡,这也是后来福利经济学所面对的适度难题。[1]

其三,一般均衡理论初步完成了数学建模,以计量方式展现了适度经济学的精髓。1874年,先有法裔瑞士经济学家瓦尔拉斯使用竞争经济的数学模型,解释了众多微小经济个体如何通过市场的相互作用,达到均衡状态。[2] 随后,意大利经济学家帕累托(Vilfredo Pareto,1848—1923)对数学模型进行了改进。他们两人与马歇尔类似,都希望研究均衡的效率和社会发展的最优,强调需求和消费者偏好之间的联系,以及厂家的生产与利润最大化之间的关系。对此,瓦尔拉斯认为,只要价格变量的个数与方程的个数相

---

[1] 田国强:《高级微观经济学》,第539页。
[2] Léon Walras, *Elements of Theoretical Economics or The Theory of Social Wealth*, pp. 118-131.

等,则均衡就应该存在。①

但是,新古典主义均衡理论的最大问题是过于理想化,正如西蒙所指出的,这是一种"静止的均衡经济学"(the economics of static equilibrium)②,缺乏用历史和演化的观点看待经济现象的意识,而且过于强调最优;但在现实中,经济主体往往只能得到暂时满意的或勉强可以接受的后果。

总之,古典主义经济学所彰显的供需平衡和新古典主义所追求的价格均衡,仍然是至今西方经济学的主流。必须一提的是,"平衡"与"均衡"存在一定的不同。"平衡"(balance)主要是指两种力量(如需求与供应),作用在一个载体(如市场)上,尽管力量之间可能相互抵消,但市场这个载体仍然保持原来的运动状态,而且可以使用外力(如政府、社区和国际),进行不断地制衡和调试,争取达到平衡的目的。而均衡是指对立各方(如效率与公平、价格与成本)在数量、比例和实力方面相等。如果两种力量达到均衡,不仅大小相等,而且方向相反,如效率越高,公平有可能就越差;价格越高,成本则可能越低。

尽管自 1970 年代以来,大批经济学家对古典和新古典的"双衡"(平衡与均衡)思想提出了重大挑战,甚至全盘否定,但适度经济学的中道原则,要求我们面对前人的贡献,既要批判它们的不足,也要强调它们存在的价值和历史的贡献。尤其是,"双衡"思想为适度经济学奠定了基础、规定了起点,为进一步丰富与完善适度经济学,提供了必不可少的依据和条件。

---

① 田国强:《高级微观经济学》,第 537 页。
② Herbert Simon, "Bounded Rationality in Social Science: Today and Tomorrow," *Mind & Society* 1 (2000): 26.

第四章 制度经济学的中和性与行为经济学的主观性

除了古典和新古典经济学"平衡"与"均衡"思想为适度经济学思想提供了重大理论基础以外,制度经济学和行为经济学也蕴含了许多适度经济学的思想元素。细致的文献研究,有助于我们挖掘和开拓适度经济学思想的学术宝库。

第一节 制度经济学派的中和性

首先,制度经济学包括旧制度经济学和新制度经济学,它们的许多观点全面反映了适度哲学的三大特性:中和性、历史性、相对性。

一、旧制度经济学派的中和努力

旧制度经济学产生于1920年代,是基于对新古典经济学的批判应运而生的,它属于在美国土生土长的经济学理论。对旧制度经济学派的中和性做出主要贡献的经济学家是康芒斯(J. R. Commons,1862—1945),他的思想立场相对接近中道和中和,主要表现在以下五大方面。

其一,康芒斯推崇制度与法律的中和功能。康芒斯强调解决冲突、调和利益的中坚力量是制度,而制度的重中之重是法律制度,因为法律能够起到最有效的中和作用,有助于交易双方和劳资双方和平、合理、合法地解决纠纷。而交易双方之所以不会陷入你死我活的零和游戏,是因为双方还存在相互依赖的彼此需要,由此将帮助全社会尊重法律制度、淡化阶级对立、避免战争冲突,并促进经济能够可持续地发展。[1]

康芒斯在强调法律作用的同时,尤其推崇法院的作用。对此,他提出一个"合理价值"(reasonable value)的重大概念,认为合理价值并不是任何个人对合理事物的看法,而是"法院根据原告和被告的不同诉求,所做出的合理决定。它是客观的,可以用金钱衡量,并且是强制性的"。[2] 它表明,通过法院这个综合集体与法律于

---

[1] John Commons, *Institutional Economics: Its Place in Political Economy* [1934], with a new introduction by Malcolm Rutherford (New Brunswick: Transaction Publishers, 2009), vol. 1, p. 4.

[2] John Commons, "Institutional Economics," *American Economic Review* 26 (1936): 244.

一体的机构，可以中和不同个人的利益，并做出冲突双方都可以接受的强制性安排，以此缓和社会冲突。某种意义上，面对原告与被告，法官的功能类似于亚当·斯密所推崇的"客观的旁观者"，他代表了一种客观性、制度性和强制性的法律。①

对此，康芒斯特别强调最高法院的意义，因为它代表了一种非书面的宪法（unwritten constitution）。② 他认为美国之所以在1930年代走出一条与德、意法西斯国家不同的道路，最高法院起了关键的作用，因为它抑制了美国垄断资本主义的发展，而垄断资本主义是向法西斯主义过渡的桥梁。③ 在法院的努力下，法院的判决既可能对坏的社会规则进行惩罚，也可能将好的社会习俗演化成法律的一部分，也就是将"地方的一个实践变成国家的普通法"。④

但是康芒斯忽略了文化对制度的制约作用，因为"坏"文化能对"好"制度起到破坏作用。例如，尽管法院做出了判决，但如果主流文化是一个唯权、唯钱、唯上的人治文化，那么"有法不依"的现象将比比皆是。所以，不能离开文化谈制度。

其二，集体和组织。旧制度经济学企图超然于个人主导的市场和国家主导的政府，提出具有适度调节功能的、介于个人与国家之间的集体理论。康芒斯的集体理论提出了一种制度意义上的集体假说，他认为制度就是"集体行动对个人行动的控制"。⑤ 而且，根据康芒斯的观点，企业、公司、工会、雇主协会或贸易组织对个人

---

① Commons, "Institutional Economics," p. 248.
② Commons, "Institutional Economics," p. 248.
③ Commons, "Institutional Economics," p. 246.
④ Commons, *Institutional Economics*, p. 712.
⑤ Commons, *Institutional Economics*, p. 1.

工作规则的制约,比国家政治的集体行动更加有力。① 也就是说,个人不仅受一般社会性和国家级规则的制约,也受到特定组织规则的限制。这与其后科斯所强调的企业之作用不谋而合,因为企业也是介于个人与国家之间的一个重要集体。

根据康芒斯的论述,表面上,集体行动控制个人行动会导致个人自由和利益受损,但这种控制的目的与结果总是对个人有益,因为集体行动在人与人之间建立了权利和义务的边界关系,也建立了没有权利和没有义务的社会关系。例如,集体行动能够有效要求个人实施某个具体目标,避免某种可能,克制某种行为;集体行动能够让个人产生安全感、服从感、自由感;集体行动的运行规则成为指导个人经济行为的共同原则;而且,集体行动还能够帮助、强制、阻止、决定一个人能或不能、必须或不必、可以或不可以做什么事情。尤其是,康芒斯认为,这种集体组织的建立和集体组织规则的制定,都是根据个人之间冲突、谈判、妥协和契约的经验所总结和提炼出来的。于是,一些组织领导者的决定就提供了未来可依循的惯例和工作规则。② 这样,这个具有制度特性的集体,通过集体行动,有助于协调人与人之间的利益冲突,约束变化无常的非理性个人行为,并最终决定合理的制度安排,促使个人行动符合社会的利益。

其实,在集中治理与个人自由之间,引入集体组织的原则就是一种适度的制度安排,利用集体的力量既可以抵制集中的个人专

---

① Commons, *Institutional Economics*, p. 70.
② Commons, *Institutional Economics*, pp. 72–73.

权,也可以抑制过度的个人自由。于是,在这个集中权力和个人权利的光谱之间,集体和组织的功能就成了中道的重要象征,也是帮助解决政府和个人的冲突,达成和解的有效桥梁,形成了"中和"的制度性安排。

其三,理性交易。康芒斯认为,古典和新古典等传统经济学一直以物质的商品为研究对象,这是一种物质经济学。他主张经济学研究的主题应该从旧概念的商品、劳动力、欲望等,拓展到经济活动的最基本形态——"交易"。这样,"交易"就从简单的物品或劳务之间的转移,进化到人与人之间的关系,具备了人文意义、文化意义和社会意义。于是,传统的买卖活动、经理对工人的管理、国家对个人的征税等,都可以通过"交易"联系和归纳在一起,被深入地研究和比较。[1]

康芒斯强调,经济活动的"交易"可分为买卖交易(bargaining transaction)、管理交易(managerial transaction)和限额交易(rationing transaction),但这些交易是地位平等的人们之间或者上级和下级之间的社会活动单位。基于此,"交易"这个单位就可以更有效地解释和解决"冲突、依存和秩序"这三者的关系,颠覆了传统的"商品、劳动、欲望、个人和交换"这些旧概念。于是,人们的交易性质就与伦理、法律和经济紧密相连,法律经济学和伦理经济学也就成了两门新的学科。[2]

而且,康芒斯将"交易"提升到了一个制度层面,就是所有权的交易,而这种所有权的交易一定涉及交易双方的社会习惯、传统和

---

[1] Commons, *Institutional Economics*, p. 4.
[2] Commons, *Institutional Economics*, pp. 59–68.

风俗。他们不同或相同的文化、价值和观念,很大程度上决定了他们交易的数量、质量和结果。于是,交易就具有了文化和价值的色彩,经济学的本质也就可能从物质经济学转型到制度经济学,甚至为以后文化经济学的出现,打开一片天地。

其四,调和阶级冲突。康芒斯不仅是一位学者,更是一位实践家。在美国19世纪末20世纪初的进步主义运动期间,他为威斯康星州州长出谋划策,执行政策。康芒斯既拒绝保守调和,也反对激进革命。他一方面接受利益冲突的现实,但另一方面,极力主张在冲突中进行协商和妥协,主张在解决现实问题时,提倡一种互谅、互让、协商、双赢的缓解冲突模式。其核心是三方对话,包括企业、劳工和政府,制订三方都能接受的最大公约数的方案,体现了旧制度主义所推崇的多重利益体相互依存的价值观,也反映了康芒斯既不是激进的个人主义者,也不是完全保守的集体主义者。[1]

在实践中,康芒斯主张政府发挥积极的制度建设和调解作用,这种制度建设也是一种中道,既不是服从个人的自利,也不是无政府主义的另起炉灶。这样,他就把政府的角色从一个消极的"守夜人",转化为适度的调解人,中和了不同利益集团的对抗,平衡与协调了个人自由、政府权力和法律强制三者之间的张力。[2]

需要指出的是,康芒斯的著述以其亲身经历为案例,研究了威斯康星州劳资双方的集体谈判、制定失业保险法案的过程。例如,

---

[1] Malcolm Rutherford, "Introduction to the Transaction Edition." In John Commons, *Institutional Economics*, p. xii.
[2] John Commons, *A Sociological View of Sovereignty* [1899–1900] (New York: Augustus M. Kelley, 1967), p. 45

面对企业与劳工之间的严重分歧,威斯康星州政府于 1911 年成立"威斯康星产业委员会",邀请劳资双方代表共同参加咨询小组,最后成功通过立法。康芒斯将这个委员会的功能提升为政府的"第四个分支",成为解决劳工问题、缓和劳资冲突的一大选择和补充。由此证明,合作精神、集体谈判是解决冲突的有效方法。①

其五,综合和交叉研究。康芒斯的中和主张也是一种具有适度功能的综合研究的努力。康芒斯的旧制度经济学将法学、经济学和伦理学进行了有机的综合和交叉,并使得"交易"具有了法律的制度高位和伦理的道德高度,促使"交易"具有了许多非物质性、制度性和人文性的元素,由此就极大拓展了交易的内涵与外延,促使"交易"走出传统经济学的狭隘境地。②

二、新制度经济学派的中和贡献

除康芒斯旧制度经济学派的中和努力以外,新制度经济学的代表人物科斯也创造了一种企业理论,推出一个新型的集体概念:企业。1937 年,科斯的第一篇著名论文就提出调节资源的两种假设:一是使用价格机制来调节资源;二是利用企业家合作来调节资源,而填补价格和企业家之间重大缺口的,就是企业组织。它们将在两种"假设"的缺口处架起一座"桥梁",起到"中和"作用。③

尽管科斯不怎么喜欢康芒斯——因为康芒斯不敬畏理论,但

---

① Commons, *Institutional Economics*, p. 3.
② Commons, *Institutional Economics*, p. 58.
③ R. H. Coase, "The Nature of the Firm," *Economica* 4 (1937): 389.

科斯的新制度经济学、法经济学、交易成本理论,与康芒斯的交易理论存在密切关系。康芒斯将"交易"性质扩展到产权经济学(proprietary economics)的范畴予以解释,①为科斯的通过谈判所完成的交易费用(transaction cost)概念,提供了应用的现实可能和潜在空间。② 另一位新制度经济学的重要代表人物诺斯(Douglass North,1920—2015),也认为"交易成本是经济业绩的关键"。③

科斯在1960年发表的《社会成本问题》中,详细论证了企业不同于市场的几大功能与原因。其一,市场交易的特点是人人为己,个个谋求自己利益的最大化。而企业内部交易,是交易双方的利益基本协调和一致,因为如果实行自私或损人利己的机会主义,如果双方互相进行欺诈,对谁都没有好处,很可能是双输。所以,他认为企业双方的伤害是相互的,当A在伤害B的同时,A也在伤害A自己。他以牛吃麦为例,如果一头牛吃了附近的农作物,其结果是牛的主人得利、肉类供应增加,但农作物的供应就减少,价格就上涨。于是,就需要做出选择:要肉,还是要农作物?对此,科斯认为,这需要由市场上的牛和农作物的价值和价格决定,以及需要评估为了获得各自价值所可能付出的代价哪个更大。④ 类似地,张五常在1973年发表的"蜜蜂的寓言",也提出让市场和契约来决定养

---

① Commons, *Institutional Economics*, p. 8.
② Coase, "The Nature of the Firm," pp. 390-391.
③ Douglass North, "Institutions and Economic Growth: An Historical Introduction," *World Development* 9 (1989): 1319.
④ R. H. Coase, "The Problem of Social Cost," *The Journal of Law and Economics* 3 (1960): 2-6.

蜂人与果农之间相互发生的利与害的关系,政府不要介入。①

基于这个问题,薛兆丰提及爱泼斯坦(Richard Epstein)的一个观点:假设冲突双方是同一个人,问题也就迎刃而解了。例如,假定牛与小麦的主人是同一个人,这时,是否允许牛吃小麦就取决于当时当地的市场上牛肉和小麦各能卖多少钱。如果小麦的价格高于牛肉,那主人一定设法不允许牛吃小麦;但如果牛肉的价格更高,那主人不仅允许牛吃小麦,还要让它享受音乐,给它按摩。② 这一"伤害效应"(harmful effects)的思路,③是对斯密"客观的旁观者"思想的发展。如果斯密的"客观的旁观者"是设计一个客观的第三者的话,那么科斯的产权争议是将两位当事人合二为一,设计一个主观的第三者,两者存在互补的异曲同工之妙。一个是客观旁观,一个是主观换位,其中所体现的"共生有机体"揭示了一个道理:如果我们互爱互让,则双方得利;如果我们互相伤害,则双方共输,双赢与双输其实就是异位同体。由此所发展出的一种"同情共理"思想,也为适度经济学思想的丰富与完善提供了新的视角。

其二,市场交易平等,但企业交易各方的关系为内部行政关系,存在等级结构制度的垂直特征。在单个企业内部,资源配置不是靠谈判解决,而是通过行政命令完成,企业家具有指挥的权力。这种集权的特征,使得企业比市场更能减少交易的行政成本,减少

---

① Steven Cheung, "The Fable of the Bees: An Economic Investigation, " *The Journal of Law and Economics* 16 (1973): 32-33.

② 引自薛兆丰:《薛兆丰经济学讲义》,北京:中信出版社,2018 年,第 78—83 页;参见 Richard Epstein, *Takings: Private Property and the Power of Eminent Domain* (Cambridge: Harvard University Press, 1985).

③ Coase, "The Problem of Social Cost, " p. 18.

交易的不确定性。① 它意味着外部市场需要自由,但内部企业需要集权。外部社会的民主选举需要一人一票,穷人、富人、男人、女人一视同仁;但企业内部必须实行一股一票、多股多票。政治治理可以民主,经济管理难以民主,没有股份的工人不宜与企业老板享有同等的投票和决策地位,不然就失去了现代企业责、权、利三者一致的本质。

其三,市场交易的特征是外部交易,各方地位完全独立,而企业交易的特征是完全内部化。在企业内部,消除了各种生产合作要素之间个别的讨价还价,这样,生产要素的所有者之间就不需要讨价还价,②由此就节约了交易成本。而且,企业组织通过决策的专业化和内部信息的有效沟通,会增强决策的理性化,因为专业有助于理性与冷静,而外行会导致情绪化。另外,内部信息的沟通也能减少机会主义行为,比较容易发现对方的欺诈行为,促使企业增强自身的应变能力。

其四,尽管市场能够较有效地控制生产成本,但企业则能够更灵活地应对经济危机。因为企业具有一种经济组织的替代形式,"能够给出比使用市场所产生的成本更低的成本,却能够获得相同的结果,从而提高生产价值"。所以,"企业代表了一种替代方法,通过市场交易来组织生产"。③ 科斯指出,企业的出现是为了解决市场难以解决的问题,因为企业之间如果能够签订长期合约而不是短期合约,就会产生另一种资源配置的方式。而且,一旦市场失

---

① Coase, "The Problem of Social Cost," p. 16.

② Coase, "The Problem of Social Cost," p. 16.

③ Coase, "The Problem of Social Cost," p. 16.

灵,企业就能产生一定的存在价值和替代价值。① 尤其是,科斯强调,仅靠市场的价格机制是不够的,还需要企业家的协调功能。② 由此表明,交易成本的降低不能只靠价格与市场,还需要企业或企业家作为替代予以补充与调节。

三、其他制度经济学家的中和观点

除科斯强调了企业的适度和中和作用以外,其他经济学家和理论也补充了企业的一些独特作用。

第一,扎克(Paul Zak)等经济学家认为,企业能够减少不确定性。良好的制度能降低不确定性,企业间的信任能够减少交易成本。③ 不确定性是盈利的天敌,而有限理性和机会主义是不确定性的主要原因。于是,经济发展就不能太依赖反复无常的市场,应该寻求非市场形式的组织安排。企业作为一个整体,其内部的行动是集体决策的结果,任何个人所获得的结果,取决于其他人如何做出选择,集体内的任何个人追求纯粹的效用最大化,都是不可能的,实现企业整体的"帕累托最优"才是共同努力的方向。但具体而言,需要以下三个条件来减少不确定性。

一是形成心理默契。沟通经济学(economics of communication)认为,人们通过在熟悉环境中的长期交流,能够产生一种"口中没

---

① Coase, "The Nature of the Firm," pp. 390–391.
② Coase, "The Nature of the Firm," p. 389.
③ Paul Zak and S. Knack, "Trust and Growth," *The Economic Journal* 111 (2001): 295–321.

有、心中全有"的默契,共同的工作经历能够产生一种心照不宣的同频共振和言行共鸣,并有可能产生集体无意识或潜意识的动力,最后就能减少沟通的成本,缓解不确定性,稳定各自的心理预期。①

二是形成决策焦点。这个"焦点"理论由诺贝尔经济学奖得主谢林(Thomas Schelling,1921—2016)于1960年提出。他认为,在双方沟通缺失的前提下,"人们通常可以在彼此合作的情况下,与他人协调出他们的意图或期望",但这种协调和博弈的成败取决于双方是否存在一个"焦点",而这个焦点的发现取决于各自所处的时间、空间和个性。② 决策焦点有时来自双方的直觉和默契,而不是理性、逻辑与科学。这种焦点的出现,就意味着合作契机的出现,有助于双方找到预期,做出判断,减少不确定性。类似于两个长期的牌友或棋手,一定能在适当的地点和时间找到决策焦点。当然,专业高手难以与业余人士合作,因为业余人士往往不按牌理出牌,双方很难找到"焦点"。同质的企业文化就有助于出现心理默契、心领神会和决策焦点。

三是抑制个人偏好。人的主观偏好一定千奇百怪,但企业文化具有重塑员工观念,改变和规范员工倾向的能力与机制,因为如果员工不服从或不习惯特定的企业文化,只能自行或被迫离职。作为对比,在一个企业外的民主社会,公民可以不服从总统,而总统却难以因此而开除公民的国籍,一个民主国家和社会不应该也

---

① Karen Middleton and Meheroo Jussawalla, eds., *The Economics of Communication: A Selected Bibliography with Abstracts* (New York: Pergamon Press, 1981), pp. xi–xvi, 1–7.
② Thomas Schelling, *The Strategy of Conflict* (Cambridge: Harvard University Press, 1960), p. 57.

不可能统一所有人的意识和意志。但是,企业能够约束和限制文化的多样性、复杂性和不确定性,其结果是企业可能创造出联合一体的文化,形成一定程度的忠诚与信任,促使个人的偏好受到集体文化和企业制度的抑制。例如,许多大企业乐于提供统一的企业制服,这里的"制服"既是名词,更是动词,表示"制服"员工个人偏好、统一员工价值的一种符号。对此,美国社会和文化就存在一大悖论:一方面,社会越来越多元、自由、独特;另一方面,美国社会的信任度却较高,仅次于德国和日本。对此悖论,福山认为,美国靠的是结社传统。也就是说,美国人一方面是"鹰",鹰是不合群的,永远单飞,即"鹰隼不群";但另一方面,美国人是循道合群,只要是同道,就能合作,如美国有众多的教会、企业和非政府组织,使得社团主义盛行。① 由此也就表明,企业在面对个人利益与社会利益冲突之时所体现的中和作用。

第二,企业能够弥补不完全契约。由于有限理性、机会主义、不确定性、信息不对称等必不可免,人们在契约签订以及履约过程中,常常出现契约失灵的困扰。也就是说,人太狡猾,一纸契约根本管不住,而许多社会关系是建立在不具有法律效力的谅解备忘录(MOU)或口头承诺的基础之上的,如中文的"信"字,就是"人""言"的意思,表示信任不需要法律,"君子一言,驷马难追","君子重然诺"。对此,在解决不完全契约的问题上,企业有可能发挥以下几个独特的作用。

一是企业文化能够形成一种良性传统风气和社会规则,适当

---

① [美]弗朗西斯·福山著,郭华译:《信任:社会美德与创造经济繁荣》,桂林:广西师范大学出版社,2016年,第251—275页。

弥补正式契约的不完全性。法学家罗豪才曾提出一个"软法"的概念,它就是介于法与没法之间,类似于自然法和社会习俗,其主要表现形式是介于法律与道德之间的规章制度、乡规民约。① 波兰尼(Karl Polanyi)也提出"能动社会"(active society)的概念,就是指一个基于习惯、规则、风俗而形成的社会,它也许是一种介于市场与政府两极之间的中间形式。② 类似地,中国传统曾经崇尚"无讼"文化,例如在清朝康熙年间,浙江平湖人陆陇其先后担任江南嘉定和直隶灵寿知县,凡遇纠纷,均能动之以情、晓之以理、喻之以法,有效弥补了法律和法规的"无情无义",使得两县政清人和,出现"无讼"之境。这些"软法""能动"和"无讼"等元素,作用于企业文化,就能生成一种弥补甚至超越法律和契约的社会资本、灵性资本和良好习俗。

二是企业能够传递有效信息,降低履约风险。优秀的企业文化能够向市场传递正确的"信号",帮助企业在市场中及时、有效地寻找、反馈、了解和选择消费者,建立、维护和改进企业与客户之间的信任,由此得到一种"货币选票",因为交易所依托的金钱,就是一种货币选票,表达消费者对企业的信心与认可。③

三是企业能够建构一种信用经济(credit economy)。信用经济学由德国旧历史经济学派代表希尔布兰德(Bruno Hildebrand,1812—1878)创立,他提出人类的货币经济经历了以物易物的自然

---

① 罗豪才:《软法的理论与实践》,北京:北京大学出版社,2010年。
② 引自郭于华:《福山的慧眼:社会资本的积累与自我社会的力量》,见福山:《信任》导读,第 iii 页。
③ 李龙新:《从企业到企业文化的经济学解释》,《商业研究》2013年第2期,第115—120页。

经济,到以货币交易的货币经济,再到以信用交易为核心的信用经济。表面上,信用经济主要发生在金融界或货币领域,但背后的核心是信用,就是遵守信用协议,否则,就会产生信用风险。① 如果在一个缺乏信用文化的国家实行信用经济,再严格的制度,也难以战胜文化和习惯的阻力,也就是说,在信用的问题上,文化比制度还重要,"有法可依"敌不过"有法不依"、藐视法庭。扎克就建议设计一些制度和组织来促进信任和幸福,因为制度、信任和道德情操三者之间,存在一个良性的因果关系,信任指数降低的一大原因是社会、政治和经济不稳定,而且从生理学角度而言,良好的预期和人际的信任能缓解紧张情绪。②

除比较企业与市场不同的功能外,科斯也引入政府这个参照,比较市场、政府与企业的不同功能,显现了企业的独特优势。③ 他讨论了政府干预的适度问题,认为政府的行政干预也许有效,甚至可能降低成本,所以,政府干预不一定是不明智的,但是,真正的危险在于"政府对经济体系的广泛干预"。④ 在这里,他强调,不应认为政府对资源的行政性分配,一定比通过价格机制的分配要差,因为"市场的运作本身并不是没有成本"。⑤ 但是,类似政府的干预

---

① David Lindenfeld, "The Myth of the Older Historical School of Economics," *Central European History* 26 (1993): 405-416.
② Paul Zak, "The Physiology of Moral Sentiments," *Journal of Economic Behavior & Organization* 77(2011): 62; Paul Zak, "The Neurobiology of Trust," *Scientific American*, June (2008): 88-95.
③ Coase, "The Problem of Social Cost," pp. 17-18.
④ Coase, "The Problem of Social Cost," p. 28.
⑤ R.H. Coase, "The Federal Communications Commission," *The Journal of Law and Economics* 2 (1959): 18.

和分配必须受到限制,而且这种干预必须要有边界。① 这种边界意识,就是适度哲学"中间性"的基本要求,也是削弱相互伤害效应的重要手段。

所以,如果市场是无形,政府是有形的话,企业就是一半有形、一半无形,有时可见、忽隐忽现的实体。而且,鉴于无形市场的稳定性和预期性存在天然的缺陷,也鉴于政府存在强烈的主观性和政策性,企业、集体和组织就能在市场和政府之间,显现其独特的中和、中道、平衡与适度的功能。

第二节 制度经济学派的价值相对性

在本书第二章提到,适度哲学的六项内涵之一是它的价值相对性,这一思想内涵得到制度经济学派的强化与发展。

一、相对价值论

康芒斯在 1934 年出版的《制度经济学》一书中,提出了相对价值的理论,其中隐含了反对绝对性的适度思想和中道原则。

第一,康芒斯的价值相对性理论认为,价值与文化密切相关,并由文化决定价值大小、高低、优劣,不同文化决定不同价值取向。所以,价值判断与文化评价相似,不可能存在可计量的普适标准。尽管在特定时空,也许存在一些特殊的标准,但价值判断也不能作

---

① Coase, "The Problem of Social Cost," p. 18.

为评价各种经济运行或经济行为是否健康、正确、合理的统一标准或唯一标准。①

康芒斯将人际关系引入制度研究,而不同的人必然存在不同的传统、习俗、价值和规则,于是,主观习俗就将对财产控制权产生影响。② 同时,康芒斯区分了习俗、共同实践和普通法(common law),强调习俗常常"作为普通法而出现",③因为习俗来自过去的经验,人们需要依据习俗来计划和指导未来的行为。所以,习俗能够给人们带来预期的安全感,成为人类传统恒久的一部分。但是,习俗存在差异和好坏,而且在交易过程中,这种差异可能会导致人际冲突,所以,必须对不同习俗进行适当选择。④ 另外,由于习俗有好有坏,有的被认可,有的被谴责,于是,习俗就具有了强制力:对遵守习俗的人要提供保护,而对违反习俗的人则需要制裁。

对此,康芒斯提出"制度公民"(citizens of an institution)的概念,因为人一生下来就受各种制度性的习俗和价值影响,也与家庭、企业、集体等社会各要素发生联系,于是,就会产生人类的集体意志(collective human will),并出现制度化的观念(institutionalized mind)。⑤ 所以,制度离不开人,人离不开习俗,而习俗必然具有价值的相对性。其实,相对主义的实质就是主张没有绝对,它所追求的目标是经验、思想、价值。这也反映了适度经济学思想的一大核

---

① Commons, *Institutional Economics*, pp. 386–389.
② Commons, *Institutional Economics*, pp. 144–149.
③ John Commons, *Legal Foundation of Capitalism* [1924] (New Brunswick: Transaction Publishers, 1995), p. 302.
④ Commons, *Legal Foundation of Capitalism*, p. 300.
⑤ Commons, *Institutional Economics*, p. 74.

心：多讲相对，少讲绝对；多讲具体，少提"普世"。

第二，在经济活动中，没有一种科学标准，能合理选择纯粹的自由放任政策或纯粹的政府干预政策。因此在把握、权变适度的标准之时，需要理解适度价值的相对性。康芒斯根据洛克（John Locke，1632—1704）内在观念与外在世界完全分离的理论，提出将制度分成内部机制与外部机制，其中，制度的内部机制包括传统、道义规则、风俗，以及正式的私人规则，强调真理不能绝对把握，但可以通过试错接近真理。[1]

类似地，制度还可分为正式制度和非正式制度。正式制度是指有形的法律、规则和契约，以及法律和规则所建立的等级结构，由此形成强制力，但康芒斯强调权力运用需要选项，其要义是限制权力的强制力。[2] 而非正式制度是人们在长期交往中无意识形成的，由价值信念、伦理规范、道德观念、风俗习惯和意识形态等因素组成，而其中的意识形态是核心，它们构成正式制度安排的理论基础和思想准则。当非正式制度与正式制度的制度变迁方向取得一致时，社会就可能节约制度运行成本，并减少制度变迁的阻力。

二、意识作用

到了新制度经济学派的诺斯，他开始更加强调习俗行为的意识模式和信仰体系，强调制度与观念、意识、神话、主义和偏见的演变有关，而且这些文化元素为今天的实践提供了"路径依赖"（path

---

[1] Commons, *Institutional Economics*, p. 16.
[2] Commons, *Institutional Economics*, p. 331.

dependence)。① 诺斯尤其强调,"意识模式"部分来自文化,部分来自经历。其中,文化由代际之间知识、价值和规则的转型而来,而经历则具有鲜明的地方性和特殊性,不同的文化环境一定具有各自的独特性,这样,人的意识模式也就存在多元特征。②

由此,新制度经济学派就把文化当作制度的载体,而正式制度或外部制度只有在与非正式制度或内部制度兼容的情况下,才能发挥作用。因此,适度和有效的制度安排必定是正式制度和非正式制度的优化组合。但是,由于非正式制度充满了相对性、主观性、演化性,社会各界很难适度地处理非正式制度的不确定性。所以,诺斯就认为需要由正式制度制约经济主体,"制度的组成就是为了减少人际交流的不确定性"。同时,新制度经济学与新古典经济学的一大不同是,新制度经济学能够将经济学理论的观念、意识介入分析的过程和机制,能够借助模型研究政治程序在经济表现中的关键作用,并解释"市场的无效性"。③

所以,新制度经济学提供了一种适度的研究方向,通过经济学的框架,将主观的意识与比较客观的正式制度予以贯通,而且,又在比较僵硬的正式制度下,植入相对性的价值体系与意识模式,促使经济制度更具有人性化、多样化和个别化,从而推动制度转型和建设更具有活性、韧性和可持续性。

---

① Douglass North, "Economic Performance Through Time," *American Economic Review* 84 (1994): 365.
② Douglass North, "Institutions and Economic Theory," *The American Economists* 36 (1992): 4.
③ North, "Institutions and Economic Theory", pp. 4, 5.

第三节　制度经济学思想的历史演化性

新旧制度经济学派共同主张,经济学的研究对象不是静态的,而必须是变化、演化和动态的,具有鲜明的历史性,由此反映了适度哲学的第四大特性:历史性(演化性、动态性)。对此,布什(Paul Bush)就认为,制度经济学的实质是"演化经济学"(evolutionary economics)。[1]

一、凡勃伦的努力

首先,旧制度经济学派创始人之一凡勃伦(T.B. Veblen,1857—1929)在1898年,系统批判了新古典经济学的静态理论。[2] 他认为,新古典经济学过度使用静止和先验的固定模式,缺乏一个动态演化的框架来分析人类社会的经济活动,由此必然导致经济理论脱离实际现状。康芒斯也强调,经济学家需要从历史、实践和经验的角度研究经济学,注重调查研究的经验方法,重证据、轻理论。

所以,总体而言,旧制度经济学派批判新古典主义的静态模型分析,反对狭隘地使用经济变量,忽略非经济变量,反对过度关注价格信号的非现实性。尤其是,旧制度经济学派反对新古典主义

---

[1] Paul Bush, "The Theory of Institutional Change," *Journal of Economic Issues* 21 (1987): 1075.

[2] Thorstein Veblen, "Why is Economics not an Evolutionary Science?" *The Quarterly Journal of Economics* 12 (1898): 373–397.

过度推崇理性主义、个人主义和功利主义,包括以理性主义为核心的工具性价值(instrumental value),但忽略了以传统和习俗为基础的礼俗性价值(ceremonial value)。① 作为对比,旧制度经济学派借鉴实用主义哲学、进化论和心理学等方面的成果,提出影响经济行为人决策的因素是多元的,希望适度和有机地结合工具性和礼俗性两大价值,但尤其强调制度中的习惯与规则对行为人决策所可能产生的决定性影响。而且,在讨论工具性价值与礼俗性价值之时,制度学派开始运用否定之否定的辩证法,强调经济行为首先具有工具性,然后是礼俗性,最后是两者皆有。②

二、制度变迁理论

新制度经济学派为了强调经济学的演化性,提出制度变迁理论。诺斯认为,"历史上最明显的教训之一是,政治制度固有地倾向于产生无效的产权,从而导致停滞或衰落"。③ 但另一方面,制度变迁能够促使各利益集团找到属于自己利益最大化的平衡点和中间点;同时,为了满足这种利益最大化,利益主体会对利益函数做出最有利的契约安排,由此就会促进原利益结构的变动,推动新的制度安排的出现。这种对旧制度既继承又创新的扬弃过程,就是一种动态演化和理性适度的过程。

---

① Bush, "The Theory of Institutional Change," pp. 1079–1080.
② Clarence Ayres, *Toward a Reasonable Society* (Austin: University of Texas Press, 1971), p. 241.
③ Douglass North, "Institutions and Economic Growth: An Historical Introduction," *World Development* 9 (1989): 1321.

由此表明,制度变迁是制度从均衡到不均衡,再到均衡的一个不断演变的过程。① 尤其是,诺斯提出"路径依赖"理论,深刻反映经济学除古典和新古典所强调的工具理性(instrumental rationality)之外,还有更重要的演化理性(evolutionary rationality)。② 今人一定需要从前人的经历中,寻找历史的教训与经验,以便今后少走老路、弯路和邪路。

三、研究方法

在经济学研究方法论方面,康芒斯不赞成同属旧制度经济学派的凡勃伦的观点,因为凡勃伦完全拒绝传统和正统的经济学理论,而康芒斯则提倡"非二分法"(non-dichotomist)的适度研究方法,主张对传统进行批判地继承。对于康芒斯这种适度的研究方法,张林引用拉姆斯塔(Yngve Ramstad)的论述③,认为:1)这首先是一种进化的方法,经济过程不断演化,各类结果难以预测,所以,它们不一定会趋向均衡;2)这是一种现实主义方法,反对通过抽象来组织经济理论,类似新古典的完全竞争假设就是属于过于浪漫和理想的臆断和抽象;3)这是一种经验主义的方法,强调经济理论需要经验和背景的支持,而不是通过想象、感悟来确定经济理论的有效性;4)这是一种整体主义的方法,鉴于人类行为的复杂性、系

---

① North, "Institutions and Economic Growth: An Historical Introduction," pp. 1319-1321.
② North, "Institutions and Economic Theory," p. 6.
③ Yngve Ramstad, "John R. Commons' Puzzling Inconsequentiality as an Economic Theorist," *Journal of Economic Issues* 29 (1995): 991-1012.

统性和综合性,不能将人类动机生硬而又孤立地区隔成经济、社会或者政治的动机,也不能将人类的所有行为都假设成单一、完备和纯粹的理性;5)这是一种文化研究的方法,旨在将文化背景和要素引入经济研究的变量之中,研究集体,探讨价值,突显相对主义;6)这也是一种非机械论的研究方法,将经济概念与现实存在的制度予以结合,而不是将经济概念结合到价格机制等人为制度所引导的范畴中,而且,经济事务的平衡或秩序不是来源于市场的自发力量,而是由社会创造的,并且通过制度来保证;7)这更是一种强迫的方法,因为经济行为的假定来源于强迫的结构,权力制度和权力关系决定对经济行为结果的评价。[①]

制度经济学引入演化、现实、经验、整体、文化和非机械的理论,有助于在研究方法上"软化"经济学,如弗兰克·哈恩(Frank Hahn)指出,一百年后,"经济学将成为比现在更加软性的主题"。[②] 西方经济学从古典时期的定性为主,到新古典时期的定量为主,逐渐发展成以数学为体、经济学为用的本末倒置的极端状态。为了挑战和修正数学化、静态化、绝对化的主流经济学,1970年代后的新制度经济学在方法论上似乎出现了一种适度倾向:一是促使经济学侧重于动态的历史、软性的制度和个别的具体,降低经济学的数学门槛,使经济学再度回归为一门具有适度边界和相对价值的软科学;[③]二是强化经验性的实地调查和档案资料分析,

---

[①] 引自张林:《新制度主义》,北京:经济日报出版社,2005年,第71—72页。

[②] Frank Hahn, "Next Hundred Years," *Economic Journal* 101 (1991): 47.

[③] North, "Institutions and Economic Theory," 6; North, "Institutions and Economic Growth," pp. 1319–1332.

注重以准确的定义和自洽的逻辑来论述真实世界,强调现实经济世界与数学符号系统难以建立完美和兼容的匹配系统。于是,面对保证分析效率和坚持真实性之间的两难选择,新制度经济学派学者如科斯等,大多选择保证真实,而且科斯几乎没有使用任何数学公式和模型。这种研究方法的努力,旨在纠偏过度的数学化倾向,但仍然保留适度的数学建模方法。其实,研究方法论的变化,也是一个不断调整的适度过程。

很显然,制度经济学在经济学理论和方法论方面所显现的中和性、相对性和演化性,为适度经济学的建构提供了许多理论元素。有"中"才能有"和";有"中"才能凸显处于左右之间的"相对",避免绝对;也只有具有"中和"的意识,才能在关注静态的当下之外,考虑昨天的演化路径。所以,制度经济学所蕴含的中和性、相对性和演化性之核心就是"中",只有走中道、行适度的经济学思想,才能在学理、方法和实践中逐渐趋衡、趋和、趋盛。

第四节 行为经济学的有限理性

行为经济学与制度经济学在思想上存在逻辑联系。经济行为是演化的、动态的、制度性的,所以,经济行为就很难具有完备理性和客观理性。就像布什所定义的,制度就是"社会所规定的一组特征相关的行为"。[①] 而且,行为的本质就是一种价值。[②]

较早提出有限理性理论的经济学家应属西蒙(H. A. Simon,

[①] Bush, "The Theory of Institutional Change," p. 1076.

[②] Bush, "The Theory of Institutional Change," pp. 1077–1078.

1916—2001),他的理论也丰富了适度哲学和中庸思想的主观性、中间性和历史性,并自觉不自觉地发展了适度经济学。行为经济学得益于1930年代兴起的行为学,其中,新行为主义代表人物斯金纳(Burrhus Frederic Skinner,1904—1990)的贡献很大。到了1950年代,行为学发展成为一个体系,而且行为学研究人员开始结合经济学进行跨学科研究。自1970年代以来,诺贝尔经济学奖已经四次颁给了七位与行为经济学或有限理性理论有关的学者,包括1978年的西蒙,2002年的心理学家卡尼曼(Daniel Kahneman)和弗农(Vernon Smith),2013年的席勒(Robert Shiller)、法马(Eugene Fama)和汉森(Lars Hansen),到了2017年,诺贝尔经济学奖授予塞勒(Richard Thaler)。行为经济学的累累硕果既表明行为经济学向主流经济学"造反"成功,也可理解为主流经济学对行为经济学的"招安"有效。与古典经济学的完备理性不同,有限理性的假设与亚里士多德的适度思想如出一辙。行为经济学所主张的有限理性,以及它与适度经济学的关联,可以从以下三个方面予以理解。

一、完备理性迷思

首先必须指出,亚当·斯密并没有在自己的著作中提出完备理性的象征——"经济人"(Homo Oeconomicus)假设。首先提出个人经济利益最大化公理的学者是英国经济学家西尼尔(Nassau William Senior,1790—1864);[①] 此后,古典经济学家穆勒(John

---

[①] Leon Levy, *Nassau W. Senior: The Prophet of Modern Capitalism* (Boston, MA: Bruce Humphries, 1943).

Stuart Mill,1806—1873)提出"经济人假设",①并由帕累托正式创造"经济人"假设。② 类似误解斯密有关市场理论的现象比比皆是。③

早在1955年,西蒙就直接挑战古典和新古典经济学派的理性"经济人"假设和迷思。这个"经济人"被假定拥有足够清晰和数量的知识,具有组织良好且稳定的偏好系统,具备一流的计算能力,④但这只是一种迷思和想象。塞勒也认为,许多极为"理性""科学"的经济学模式,根本无法精确预测经济发展的趋势。例如,没有一个经济学家能够预见2008—2009年金融危机的到来,"更糟糕的是,许多经济学家还以为这一危机以及此后的发展,简直就是不可能发生的"。⑤ 塞勒用一种讽刺的口吻来定义经济学:最优(Optimization)+均衡(Equilibrium)=经济学(Economics)。⑥ 但在现实中,经济学理论的前提都是有缺陷的,因为人的行为不可能达到最优的结果,人的观念也一定存在偏见。⑦

很明显,在现实中,有限理性或没有理性的行为比比皆是。例

---

① John Stuart Mill, *On Liberty* (London: John W. Parker and Son, West Strand, 1859).
② Vilfredo Pareto, *The Mind and Society: Non-Logical Conduct*, vol. 1 (New York: Harcourt, Brace and Company, 1935).
③ 洪朝辉:《文献还原亚当·斯密的"市场"真意》,《南国学术》2022年第1期,第14页。
④ Herbert Simon, "A Behavioral Model of Rational Choice," *The Quarterly Journal of Economics* 69 (1955): 99.
⑤ Richard Thaler, *Misbehaving: The Making of Behavioral Economics* (New York: W.W. Norton & Company, 2016), p. 3.
⑥ Thaler, *Misbehaving*, p. 4.
⑦ Thaler, *Misbehaving*, pp. 4–5.

如,受"炫耀性价格"和"挥霍性价格"的心理影响,有人就是只买贵的,不买好的,因为越贵越使消费者"感到是贵族的和荣耀的",出现所谓"凡勃伦效应"。① 很有意思的是,凡勃伦既是旧制度经济学派的创始人,也是提出行为经济学消费不理性理论的大师,横跨两个学派。② 由此也说明制度经济学与行为经济学的相关性。而且,人经常缺乏自我控制的能力,最集中的表现就是多数人只看重眼前利益,忽略长远和整体利益。例如,人一般会屈从于短期诱惑,结果导致储蓄防老计划或健康生活方式被普遍忽略。③

对此,行为经济学还认为,正因为人的理性不够完备,所以经常过于贪婪、缺乏节制,过度从事机会主义和投机活动,乐于弯道超车、免费搭车。于是,适度就成为指导人类经济行为的重要指南。所以,西蒙认为,有限理性是行为经济学的中心主题。④

与此有限理性相关的"狄德罗效应"(The Diderot Effect),也值得运用适度哲学的视角予以观察。18世纪的法国哲学家狄德罗(Denis Diderot,1713—1784)不仅以编撰第一部百科全书而闻名,而且还提出了一个与经济学有关的"狄德罗效应"。此效应缘于狄德罗得到一件礼物———一件华贵的长袍,于是,为了与此匹配,狄德罗就失去了"理性",连续重置了书桌、花毯、椅子、雕像、书架、闹

---

① Thorstein Veblen, *The Theory of the Leisure Class: An Economic Study of Institutions* (New York: Macmillan, 1899), p.70.
② Malcolm Rutherford, "The Old and the New Institutionalism: Can Bridges Be Built?" *Journal of Economic Issues* 29 (1995): 449.
③ Thaler, *Misbehaving*, p. 8.
④ Herbert Simon, *Models of Bounded Rationality: Empirically Grounded Economic Reason* (Cambridge: The MIT Press, 1997), vol. 3, pp. 267–274.

钟等本来完全没有必要更换的东西。最后,他后悔当初因为虚荣而丢弃了旧长袍,并因此写了一篇文章《后悔扔掉我的旧长袍》("Regrets on parting with my old dressing gown")。① 1988 年,麦克拉肯(Grant McCracken)根据这个现象,提出"狄德罗效应";②1999 年,经济学家肖尔(Juliet Schor)对"狄德罗效应"所带来的一种攀升消费的欲望(the upward creep of desire)进行了详细的分析。③ 尽管对"狄德罗效应"的解释可以见仁见智,但无法否认这种效应的本质,就是有限理性或缺乏理性的消费行为,而且这种行为往往导致经济主体的后悔,无端增加了消费和浪费,当然也刺激了需求,增加了供应。"狄德罗效应"显然与人的行为和意识普遍相关,不仅仅是一种特殊和个别的现象。

二、有限理性约束

基于人类有限理性的普遍存在,人类需要适度约束和管控有限理性的经济行为。西蒙认为,理性必须受到以下给定条件的约束:1)可供选择的备选方案;2)对风险与收益的关系做出清楚界定;3)如果收支之间出现冲突,能够确定它们之间的取舍、偏好的

---

① Denis Diderot, "Regrets on Parting with My Old Dressing Gown," translated by Kate Tunstall and Katie Scott. *Oxford Art Journal* 39 (2016): 175–184.
② Grant McCracken, *The Long Interview—Qualitative Research Methods Series* 13 (Newbury Park, CA: Sage Publications, Inc., 1988).
③ Juliet Schor, *The Overspent American: Why We Want What We Don't Need* (New York: Harper Perennial, 1999), pp. 143–168.

顺序。① 其核心就是,人的能力和资源的局限,导致了人的理性受到限制。

同时,西蒙强调,在讨论有限理性之时,必须考虑五大现实要素:风险(risk)、不确定性(uncertainty)、信息不对称(incomplete information)、备选方案(alternatives)和复杂性(complexity)。② 这五大约束条件导致完备理性的理想难以实现,也决定了有限理性的不可避免。

需要指出的是,西蒙在1955年的著名论文中并没有提及有限理性(bounded rationality),而只提到近似理性(approximate rationality),③两者其实存在一定的区别,因为"bounded rationality"更应被译成"受限理性"或"约束理性",而不是"有限理性"。只有"约束理性"才是介于"完全感性"与"完备理性"之间的概念,具有真正的"适度"经济学意义,表明人类应在过度与不及之间,追求"适度理性"或"适度感性"。

很显然,人们需要追求理性最大化,但在现实中,这一目标一定受到内部和外部条件的制约,④所以,最多只能追求适度理性或约束理性。到了1972年,西蒙在真正提出"有限理性"理论时,也强调约束,认为"对参与者的信息处理能力的约束之理论,可以称

---

① Simon, "A Behavioral Model of Rational Choice," p. 100.
② Herbert Simon, "Theories of Bounded Rationality." In *Decision and Organization: A Volume in Honor of Jacob Marschak*, edited by C. B. McGuire and Roy Radner (Amsterdam: North-Holland Publishing Company, 1972), pp. 163-164.
③ Simon, "A Behavioral Model of Rational Choice," p. 114.
④ Simon, "A Behavioral Model of Rational Choice," p. 100.

为有限理性理论"。① 但 1991 年,西蒙又强调理性的"有限",认为有限理性就是"关于人类的能力(如何)去最佳或最满意地适应复杂的环境"。②

到了 2000 年,西蒙对有限理性做了更明确的定义,强调不仅外部资源的有限决定了理性的有限,而且民众意识的内在环境(the "inner environment" of people's minds)也决定了理性的有限。外在与内在的双重有限性,决定着人们追求满足的现实选择;理性的有限就是因为受到有限的能力的严重限制。③ 塞勒等的定义更直接明了地强调了人类行为的"有限性"和"复杂性":"行为经济学是心理学和经济学的结合,旨在考察市场运行中的一些人群所表现的人类的有限性和复杂性。"④

复杂经济学创始人之一阿瑟也认为,古典经济学派的"完备理性"无法解释复杂现实的原因有二:一是人类的逻辑思维能力无法应付复杂现实,于是人类理性的有限性就成为必然;二是行为主体不止一个,在众多主体互动情况下,互相之间无法精确预测对方或他方的行为,于是,他们的行为就不可能存在"客观、明确和共同的假设",这将导致前景更加混沌不明,完美的逻辑推理也只能失

---

① Simon, "Theories of Bounded Rationality," p. 162.
② Simon, "Rationality and Organizational Learning," *Organization Science* 2 (1991): 132.
③ Herbert Simon, "Bounded Rationality in Social Science: Today and Tomorrow," *Mind & Society* 1 (2000): 25.
④ Sendhil Mullainathan and Richard Thaler, "Behavior Economics," *National Bureau of Economic Research Working Paper Series* 7948 (Washington, D.C.: National Bureau of Economic Research, 2000): 1.

灵了。①

三、有限理性改进

西蒙认为,人类对有限理性的认知从古希腊就已开始了。到了1746年,伏尔泰在《哲学辞典》(*The Dictionaire Philosophique*)中提出,"完美往往是很好的敌人"(the perfect is the enemy of the good);与此对应,西蒙提出,"最优是满足的敌人"(Optimizing is the enemy of satisficing),深刻反映了适度经济学的思想精髓,表明人类不要被"最优"的偏见所绑架,次优,甚至心理上好像可接受的结果,就是一个比较适度的期望和结果。② 所以,管理自己的理性预期(rational expectations),就成为有限理性的一大主题,更是人类应对复杂与不确定环境,所拥有的无奈但有效的方法。③

同时,面对这些有限理性的行为,塞勒与他的合著者借用了弗里德曼(Milton Friedman,1912—2006)的"自由主义家长"(Libertarian Paternalists)理念,希望由私营企业雇主、制度和政府三方共同"助推"(nudge)民众做出比较正确的选择,尤其是在民众常常不够理性的两大领域:退休金和健康保险。④ 塞勒他们特别以美国的糖尿病和肥胖症为例,在2009年左右,美国的肥胖者比例高达20%,而

---

① Arthur, *Complexity and the Economy*, p. 31.
② Simon, "Bounded Rationality in Social Science: Today and Tomorrow," p. 26.
③ Simon, "Bounded Rationality in Social Science: Today and Tomorrow," p. 29.
④ Richard Thaler & Cass R. Sunstein, *Nudge: Improving Decisions about Health, Wealth, and Happiness* (New York: Penguin Books, 2009), pp. 5–6.

且 60%的美国人认为自己超重或肥胖，但他们根本没法自觉和理性地控制饮食和烟酒，因为他们不是绝对理性的"经济人"（Econs or homo oeconomicus），而是正常的"自然人"（human）。于是，对这些不自觉、不自制、不理性的人群，外界和外力的"助推"就成为必要，因为助推是"能够大大改变人类行为的因素"。① 当然，他们再三强调，这种"助推"不是强制（mandate），也不是干预（intervention），而是给行为主体提供更多选择。② 而且他们还坚持，不能把政府的良性助推，演变成恶性的"乱推"或"胡推"（sludge）。③

这种"自由主义家长"思想和政府"助推"理论，类似于"君主立宪制"，其实质就是适度和中道，既不能完全抛弃政府这个"家长"，也不能完全依赖个人理性和市场自由。同时，这个"家长"不能是专制的家长，必须是"自由主义"的家长；尤其是，适度的建议是"助推"，过度的"帮助"就是干预、限制、"乱推"。所以，塞勒与合著者的本意很明确，就是希望他们的建议能够走中道、行适度，这样"就有可能吸引政治分歧的双方"，相信"自由主义家长"制的政策，可以被保守的共和党和自由的民主党接受，④这就是他们所共同推崇的"真正的第三条道路"（the real third way）。⑤

这种借助政府来"助推"市场和个人决策的思想，早在 1790 年，亚当·斯密在《道德情操论》第六版中，就已经有所感悟。面对

---

① Thaler & Sunstein, *Nudge*, p. 7.
② Thaler & Sunstein, *Nudge*, p. 6.
③ Thaler & Sunstein, *Nudge*, pp. 231–238.
④ Thaler & Sunstein, *Nudge*, p. 13.
⑤ Thaler & Sunstein, *Nudge*, pp. 255–256.

1770年代开始的英国工业革命，斯密对1759年出版的《道德情操论》第一版进行了重大修订。当时，斯密对英国社会嫌贫爱富的习性，开始表示失望，认为"这种倾向是为了欣赏和几乎崇拜富裕和有权势的人，鄙视或至少忽略了贫穷者和小人物……也是我们道德情操败坏的一个重要而又最普遍的原因"，[①]并强调"为了达到这种令人羡慕的境地，财富大亨们经常放弃美德之路；不幸的是，通往一条（美德）的道路和通往另一条（财富）的道路有时截然相反"，[②]也就是说，好人与富人有时候难以是同一个人。尤其是，基于对贪婪商人和疯狂市场的失望，斯密开始对政治家和法官寄予厚望，并提出爱国的两个要素：爱政府与爱人民。因为斯密认为，在通常情况下，爱国似乎涉及两个不同的原则：首先，对实际建立的宪法或类似形式的政府有一定程度的尊重；其次，迫切希望我们的公民同胞尽可能安全，受人尊重和幸福。一个不愿意遵守法律和服从民事法官的公民，当然不是一个好公民。[③]

当然，这种"助推"思想很容易引发歧义，因为如果作为"被助推者"的商人和个人理性有限，难道作为"助推者"的政府官员就一定具有更多理性？谁能用实证和逻辑证明，官员的"动物性"一定比商人的"动物性"更少？如果这样，怎么解释大量存在的官员腐败贪婪和胡作非为的事实？而且，由此还出现了一个悖论：既然行为经济学家们否定完备理性存在的可能，那为什么又希望通过政

[①] Adam Smith, *The Theory of Moral Sentiments* (Indianapolis: Liberty Fund, Inc., 1982), p. 61.
[②] Smith, *The Theory of Moral Sentiments*, p. 64.
[③] Smith, *The Theory of Moral Sentiments*, p. 231.

府的助推,来帮助民众逼近完备理性,弥补非理性?这是否有点打着有限理性的旗号,反对有限理性呢?既然肯定和推崇有限理性,是否需要将有限理性进行到底?另外,被行为经济学家所认定的"非理性"错误决策,其实是一种演化理性,因为犯错本身就是一种财富和积累,人们就是在不断犯错中进步、演进的,失败是成功之母,杜绝犯错,就是否认演化。

第五节 行为经济学的主观性

行为经济学不仅强调理性的有限性,而且信奉民众经济行为的主观性和演化性,与适度经济学思想不谋而合。对此,可以从下列三方面予以理解。

一、前景理论

行为经济学的"前景理论"(Prospective Theory)反映了经济行为的主观性,它由诺贝尔经济学奖得主卡尼曼和他的合作者于1979年提出。前景理论是建立在批判"期望效用理论"(Expected Utility Theory)基础之上的。而"期望效用理论"则假定人的风险决策行为都是理性的,几乎不考虑具体个人的主观追求和主观概率之不同,并认定这种理性能力就是一般和共同的经济行为。这一期望效用理论"主导了风险决策的分析,已被普遍接受为理性选择的规范模型,并被广泛用作经济行为的描述模型",还因此假定,"所有有理智的人,都希望遵守该理论的公理,而且大多数人实际上在大部分时间都是这样做的"。①

作为对比,"前景理论"则通过几类人的选择实验,证明许多人的偏好常常违反"期望效用理论"的公理,发现个人的决策其实取决于心理预期和实际结果的差距,而不是结果本身,因为人在决策时,会先在内心设定"前景"、预期或参照点,然后去衡量每个行为的结果是否符合预期或参照点。对于高于期望值的收益结果,人们经常出现对风险的厌恶,乐于收获确定性很高的收益;对于低于预期的损失结果,人们又表现出对风险的喜好,寄希望于下次的好运来弥补和夺回这次损失。也就是说,人在获利时,不愿冒风险;遭遇损失时,则更可能冒险,因为"确定性似乎增加了损失的厌恶性以及对收益的渴望性"。②

但是,损失和获利是相对于预设的"参照点"而言的,一旦参照点改变,对风险的态度也就改变。这个参照点类似于前述的新古典主义所主张的"基准点",其实就代表了"适度",需要根据时空和自我条件的变化,不断调整和权变参照点的目标与范围。这种调整具有相对性和主观性,而这是满足和适应人的有限理性的重要手段和目标。

同时,根据"前景理论",人们对小概率的"黑天鹅"事件往往非常敏感,对大概率的"白天鹅"事件则常常估计不足。例如:中彩票和赌博的成功概率很低,所谓"十赌九输",但总有人乐此不疲;同

---

① Daniel Kahneman and Amos Tversky, "Prospective Theory: An Analysis of Decision under Risk," *Econometrica* 47 (1979): 263.
② Kahneman and Tversky, "Prospective Theory: An Analysis of Decision under Risk," p. 269.

样,出车祸的概率也很小,但多数人还是愿意买保险,任由保险公司大概率盈利。所以,卡尼曼认为,赌场和保险公司的盈利,就是建立在相当部分人的这种有限理性的主观心理之上。① 作为对比,对于吸烟致癌、饮酒伤肝这样的大概率事情,很多人却完全忽略、轻视。类似地,人们对新冠肺炎所带来的后遗症非常恐惧,但对新冠肺炎所引起的次生灾害熟视无睹。所以,理性经济人假设前提下的"期望效用理论",属于传统和规范的经济学,指导人们"应该"怎么做(应然);而"前景理论"则属于行为经济学和实证经济学,它是在描述人们"事实"上在怎么做(实然)。

另外,"前景理论"还存在一个重要的"加权功能"②,基本意思是人成功 100 次得到的快乐,难抵失败一次的痛苦,因为人的心理存在一个增量损益的"快乐—痛苦"曲线。如果增量得到的快乐指数是 0.5 倍左右的话,而损失所带来的痛苦指数则在 2.5 倍左右,两者相差 3 倍左右。例如,你今天投资 1000 元股票,得利 10%,赚 100 元,共得 1100 元,你的快乐指数只是增加 50%而已;但如果明天你在 1100 元的基础上,亏了 10%,即损失 110 元,则还剩下 990 元,你的痛苦指数因此却增加了 250%。这样,你因亏损所导致的痛苦比收益所得到的快乐,增加 3 倍。这一实验结果对经济人理性构成挑战,因为经济人是从纯计量的角度计算得失,1000 元的本,亏了 100 元,只是 10%而已,怎么可能产生 3 倍的痛苦?但这种理性思考忽略了自然人对财富增量的加倍关注,我本来已赢了

---

① Kahneman and Tversky, "Prospective Theory: An Analysis of Decision under Risk," p. 269.
② Kahneman and Tversky, "Prospective Theory: An Analysis of Decision under Risk," p. 280.

10%，即 1100 元到手，现在只剩 990 元，所以我损失了 110 元，而不是 100 元。更重要的是，我的心理损失难以计量，类似于赌徒的心理下，求胜、翻本的意愿高度膨胀。①

二、有限自利和有限意志力假设

塞勒等学者从有限理性中，还衍生出了有限自利（bounded selfishness）和有限意志力（bounded willpower），它们与有限理性一起，构成了人类特性中的三重有限性。

"有限自利"旨在陈述一个"适度"的事实，很多人既不是完全的自私自利，也不是彻底的大公无私，而是介于两者之间的"有限利己"或"有限利人"，而且，更多的人是有时利己，有时利他，不可能时时刻刻地绝对利己或利他，这其实就蕴含了多数的中道人性观。这一"有限自利"的思想挑战了古典经济学和新古典经济学所主张的经济人完全自利的假设。比如，按照古典经济学假设，如果 A 比 B 好，理性人一定选 A，而不是 B。但在现实中，不少人就是选择了比较差的 B，原因很多。

一是在我选择时，我不知道哪一个更好，人的判断存在普遍的滞后效应，所以，人们经常会想吃后悔药。二是如果有商家告诉我 A 比 B 好，我的逆反心理会要求我偏不选 A，因为"无商不奸"，凡是"奸人"推荐的，我偏要反对。三是如果我有辩证思维，会认为事物的好坏是相对的，如大学招生办选择大学新生，他们知道这个 A

---

① Kahneman and Tversky, "Prospective Theory: An Analysis of Decision under Risk," p. 288.

学生比 B 学生好,但估计这个好学生很可能同时也申请了哈佛大学,而且也会被录取,更可能的是,这个学生会接受哈佛大学,放弃我们大学。所以,为了提高我们学校录取的成功率,这所大学一般就不录取这个 A 学生,最好的学生常常不是最适合自己学校的学生。对此,塞勒他们举了一个美国民众慈善捐款的例子,按照人人自利的原则,人是不应该将有限的金钱捐给他人的,但在 1993 年,73.4%的美国家庭进行了捐助,捐款的平均金额占他们年收入的 2.1%,而且 47.7%的民众每周贡献了 4.2 小时的义工时间。① 这是助人行为,但属于"有限"的助人行为,因为他们捐献的平均金额有限。

还有一个是"有限意志力"假设,类似于"有限资源"和"有限能力"。它强调,相对于人的无限欲望,人的意志力、资源、能力和手段总是严重稀缺。理由很简单,如果没有稀缺,那所有欲望都可以实现,而如果欲望都能实现,那就不需要有限行为和适度行动了。塞勒他们强调,那种把经济人追求最优的假设应用到平常的民众之中,完全是过于理想,因为"我们中的多数总是吃得多、喝得多或者花得多,但锻炼、储蓄或工作得很少"。② 所以,当制度经济学和行为经济学都强调,我们就是一些有限理性的常人,而不是完备理性的经济人之时,也就反映了适度哲学的第三要素:平常性或平庸性,不要把常人想象得如此理性、全能与完美。对此,诺斯也认为,"个人通常会根据不完整的信息,以及主观推导的错误模型采取行动,而信息反馈又通常不足以纠正这些主观模型",所以,

---

① Mullainathan and Thaler, "Behavior Economics," p. 6.
② Mullainathan and Thaler, "Behavior Economics," p. 5.

"找到经济效率接近于必要条件的经济市场,属于特殊或例外"。①

三、心理账户理论

"心理账户理论"(Mental Accounting)也反映了人类经济行为的主观性。1985年塞勒提出了这个心理账户理论。他在文章开篇列举了我们常人不够理性的四大例子,其中一个案例是,一对夫妇在外地钓鱼成功,然后将三文鱼空运到自己家,结果航空公司把鱼弄丢了,赔偿300美元,最后两人去餐馆花掉了225美元吃饭,这是他们两人一生中最贵的一顿晚餐。如果两人的年收入各增加150美元,他们是不会把这个300美元的进项立即吃完的。原因在于,常人的心中都有不同的账户,一个是"意外收入账户"(windfall gain account),一个是"食物账户"(food account),花掉意外收入不心疼,而花掉食物账户的款项就不舍得,这就是心理记账的问题。② 其实,常人还有一个"心理时间账户"的问题,比如有人对花费3个小时看电视很乐意,而对花费20分钟逛商店,却心疼不已。

这类由主观心理因素所导致的不同消费观念,直接影响了不同人群的经济行为,并对现实经济产生了不可低估或难以预估的作用。对此,经济学家既要直面这种有限理性的心理和行为,更要预测这种行为对社会经济可能带来的影响,并设计相应的经济政策,尽可能减轻这类行为的负面作用。

---

① North, "Institutions and Economic Theory," p. 4, 5.
② Richard Thaler, "Mental Accounting and Consumer Choice," *Marketing Science* 4(1985): 199-200.

第六节　行为经济学的心理性

行为经济学家强调经济学与心理学的密切关系。这种心理因素直接决定生产供应与市场需求,而且这种心理因素与适度经济学思想的主观要素也存在关联。

一、对比效应

心理的对比效应直接影响人的经济行为。塞勒认为,人的生活质量、幸福指数的高低,与人际心理的对比直接相关。传统经济学只关心物化了的和可计量的收入、住房、资产,由此来界定人的生活质量,并推断出人的幸福指数的高低。但心理学家强调的是心理账户理论,也就是说,人的幸福感主要来自横向对比和纵向对比。[①] 自古以来,人就是不患寡而患不均,比上不足,就会难过;比下有余,自然快乐。没有比较,就没有鉴别,更没有伤害。所以,人的幸福指数与金钱不是线性的对应关系,生活质量也与经济条件的关系不大,而主要受人们的主观判断的影响。正如一句俗语所说,"拿起筷子吃肉,放下筷子骂娘",如果没肉吃,不会骂娘;正因为有肉吃,才提升了心理期望值,对现状反而更加不满。人穷或人富都不一定思变,但人从穷变富的过程中,大概率会产生不满、思变和求新的动力。

---

① Mullainathan and Thaler, "Behavior Economics," pp. 1–13.

二、历史性

人类经济行为存在历史性。根据适度哲学所定义的第四项内涵,判断和寻找经济行为的适度区间,必须考虑人类行为的"历史性",因为理性的有限性和理性的演化性说明,人的当下行为既依赖实时的场景,更与历史场景密切相关。经济行为一定存在变化的历史轨迹,大多有迹可循。例如,有人对消费奢侈品食物情有独钟,也许与他们在历史上曾经经历过饥荒有关,属于一种"报复性"消费行为;但是,同样经历过饥荒的人群,也可能养成更加珍惜食物、满足于最基本的食物需要的节俭习惯。这些历史性要素都是经济学家和企业家在市场调研过程中所必须重视的。

对此,汪丁丁也认为,人的理性是具有历史纵深、不断变动的演化理性,受到历史情境和主观想象的严重限制。[①] 当然,一旦引入有限理性、历史性,古典经济主义完备理性的普适性、科学性、客观性、唯一性就受到挑战,经济学的几大基石也将受到质疑,包括一般均衡和静态的逻辑框架。

三、特殊性

行为经济学还侧重于研究人的经济行为的特殊性、个别性和局部性。这与塞勒的性格也有关系,文如其人,他的文章非常通俗

---

① 汪丁丁:《行为经济学要义》,上海:上海人民出版社,2015年,第147—228页。

易懂、幽默风趣,他在与人合作的名著《助推》(Nudging)的致谢中,感谢了芝加哥一家面馆的员工,并承诺"下周我们会再来"。① 他自嘲很懒,所以只研究有兴趣的东西,而有兴趣的东西一定要具有特殊性,而不具普遍性,如被前人早已规定好了的经典课题——一加一等于二之类的常识,就极其乏味。我们中的多数人一般最感兴趣的不是所有人的幸福故事,而是各个不幸家庭的悲剧情节,所谓好事不出门,坏事传千里。

但是,也正是因为行为经济学强调人类行为的特殊性与主观性,就很难对有限理性做出统一的假说。统一假说的重要前提是数学建模,但行为经济学难以对千奇百怪的有限理性的人类行为,进行数学建模。很显然,要描述完备的纯理性行为,在数学上不难实现;但是要将全世界80亿民众不同的有限理性、没有理性、极端理性和极端不理性的行为,全都用一个模型描述和解释清楚,就是一个"不可能完成的任务"。这样,行为经济学就无法提出一个可以统领全部相关文献的系统性框架,也缺乏一组核心假说。这也许是至今为止,行为经济学仍然难以成为西方主流经济学的一大原因。

总之,行为经济学所推崇的有限理性、主观性和心理性,其实就是在强调我们都只是平常人,而不是"经济人",这一理念深刻反映了适度经济学的精髓。而且行为经济学所坚持的主观心理、历史演化和变动预期对经济行为的主导,也与适度哲学、适度经济学存在交集,尤其是它的"参照点"构成和变动,更丰富和强化了适度经济学思想。

---

① Thaler & Sunstein, *Nudge*, p. viii.

第五章 文化经济学共享价值与适度经济学定义

除古典经济学、新古典经济学、制度经济学和行为经济学以外,文化经济学的许多思想、理论与方法也蕴含了适度经济学的思想,拓展了适度经济学思想的深度与广度。

一般认为,将文化价值研究作为文化经济学主题的文化经济学派,出现于1970年代。海登(W. Hendon)自1973年开始主编发行《文化经济学杂志》(*Journal of Cultural Economics*),成为文化经济学派诞生的一个标志。1979年,文化经济学国际研讨会开始举办,并在1993年,正式成立国际文化经济学学会(The Association for Cultural Economics International)。以文化价值为研究主题的"文化价值经济学"(economics of cultural value),旨在研究影响经济发展的文化因素,它比以文化产业为研究主题的"文化产业经济学"(economics of cultural industry),①更具有适度经济学的思想内涵。

大致而言,文化可以被如下定义:一是它由个体组成的群体所共享;二是它存在一种共享的信念和相关群体的偏好;三是它具有传播性;四是它能对人际交往产生非正式的约束。②

与文化的定义相关,文化经济学就是研究相关群体的"共享信念"和"偏好",是否会对经济发展产生影响;它们怎样影响经济发展;这种文化影响与制度作用之间,存在什么关系。一般而言,文化经济学研究主要体现在经济与宗教研究、社会规则(social norms)、社会个性(social identity)、社会公正、意识形态、信任、家庭之间的关系。

例如,目前一些文化、意识和观念开始大量与经济学发生交叉,如宗教经济学、幸福经济学、公平经济学、信任经济学等。行为学大师卡尼曼与塞勒等在1986年发表的两篇有关"公平经济学"(Fair Economics)的文章,建议将公平引入经济学研究,类似将道德、幸福、宗教、正义、信任与经济学相结合的研究一样,皆可归入

---

① Ruth Towse, *A Textbooks of Cultural Economics* (Cambridge: Cambridge University Press, 2019).
② Marco Castellani, "Does Culture Matter for the Economic Performance of Countries? An Overview of the Literature?" *The Society for Policy Modeling* 41 (2019): 703; Luigi Guiso, Paola Sapienza, & Luigi Zingales, "Does Culture Affect Economic Outcomes?" *Journal of Economic Perspectives* 20(2006): 23; Jeanette D. Snowball, *Measuring the Value of Culture* (New York: Springer, 2008); Samuel Bowles, "Endogenous Preferences: The Cultural Consequences of Markets and Other Economic Institutions," *Journal of Economic Literature* 36(1998): 75-111.

文化经济学。① 另外,德国脑神经科学家辛格(Tania Single)等也在2015年主编有关"关爱经济学"(Caring Economics)的论文集,呼吁研究关爱经济学。

总之,文化经济学的分析主题是个人的想法和行为是怎样通过社会资本、社会关系、社会学习、社会演化等渠道和方式进行传播的。这样,文化经济学与制度经济学、行为经济学的发展就产生了密切关系,因为文化常常通过制度发挥作用,也往往对经济行为产生正面或反面作用,并对企业管理、生产效率、企业绩效和资产价值直接发生影响。

第一节 适度共享理念

文化经济学的一大核心是寻求共享的信念与偏好,这个共享价值的理念是介于西方所谓的"普世价值"与个体价值之间的适度公约数,所以,它具有中道和中庸的文化功能,值得深入分析。

一、共享价值与"普世价值"

首先,共同价值强调的是两个或多个群体内现有和现存的相同价值,它表示的是一个存量的概念,对团体和群体之间在合作之前的共性要求很高,尤其是合作的起点很高,两者在价值观上一开

---

① Daniel Kahneman, Jack L. Knetsch and Richard Thaler, "Fairness and the Assumptions of Economics," *The Journal of Business* 59 (1986): 285-300; Daniel Kahneman, Jack L. Knetsch and Richard Thaler, "Fairness as a Constraint on Profit Seeking: Entitlements in the Market," *The American Economic Review* 76 (1986): 728-741.

始就需要高度与全面的吻合。

例如 A 文化追求个体独立与自由,而 B 文化追求集体统一与稳定,那它们就很难在这两大理念上进行合作。而且,一旦 A 文化将自己的个体价值设定为"普世价值",就具有不可挑衅的"政治正确"意味,那么,A 与 B 不仅难以合作,而且冲突也难以避免。这种单方面定位自己的个体价值为"普世价值"的观念,难免存在强制性和正式性的约束与不对等关系,违反了上述有关文化的第四定义——"非正式约束",而且,这种居高临下的"普世价值",往往具有一种道德的优越感和政治的霸凌感。尤其是,"普世价值"意味着所有国家、民族与文化必须共同遵守,放之四海而皆准,古今中外,概莫例外。这种理念,与制度经济学、行为经济学和文化经济学所强调的主观性、变动性、心理性、历史性和有限理性都是难以吻合的。

其次,个体价值是建立在自己独特历史、文化和传统之上的价值,这些价值也许最适合本民族或特定文化的生存与发展,但不一定是其他民族,更不应该是所有民族的最佳选择。例如,A 信奉基督教,B 信仰伊斯兰教,C 坚持印度教,而宗教信仰的本质大多是排他的,他们是难以在一个宗教信仰体系里兼容、妥协与合作的。如信仰一神的基督教是无法与信仰多神的印度教在信仰神的数量问题上各退一步、实现妥协的,他们只能通过宗教信仰对话(interfaith dialogue),增进相互理解,也只能在非宗教领域的经济和贸易等领域,去拓展合作的空间与可能。所以,这种过度强调特殊性、个体价值的倾向,是难以同其他不同质的个体文化或民族进行有效和长期的合作的,更是适度经济学所反对的。

作为对比,共享价值就与所谓的"普世价值"不同,因为共享价值是建立在求同存异、和而不同的基础之上的,它不一定是两者已经存在的共同价值,而是经过努力,可以一起发掘、合作与发展的正在进行时态或未来时态的价值和观念。也就是说,"普世"是既定的存量,而共享则是增量,共享的增量可以建立在合作各方理念的最大公约数之上,而且,各方可以不断努力、发掘、丰富这些增量。对此,各方既要承认、尊重和保留存量,但更要寻找、培育和发展增量,将存量与增量视为两种不同的轨道和路径,既可以并行不悖、双轨运作,也可以根据不同时空,有所侧重、有所取舍地适度发展,共同的目标就是推动快速和有效的合作。

例如,"多党制"很难成为东西方之间的共同价值,但是"民主选举"则可能是世界各国的共享价值,而且各方可以立即以民主选举为主题展开合作,并在合作过程中,不断界定和扩展各自认同的有关民主选举的定义、类别和行动方案,不断丰富、调整、完善各自对民主选举形式和内容的理解,寻找最大和更大的合作公约数,尤其是寻求不偏不倚的民主选举的适度区间。再如,东西方的共享价值也可以从各自的经典文献中寻找,如儒教的《论语》、道教的《道德经》和基督教的《圣经》都认同三大价值:爱、和平与宽容,这就构成了文化价值观合作的基础,尽管东西方很难在政治价值观方面进行合作。①

文化经济学的共享价值体现在许多领域,限于篇幅,这里侧重讨论与适度哲学有关的企业文化中的共享价值问题。狭义的企业

---

① 洪朝辉:《美中社会异象透视》,纽约:博登书屋,2023年,第10页。

文化是指以价值观为核心的意识形态,而广义的企业文化则可以扩展到物质文化、制度文化、行为文化、精神文化、宗教文化等。简而言之,企业文化可以定义为:企业积累并由员工共享的思想、价值和行为准则,以及其外在表现。①

企业的优先选项之一是减少交易成本,提高经营效率,最大化经济收益,为了达到这个目标,政府监管、法律制度、契约安排、制度建设、信息对称都很重要。但是鉴于人的有限理性、天生自利、机会主义,以及行为不确定性和复杂性等因素,有形的政府、法律与制度有时会失灵,于是,就需要一些文化要素予以补充,甚至主导,如幸福、默契、共识、共享、忠诚、关爱、信任、信仰、伦理、合作(协同)、团队这十一大无形的、精神的文化内涵。所以,一个成功的企业需要建立共识,减少交易成本,增强凝聚力。

美国经济学家迪屈奇(Michael Dietrich)指出:人们对世界的不同认识,会造成高昂的交易成本,因为认识不同,行为不同;行为不同,就会产生摩擦,就会增加顺利交流和有效交易的障碍和成本。② 于是,需要建设一种企业文化来推动员工共识,增强企业员工的一致性、协调性、向心力、凝聚力,具体而言,就是需要形成"适度"的共享意识、共享三观、共享利益、共享凝聚力和共享效率。

---

① Siew Kim Jean Lee and Kelvin Yu, "Corporate Culture and Organizational Performance," *Journal of Managerial Psychology* 19 (2004): 340–359; Vijay Sathe, "Implications of Corporate Culture: A Manager's Guide to Action," *Organizational Dynamics* 12 (1983): 5–23.
② Michael Dietrich, *Transaction Cost Economics and Beyond: Towards a New Economics of the Firm* (London: Routledge, 1994), p. 37, pp. 1–7.

二、适度共享要义

需要强调的是,共享是企业文化的重点,但共享不能过度,也不能不及,只有适度共享才是企业文化的核心之一。所以,我们在论述企业的共享文化之时,尤其需要重视其中的适度本质与要义。

其一,适度的共享意识。西蒙认为,需要靠"忠诚"才能建立共享的意识形态,①而福山则认为需要靠"信任"来建立共享意识,②两者其实存在一定的交集。忠诚是企业的一种软实力,对内可以形成凝聚力和战斗力,对外则可以产生抗拒力,削弱来自外部的负面影响。由于企业文化的本质就是构建各种共享的群体意识,而构建群体意识的一大条件就是忠诚和信任。而且,忠诚和信任来源于习惯,包括道德义务和共同责任等,而不是功利的计算。③ 但是,共享的意识、忠诚和信任必须适度,因为忠诚与信任不够,就难以构建共享的企业文化;而过度的忠诚与信任,则会导致企业走向集权和专制。

其二,适度的共享价值。价值和价值观大多来自社会规则,包括习惯、习俗、信念等非正规的约束。福山认为,"价值共享缔造信任,而信任则具有巨大的且可衡量的经济价值",④而且,"一个群

---

① [美]赫伯特·西蒙著,黄涛译:《西蒙选集》,北京:首都经济贸易大学出版社,2002年,第472页。
② [美]弗朗西斯·福山著,郭华译:《信任:社会美德与创造经济繁荣》,桂林:广西师范大学出版社,2016年,第16页。
③ 福山:《信任》,第12页。
④ 福山:《信任》,第15页。

体是否能维持一种共享的'善恶观',对于建立信任,产生经济收益至关重要"。① 对此,福山高度赞美德国人的学徒制,类似于中世纪的行会,对学徒进行严格培训、严格考试,成为德国民族的工匠精神之摇篮。② 学徒制主要有三大功能:传递共享价值,培养忠诚意识,塑造工匠精神。同样,这类共享的价值观也必须适度,有些社会习惯有可能成为阻碍经济绩效持续增长的负面因素,如师徒之间的绝对服从,导致有错难改,积重难返,没有创新环境。

其三,适度的共享利益。空谈共享的意识和价值是不够的,要想马跑,必须给马吃草。所以,需要提倡在企业中实行适度的共享利益和共享分配机制。对于这种共享利益的机制,目前存在许多不及或过度的倾向。

首先是传统的"所有者独占股权"模式,显然缺乏共享机制,因为它坚持只有企业的所有者,才有资格分享利益和利润,强者和富者通吃,谁出钱、谁得益、谁负责,但这也可以理解为权利与责任共担的模式,责、权、利三者无缝对接、清晰纯粹,减少了产权和分配的交易成本。

其次是"所有者和经营者共享股权"模式。随着职业经理人地位的提升,企业内部创立了"委托—代理人制度",旨在激励企业经理的积极性,但这一制度有可能再次导致国有企业产权不清晰,因为企业所有者与经营者可能再度合而为一,出现所有者缺位现象。对此,也许就需要考虑另外一对委托—代理关系,即社会与企业之间形成委托—代理关系,由社会作为主人,委托企业代理,迫使企

---

① 福山:《信任》,第 269 页。
② 福山:《信任》,第 219 页。

业承担社会责任。

最后一种共享利益的模式则是"所有利益相关者分享股权",即"利益相关者模式"。鉴于股东和经理主导的模式可能导致劳动者利益的边缘化,"利益相关者模式"旨在主张劳动者、消费者、贷款者、供应商和企业所在地区的居民,都要共同参与公司治理,旨在分享企业利益,限制大股东权力,防止剥夺小股东利益。这种分配模式在中国可谓历史悠久,如清朝的晋商,年终分红有一个一分为三的传统:东家一份,掌柜与账房先生一份,伙计们一份。[①] 问题是,在实践中,一旦过度发展这类共享利益的模式,有可能导致以"混合所有制"为名,巧取豪夺现有私营企业的资产和利润的行为,打击民营企业家的经营积极性。

其四,适度的共享凝聚力。效率来自凝聚力,包括职工集体的凝聚力和社会的凝聚力,而凝聚力的强弱是人际关系能否协调或者协调到何种程度的体现,也就是说,人际关系越和谐,企业凝聚力越强,即所谓家和万事兴。但是,决定企业职工是否能够团结一致、是否具有凝聚力的关键因素是道德力量的大小。对此,厉以宁曾提到,"共苦"就是一种道德境界,与利益机制关系不大,如一旦企业遭遇破产危机,追求个人利益最大化的理性员工,一般都会选择跳槽。于是,要留住危难企业之中的员工,主要靠的是关公义气、精神信任和道德认同,更靠患难与共、同舟共济的道德情

---

① 郭婷:《大院往事——晋商发家史(三)》,"中华人"(Chinese People)网站,http://www.zhonghuaren.com/Index/detail/catid/10/artid/424ffcd2 - 0f5b - 4818 - b066 - 9d4be3e137a1/userid/0b7717c5 - 0834 - 4f0f - 861e - 28d4fc70b458.

操。① 同样,一个人对家庭的认同,不是靠有价和有形的利益,而是靠无价和无形的亲情、责任和道德。

当然,这种共享凝聚力的过度发展,也可能导致侵犯个人的应得利益的行为,因为过度强调道德境界和同甘共苦,有可能出现"道德绑架",违反员工正常的个人意愿。而且,如果雇主在企业渡过难关后,不思回报员工当年的奉献,而是继续予取予求,导致员工的奉献无限期地得不到回报,这样所形成的凝聚力一定不可持续,而且会导致道德价值的根本性崩坏。

其五,适度的共享效率。也可称"共享的超常效率",主要是指靠道德和感情所达到的效率,与物质刺激、市场机制、政府强制等关系不大。但这种超常效率所产生的后果,却是所有利益相关者都能共享利益与效率,所以也可称"共享效率"。根据厉以宁的研究,超常规的共享效率一般在三种情况下出现。

一是在正义战争时期,如抗日战争时,市场和政府的功能严重弱化,但民族主义和爱国主义能够激发民众的超常规效率,义务奉献、志愿参战成为抗日战争时期许多中国民众的常态,这种自我牺牲的行为显然与理性、自利、利润最大化等古典经济学的假设无关。二是在巨大自然灾害后的救灾时刻,人溺己溺、舍己救人的非经济人行为比比皆是。三是移民团体和社会,如闯关东、走西口、下南洋,面对这群背井离乡、孤立无助的群体,政府和市场的调节基本无效,但存在乡亲之间的道德调节。②

---

① 厉以宁:《文化经济学》,北京:商务印书馆,2018 年,第 151—152 页。
② 厉以宁:《文化经济学》,第 153—154 页。

其实,这类超常规效率还发生在许多家族企业中,因为家族企业能够培养出一种独特的信任文化。例如,分管家族企业三个部门的三兄弟往往彼此相信,尽管父亲根据市场和经营的现实状况,对投资方向与力度存在短期倾斜,由此将导致兄弟之间的暂时"不公",但父亲会实行"长期公平",即一旦企业盈利之后,父亲一定会将新利润倾斜投资到当初做出牺牲的那个儿子所管理的部门,对他予以加倍补偿。所以,亲情所建立的一种血缘基础上的信任,能够催生一种及时、有效、多方接受的补偿机制。这就是厉以宁所提出的家族企业两本账:利益账和超利益账,或者叫物质账和感情账。①

而且,为了强化这种信任和提升超常效率,家族企业往往实施两种战略:一是"亲中求贤",即不固守长子继承和儿子继承,允许更具有才识的女儿、侄子、外甥等亲戚继承;二是"贤中求亲",即将贤才从外人转化为亲人,如女婿、儿媳、干儿子、干女儿等。② 日本人所推崇的女婿文化,就是通过贤中求亲的渠道,保证企业的代际传承。另外,家族企业文化与家庭文化密切相关,曾国藩就曾强调,只有家庭的精神财富得以传承,才能保障其物质财富的长期传承。他的家训和精神财富就是"五到":身到、心到、眼到、手到、口到。③

需要指出的是,一些企业基层员工或农民工的道德核心,也许主要体现为朴素的关公义气。上述所述的非常团体在非常时期所

---

① 厉以宁:《文化经济学》,第374页。
② 厉以宁:《文化经济学》,第377页。
③ 曾国藩:《曾国藩家书家训》,天津:天津古籍书店,1991年。

产生的超常规生产效率,其实不是出自什么古希腊的贵族德性和孔孟的君子仁德,因为道德必须讲是非,而义气则可以不问是非,只问亲疏。但在中国文化中,道德与义气常常被混为一谈、合而为一。对此,罗斯在《正义论》里提出两大概念:一是善的界说,即追问好与坏;二是正的界说,即追问对与错。[①] 不少东方人习惯于好与坏的价值判断,注重感情、非理性,如孔子删定《春秋》时"为尊者讳,为亲者讳,为贤者讳",这一态度是儒家"礼"文化的体现;《论语·子路》也提倡"父子相隐",亲亲相隐。而一些西方人则乐于追问对与错,做出理性判断。所以,类似的超常的共享效率不能完全禁止,因为这将导致企业经营失去文化价值的支撑;但也不能过度提倡,因为这有可能导致自利、有限理性和个人自由完全没有存在的空间。适度经济学的思想就是要促进好坏与对错、经济与道德、权利与义务、东方与西方的平衡、中和与融合。

上述五个适度"共享"之间其实存在逻辑关系或因果联系。首先,它们的共同目标是提升企业的效率;其次,为了提升效率,需要建立适度的共享意识,然后才能建立适度的共享价值。但这些务虚的共享意识和观念,需要有实实在在的共享利益才可能持续;而有了这些精神和物质的共享条件,才有可能出现共享的凝聚力,最后达到共享的效率,甚至超常的效率。

但是所有上述共享必须遵循"适度"的原则。如果过度共享,一是有可能使企业成了"江湖"和"帮派",义务过度、权利不足;二是有可能成为变相的理想"乌托邦",人人奉献、个个分享,大家一

[①] John Rawls, *A Theory of Justice* (Cambridge, MA: Harvard University Press, 1999), pp. 3-4.

起吃大锅饭;三是为企业主滥权、侵权、集权提供温床和条件。而且,测定企业经营效益也不能只看一时一地的凝聚力,需要强调演化理性,综合考察其长期与短期效应。另外,企业的性质也很重要,铁路管理可以而且需要实施集中和专制的模式,①但高科技、互联网企业就不应该,也不需要。尤其是,在短期内,企业民主和多元可能导致交易成本提高,而专制的成本也许一时较低、效率很高,从长期而言却不尽然。众多事实已经证明,民主治理尽管难以达到最优,却可以避免最差;而专制管治有可能得到最佳结果,但更容易出现最差恶果,而且一旦出现恶果,纠错和纠偏机制也比较匮乏。所以,正确的原则就是适度民主、适度集中和适度共享。

第二节 适度调节与选择

面对政府调节与市场调节的经常失灵和永恒两难,文化经济学提倡具有适度意义的第三种调节:道德调节,它将道德视为调节和分配资源的一大要素,②而道德则属于文化的范畴。这种道德调节反映了超然于市场调节与政府调节两极的适度原则,既有助于制约市场的过度贪婪,也能削弱政府的过度干预,旨在平衡市场与政府的不同效用,为经济活动的健康运作和可持续发展提供富于人性和德性的支持。

众所周知,在市场和政府出现以前,人类文明的维系与发展既

---

① 洪朝辉:《社会经济变迁的主题——美国现代化进程新论》,杭州:杭州大学出版社,1994年,第184—188页。
② 厉以宁:《文化经济学》,第133页。

不靠政府与制度,也不靠市场与技术,而是靠道德,其中包括习俗、传统、信仰和语言等。一旦面临求大于供的短缺危机,母系社会的习俗准则就是女性优先,而父系社会则是提倡男性长者为先的伦理秩序。英国经济学家约翰·希克斯(John R. Hicks,1904—1989)提出"习俗经济"(custom economy)这一概念,就是属于这类"第三种调节"。[1]

自从中世纪学院派大师托马斯(Thomas de Chobham)于1215年发表《忏悔大全》(*Summa Confessorum*),创立道德经济学以来,道德经济学一直存在。[2] 与有形的法律契约不同,道德其实是一种无形的社会契约,但两者的奖惩功能相似,目标也都是维护秩序。鉴于监控成本太高,法治难以全方位、无死角地维持秩序,于是,德治就有了存在的合理性与必要性,旨在调节法治失灵之后的社会失序,或者调节市场失灵之后的经济危机,起到适度纠偏的作用。

一、第三种调节:道德

大致而言,道德经济的适度功能至少存在下列三个,并由此形成不同于市场调节和政府调节的第三种调节。

第一,道德有助于提升交易双方的信任指数。道德自律和诚信人格是人与人之间建立信任和信用的基石。没有道德,就没有

---

[1] John Hicks, *A History of Economic Theory* (Oxford: Oxford University Press, 1969), pp. 9-24.
[2] Thomas de Chobham, *Summa Confessorum* (Paris: Be'atrice Nauwelaerts, 1968), pp. xi-lxix.

诚信,而没有诚信,就不可能存在长久的商业交易,信任、信用是商业行为的生命,无信不立。西方社会普遍认为,防止和限制商业欺诈行为的出现,一般需要两大条件:一是商人害怕外在的法律制裁;二是商人存在内在的道德良知。如果商人完全没有道德良知,法律一定不堪重负,监狱也必定人满为患。美国社会的犯罪率很高,法治成本也很高,但美国社会遍布教会、非政府组织和社区组织,由此大大降低了法治成本和维护社会秩序的成本,一定程度上增加了彼此之间的信任,尤其是宗教文化对社会道德的维持与提升,起到了至关重要的作用。在这种内在的道德压力与外在的法律和税收制度制约下,就有可能产生正面的社会效应。例如,美国19世纪末之所以出现大量的慈善和公益基金会,大多是因为富人们既怕高额的遗产所得税,更怕死后受到上帝惩罚而下地狱。

第二,道德有助于增加经济活动的伦理指数(index of ethics)与慈善指数(index of generosity)。[①] 纯粹的经济活动只能提升经济价值,但一旦道德介入经济活动,就有可能赋予经济活动、经济产品和投资人以伦理价值,并相应提高产品和服务的实际价值、道德附加值或道德红利。例如,医生即使医术非凡,但如果存在恶行恶状,收取红包,一定会影响服务质量、医治效果和医学声誉;教授即使学富五车,但如果极不认真负责,一定会误人子弟。相反,在救灾时期,如果企业实行公益义捐或减价支援,一定能够提升企业的形象和伦理指数。传世的品牌不仅靠质量,也靠道德、伦理和形

---

① J. J. Griffin & J. F. Mahon, "The Corporate Social Performance and Corporate Financial Performance Debate: Twenty-five Years of Incomparable Research," *Business and Society* 5 (1997): 5-6.

象,一些中华老字号就容易激发人们的亲切、温暖和可靠的心理联想,具有无价、无形、无期的伦理意义,其中的道德附加值和形象附加值不可低估。

第三,道德有助于建立和维护公共产品的消费秩序。公共产品一般都是求大于供,包括公共交通设施、公共厕所、公园等。除使用经济手段、法律手段和政策手段来控制需求外,还需要求助于公德。没有公德,就没有公共秩序;没有公共秩序,就难有经济的持续发展。同理反证:经济发展需要秩序,秩序需要法律之外的公德。也就是说,法律只管我们行为的下限,而道德管我们行为的上限。有时候,这种道德的自主性和自律性会超越法律的效力。美国新任总统不是手捧《宪法》而是手捧《圣经》宣誓,是一样的道理,因为《宪法》管不住,也管不了美国总统搞婚外情之类的道德缺失行为,但《圣经》可以促使失德的总统检点行为,一旦违反,就有可能存在终生挥之不去的犯罪感。

需要追问的是,在现代社会已经出现成熟市场和有限政府以后,道德调节是否依然有效? 厉以宁认为,道德调节没有失效,因为如果市场是无形之手、政府是有形之手的话,那么道德就是介于有形与无形之间的"手","道是无形却有形,道是有形又无形"。① 这里的道德,与前述的企业类似,有时候皆能起到平衡政府与市场"两只手"之外的"第三只手"的效用。例如,有些反映道德的自律属于无形,但有些体现道德的乡规民约则被刻在石碑上或摆在祠堂中。许多先贤的威望,既要靠有形的墓碑显示,更要靠无

---

① 厉以宁:《文化经济学》,第 141 页。

形的口碑代代传承。

所以,市场、政府和道德这三种调节需要适度地互相补充。首先,市场需要道德提升市场诚信和完善社会资本;同时,政府也需要道德帮助政府改进廉洁和公正。如果道德失灵,市场和政府也一定失灵,没有以道德作为基础的市场与政府,一定无法长期取信于民,而一个失去多数民众信任的市场,一定无法持续有效和良效;同样,一个失去民众信任的政府,也必定难以有为,更不可能良为和善为。但是,这三种调节的主次作用是由特定时空和人群所决定的,三者的实际效用常常发生消长,适度哲学的演化和权变要素,将决定三种调节在不同时空条件下的优先等级和作用大小。

二、第三种选择:分配

除道德调节之外,厉以宁提出的"第三次分配",也深刻反映了适度经济学思想在文化经济学中的功能。目前,社会收入的主流分配方式似乎只有相互对立的两大类。一是通过市场规则和市场调节出现的第一次分配,一般根据社会成员所贡献的生产要素的数量、质量和效率决定,如工资、利润、地租等。但这种分配,不一定是按劳分配,因为许多人的发财不是通过劳动,而是特权、垄断或巧取豪夺。二是根据政府调节原则所出现的第二次分配,主要是通过征收类似累进所得税、财产税、房产税和遗产税等,达到抽肥补瘦,甚至"劫富济贫"的目的,包括革命时期的"打土豪、分田地",这些都属于政府主导下的收入再分配。作为对比,在第三种调节,亦即道德调节的作用下,许多个人和组织将自己的收入,自觉、自愿和持续地通过公益、慈善、捐赠等方式,贡献给社会,这就是收入的第三次分配。①

所以,第一次分配重效率,第二次分配讲公平,而第三次分配要自愿。而且,第二次分配的税收政策(包括直接税和间接税等)有利于第三次分配的自愿捐献,因为适度的遗产税(如50%),将促使富人将遗产捐献给社会,同时,适度的税收政策所产生的税收抵扣(deducted tax),也能促使理性的富人为了抵税而进行慈善捐献。但如果税收政策只对私有企业而不对富裕个人征收财产税,那么这些富人就可能没有捐献的积极性,最多只是通过私有企业进行捐献。很显然,第三次分配是对市场和政府所主导的主流分配形式的有力补充,因为市场往往缺乏救济机制,而政府救济则常常缺少覆盖机制和效率效能,所以一定会出现救济空白和资金缺口。这样,巨额的社会捐助则具有补漏和可持续的独特功能,也能起到适度经济学所提倡的"中和"功能。

但是,实行第三次分配需要一个制度安排,那就是非政府组织(NGO)的广泛存在,包括非政府的慈善组织,由此形成健康和健全的公民社会。如果由政府完全主导第三次分配的个人捐献,那么在一些存在剑走偏锋传统的社会里,就可能出现苛捐杂税。这不是正常意义上的第三次分配,而有可能蜕变为"第四次分配",以第三次分配为名,实行巧取豪夺,跨越第三次分配的自愿底线,将慈善捐款演变成"劫富济贫""均贫富"的翻版,这就严重违背了适度经济学的思想原则,过犹不及。所以关键是,文化经济学需要研究

---

① 厉以宁:《文化经济学》,第 224—225 页。

第三次分配的内涵和外延,第三次分配参与者的心理,以及第三次分配的文化效用、社会效用和适度效用。

由此也引出第三种假设的可能。经济学界已有经济人假设,提倡理性、利己、利益最大化;也有了动物人假设,主张非理性、损人利己、你死我活、丛林法则;而第三种假设就是厉以宁所提倡的社会人假设,介于经济人的理性与动物人的非理性之间,提倡有限或适度理性、有限或适度自利、有限或适度利他。① 这种既违反理性人假设也违反动物人假设的社会人假设,很难用古典经济学的理论框架予以解释,而必须运用一些软性的文化、道德、心理因素来分析。

道德调节、第三次分配和社会人假设,似乎都是独立于市场和政府两极之外的第三极,其实它们是市场和政府所应该共享的价值,是一种适度的中和力量,有助于平衡与制约政府与市场、官员与商人的有限理性或非理性,利用道德的杠杆,在市场和政府调节失灵之后,提供一个适度的工具,促使适度经济学思想能够持续得到落实。其实,厉以宁主张的道德调节和科斯提倡的企业调节,都可以在适度经济学的框架下,实现合二为一的创造性转换,根据不同的时空条件,提倡"企业的道德调节"或者"道德的企业调节"。也就是说,企业能否起到补充作用,甚至在某时某地取代市场或政府,取决于企业的道德力量和道德形象。一个巧取豪夺、从不关心慈善公益的企业,是难以应对市场贪婪和政府集权所导致的经济危机的。

---

① 厉以宁:《文化经济学》,第 241—244 页。

美国自由市场的教父级人物、联邦储备委员会前主席格林斯潘(Alan Greenspan)在 1999 年提到,他本来固执地认为,无论在何种文化背景下的国家,有效实施的现代经济政策都会产生同样的结果,因为资本主义是"人类的本性"。但面对 1990 年代俄罗斯市场经济转型所出现的灾难,他修正了自己的结论:"这根本不是人类本性的问题,而是文化问题。"西方自由经济的"沙皇",竟然与社会学家韦伯(Max Weber,1864—1920)取得了一致,共同相信"文化几乎可以改变一切"。①

最后值得一提的是,制度经济学、行为经济学和文化经济学其实存在一个共同特点,就是全面挑战古典和新古典主义经济的基本思想,反对完备理性,主张有限理性;反对静态和确定,主张动态和不确定;反对经济学的普适,主张经济行为和治理所固有的特殊地点的特殊制度、行为和文化因素。而且,三大学派大多拒绝使用高等数学建模,推崇调查、经验和归纳的研究方法。

更为重要的是,它们开始排斥新古典经济学所主张的方法论个人主义(methodological individualism),尤其是文化经济学。很显然,新古典经济学强烈主张经济研究的对象是个人,经济分析的最小也是最核心的单位必须是个人,而绝不应该是团体、组织、社会或国家。② 在这种方法论指导下,阿尔钦(Armen Alchian,1914—

---

① Lawrence E. Harrison, "Why Culture Matters," in Lawrence E. Harrison and Samuel P. Huntington, eds., *Culture Matters: How Values Shape Human Progress* (New York: Basic Books, 2000), pp. xxiv-xxv; David Landes, "Culture Makes Almost All the Difference," in Harrison and Huntington eds., *Culture Matters*, p. 2.
② George Stigler and Gary Becker, "De Gustibus Non Est Disputandum," *The American Economic Review* 67 (1977): 76-90.

2013)就强调个人估值(personal worth),推崇财产权的个人性和主观性,①认为个人估值一定是个人做出的估值,而不是集体,更不是国家,因为集体和国家不会思考,也不会评估。所以,在新古典经济学家们看来,不落实到个体和实体的集体和组织,都是一种学术愚民或政客忽悠。由此,还引出奥地利学派的个人主义主观价值论(individualistic subjectivism),即所有的个人估值都来自个人的主观判断。②

但由此也就出现了一个经济学悖论:与道德伦理学相比,经济学很唯物、很客观、很科学,但以个人为中心的经济学,又很唯心。而且,一方面,经济学很入世,但亚当·斯密大讲很出世的道德情操,甚至将如此实用、入世的经济行为,隐喻为玄而又玄的、富有神性的"一只看不见的手"。尤其是,个人估值不是以个人的愿望为基础,而必须由行动来表现,以个人所愿意放弃的其他商品的数量来计算,而这些行动,外人是可以观察和计量的。这又是一大悖论:主观、无形、千差万别的个人意愿,需要可计量、可外化、可观察?这一主观价值论和个人估值理论是一种典型的唯心主义,直接挑战了斯密的古典主义和马克思主义的一大基石:劳动价值论。这也为心理学在经济学上的应用提供了一条通道,因为主观价值、主观好恶主要由人的心理因素决定。

但是,这些以个人和个体为唯一研究对象的新古典经济学派,遭到了许多现代经济学家的抨击。布劳格(Mark Blaug)认为这种

---

① Armen A. Alchian, "Some Economics of Property Rights," *Politico* 30 (1965): 818.
② Guinevere Nell, *The Driving Force of the Collective* (New York: Palgrave Macmillan, 2017), pp. 23–42.

过度依赖方法论上的个人主义,几乎等于对所有的宏观经济学说再见,这种"毁灭性"、绝对性的方法论原理一定有问题。① 同样,柯尔曼(Alan Kirman)也强调个人主义的竞争均衡,不一定是稳定的或独特的,经济学家应该放弃研究孤立个体的想法。② 所以,这种过度强调方法论个人主义的学者,往往与方法论整体主义(methodological holism)、方法论多元主义(methodological pluralism),以及制度经济学和文化经济学的研究方法格格不入。

第三节 适度经济学定义

通过对中庸思想和适度哲学的讨论(第二章),也通过对西方古典和新古典经济学的梳理(第三章),更通过对制度经济学、行为经济学和文化经济学的分析(第四章和第五章第一节与第二节),我们已经比较清晰地了解了上述五大经济学派所体现的有关适度经济学的思想萌芽、历史脉络和文献依据。

过去250年,亚里士多德的适度哲学潜移默化地影响了许多西方经济学家。他们的经济学思想蕴含着构建适度经济学的五大重要思想元素,包括古典经济学的平衡需求、新古典经济学的均衡价格、制度经济学的制度演化、行为经济学的有限理性、文化经济学的共享价值,这些思想元素有助于适度经济学形成以下明确的

---

① Mark Blaug, *The Methodology of Economics: or, How Economists Explain* (Cambridge: Cambridge University Press, 1992), pp. 45-46.
② Alan Kirman, "The Intrinsic Limits of Modern Economic Theory: The Emperor has No Clothes," *The Economic Journal* 99 (1989): 126-139.

定义、宗旨、目标、内涵与研究维度。

总体而言,适度经济学旨在研究影响经济发展的适度因素。其内涵是探讨资源供需平衡、市场价格均衡、制度演化安排、行为有限理性、文化价值共享的经济学理论、方法、政策与案例。适度经济学侧重于研究不及、过度和适度三大维度对经济发展的不同作用,既体现在作为经济主体的民众,也体现在作为经济客体的市场,更体现在介于经济主体与客体之间的政府、集体、企业、社区、制度、文化、道德、科技和国际这九大要素。适度经济学的宗旨与目的是导正民众过度保守或过度自由的消费意识和行为,纠偏政府政策的过度干预或过度放任,协调市场的过度发展或过度停滞,并在民众权利、政府权力和市场资本三者之间,寻求中道、中和与同生共长的经济资源与机制,共同构建平衡、均衡、演化、有限理性和共享的适度经济。

一、适度经济学内涵

根据上述定义,适度经济学大致蕴含了下列五大基本的特性与内涵。

第一,平衡性。在给定的人力资源、物质资源和市场资源短缺的前提下,适度经济学旨在探讨市场供需的平衡。平衡是适度的生命,更是不偏不倚的精髓。任何供大于求或求大于供的市场形态,都是经济萧条或经济泡沫的主要动因和基本特征。而且,这种平衡还体现在对人心欲望的平衡,过于贪婪和过于节俭既是民众的"心魔",更是经济发展的阻力。为了推动供需平衡的发展,适度是一个重要的思想原则。过犹不及,同样,不及犹过,但"过"与"不及"又是走向适度的必要代价与通道,人类只有不断积累过度与不及的经验教训,只有不断犯错与纠错,才能渐渐逼近适度的理想状态。

第二,均衡性。市场价格均衡是一种理想状态,尽管很难实现,但这是效益最大化追求的目标,也是满意最大化的一种理性制约。绝对的均衡不一定是经济发展的"福音",它将导致经济发展的静态与迟滞,也会误导社会各界对经济发展过于乐观、自满自足,弱化及时调整、改进经济系统的动力。所以,均衡很难,但不能放弃。只要坚持适度的均衡与适度的不均衡的结合,经济发展的方向与轨道一般不会偏离太大。

第三,演化性。制度的发展建立在演化发展过程之中,具有明显的历史依赖。但这种演化既存在于经济制度的"前生",更意味着经济制度的"来世",所以,需要根据"前生"的路径依赖,检视"今生"的制度缺陷,设计"来世"的制度安排。而所有对"前生""今生"和"来世"的认知,都需要适度经济学思想作为指南。理解和解释"过去"的历史需要适度,防止偏见;执行和推动"今天"的政策,也需要适度的不偏不倚、理性理智;而预测和设计"未来"的方向更需要适度,适度地吸取过去和今天的失败教训,不断调整制度与市场、制度和政府之间的关系。同时,对于适度的价值判断需要开放的心态和相对的标准,不能过度拘泥于适度的政治正确性,学会在演化理性指导下,不断调整适度的标准。昨天的适度,也许是今天的不及;而今天的不及,又有可能是明天的过度,所以,需要建立强烈的时空意识,不能一成不变,形成思维定式和观念僵化。

第四,理性有限性。常人的缺陷与不完美,决定了人难以成为古典主义经济学意义上的经济人,更不可能实现人工智能所设计的完备理性。必须承认,纯粹的理性一定不是真实的理性,而可能是一种虚假理性或短暂理性。同样,绝对的不理性也不属于人类,因为这是动物的专利,一时一地地失去理性与理智,应该是常人的常态。所以,在完备理性与完全非理性之间,需要提倡适度的有限理性。其实,适度理性比有限理性更为精确,它不排斥理性,也不拒绝感性,只是强调适度的理性与适度的感性。而且,理性与感性有时候互相依赖、互相纠缠。例如,不惜代价,拯救一个垂危的亲人之生命,是理性还是感性?对此,就需要提倡适度理性,既要感性地拯救亲属生命,又要在完全无望的情况下,重视专业医生的建议,理性地放弃。如何平衡两难,就是适度理性的题中应有之义。

第五,共享性。市场经常失灵,说明市场中的多元个体并不是一种稳定和健康的市场力量,他们所固有的自利性和多元性很难绝对保证和促使市场走向平衡与均衡。于是,集体、企业和社会将能起到一种减少不确定性和复杂性的作用,但前提是在个人、市场和政府之间,适度建构特定群体的共享意识、共享价值、共享利益、共享凝聚力、共享效率,通过共享共同体的建立,抑制市场私欲,抵抗政府侵权,有效纠偏个人、市场和政府的缺失,导正经济发展的航向。

二、适度哲学与适度经济学的交集

第二章所论述的适度哲学之六大内涵(中间性、平常性、主观性、历史性、中和性与相对性),与本章所讨论的适度经济学之五大特性与内涵(平衡性、均衡性、演化性、理性有限性和共享性),存在许多交集。适度哲学指导了适度经济学,适度经济学又丰富和发展了适度哲学。

首先,适度哲学的"中间性"直接影响了适度经济学的"平衡性"与"均衡性"。只有明确了中间的概念,才能界定何为两边、两极、两面、两方和两派,更有了不及、过度与适度三者的边界比较,于是"中间"就为"平衡"与"均衡"提供了基准,包括"平衡"供应与需求、投入与产出、通胀与紧缩,也包括"均衡"价格高低、收益递增递减、正反馈负反馈等。

其次,适度哲学的"历史性"与适度经济学的"演化性"如出一辙。它们共同强调历时的纵向变化,而不是共时的横向不同,推崇强烈的历史性意识,反对静止、孤立、平面和片面地认识与分析问题。动态的历史与演化是适度经济学的核心之一。

再次,适度哲学的平常性对适度经济学的有限理性,提出了一种指导,因为完备理性代表了一种超理想、超平常的完美要求,是对"经济人"的理性期望,但多数平庸的常人和凡人难以做到。所以,适度理性或有限理性正是反映了常人的平庸、中庸与现实,是一种自然人的常态。理性经济人是应然的理想,适度理性的自然人则是实然的现实。

最后,适度哲学的中和性指导了适度经济学的共享性。共享的核心就是在对立的意识、观念、利益等方面,提出各个经济主体之间求同存异、和而不同的共享理念,尤其是共享的利益,因为许多经济冲突就是来源于利益分配的不均。如果能够实现利益的适度共享,很多冲突与对立就能迎刃而解,"中和"的理念也能得到实现。

总之,我们需要追问:适度经济靠什么?除靠适度的人性之外,适度经济首先需要古典经济学所主张的理性、市场、生产、供应、平衡,还需要新古典经济学的需求、价格、均衡,更要依赖制度经济学派、行为经济学派和文化经济学派所强调的制度、法律、观念、企业、集体、组织、社区、心理、文化和有限理性。所有经济学适度思想的要素(平衡、均衡、演化、共享和有限),都是基于现实的资源有限和人类认知的约束,这也是所有经济行为的基本前提条件。古典和新古典主义的理想假设很美好,也很丰满,但有限资源和有限认知决定了现实的骨感和冷酷。

于是,适度经济学应运而生,这也是它存在的出发点和归宿点:正因为客观资源有限,所以主观的经济行为必须适度,过度挥霍资源既是浪费,也不能持续;过度无效利用资源,就是不及,也是一种浪费。这样,适度经济学思想体现了250年来经济学逐渐走向平衡、中和、相对的适度路径和方向。

第六章 适度经济学三元理论与研究主题

根据适度哲学的定义和五大经济学派所蕴含的适度经济学元素,本书第二章到第五章定义了适度经济学的宗旨与内涵。本章将讨论适度经济学的核心理论——三元理论,它是由公理性的适度哲学思想所衍生出的指导性理论。尽管思想高于理论,但理论又丰富和支撑了思想。三元理论的论述,有助于厘清适度经济学研究的主要框架、结构和主题,强化对适度经济学本质内容的理解。

第一节 三元理论

前述古典经济学、新古典经济学、制度经济学、行为经济学和文化经济学的文献研究和学派诠释证明,中庸思想和适度哲学是指导适度经济学的指南。但适度经济学研究还需要一种处于哲学思想体系之下的理论,用以理解与解决适度经济学所出现的难题。

三元理论是理解适度经济学的重要参照,因为"过度"与"不及"这两元,经常违背第三元的"适度"原则,所以,经济学家就需要寻找、判断、选择第三种路径,并以此作为鉴定经济运行和经济政策是否过度或不及的重要标准。第三元"适度"原则可以帮助经济学家坚持一分为三、执两用中的原则,在过度与不及之间寻找适度的中道选择。

一、三元理论核心

三元理论(Trichotomism)也称"三元论"。三元理论的本质是挑战传统的一元论(Monism)和二元论(Dichotomism),试图在二元之间或二元之外寻找第三元。[①] 例如,"三元本体论"主张:第一元代表主观和精神的"心",第二元指客观和物质的"气",第三元则代表人类认知和知识的"理",[②]由此构成"心""气""理"三元一体的人类本体。儒家哲学也将天、地、人称为"三极",分别代表宇宙的气、形、德,三者不分彼此、上下,而是三足鼎立。[③]

同时,"三元认识论"认为,通过"思"(先验和理性)、"行"(经验和感性)、"学"(学习与悟性),建构出理性思、感性行和悟性学的认知体系。正如康德跳出"感性"和"理性"的两端,提出"知性",认为人应该在感性、理性、知性三个环节,提倡"先天综合判

[①] Millard Erickson, *Christian Theology* (Grand Rapids: Baker Books, 1998), pp. 538-543.
[②] K. R. Popper, *Objective Knowledge: An Evolutionary Approach* (Oxford: Oxford University Press, 1972).
[③] 庞朴:《庞朴文集·第四卷·一分为三》,济南:山东大学出版社,2005年,第325页。

断",而且认为,时间和空间是"感性"的先天形式,"理性"要求对本体的自在之物有所认识,但因果性等十二个范畴是"知性"固有的先天形式。①

另外,除了"三元本体论"和"三元认识论",还需要构筑"三元价值论":真、善、美。② 而所有这些三元本体论、三元认识论和三元价值论的根本使命,就是在三元之间实现中庸之道和适度之道。

其实,除了儒家的"中庸"具有一分为三的哲学思想以外,道家也主张"三生万物"(《道德经》第四十二章)。所以,在中国古代哲学中,"三"代表着博采众长的"智慧",如"三人行,必有我师";"三"也独具"稳定"的功能,如"三足鼎立";"三"更具有"和合"的机制,在左右、上下和内外两极之间,起到和谐与中和的作用。就像王礼强所指出的,《易经》的核心不是阴阳两元或两极,而是三元,因为宇宙存在阴、阳、和三极,他由此提出"仨源易经"。他还强调"仨"是万物的内核,任何层面皆由三个既相互独立又相互影响的"源"构成,而且他发现"存在"中的不同世界,都是由三个不同要素决定,就像不在同一直线上的三个点决定一个面一样。③

而且,根据叶福翔的研究,人类已有的知识核心涵盖了三大原理:一是周期原理,包括经济发展的周期变化;二是和谐原理,这与亚当·斯密的"一只看不见的手"原理相通;三是优化原理,因为优化的数学描述就是极值,类似于最小作用量原理、最大利润和最小

---

① Immanuel Kant, *The Critique of Pure Reason* (London: Pantianos Classics, 1855), pp. 21-29.
② 叶福翔:《三元哲学核心思想》,https://wenku.baidu.com/view/d473416ca45177232f60a25b.html。
③ 王礼强:《仨源论与仨源易经》(上篇),南京:东南大学出版社,2014年,第一章。

成本原理等，这也是古典和新古典经济学派对市场功能的理想化解释。同时，人也分为三大类：一是常人，他们心平气和、知足常乐；二是贤人，他们修己修人、治国安民；三是圣人，他们"顶天立地、大度达观"，"身心常超然于世外，又适时怀施普度众生之慈行"。①

三元论对适度经济学的启示主要表现在三大方面。一是它将现有的经济现象尽量分为三个不同元素和变量，将它们放在同一个系统中予以观察，形成左中右、上中下、里中外、前中后、早中晚的不同的时空参照；二是需要运用一分为三的视角，分析和比较每一种经济现象的优、中、劣，旨在达到亚当·斯密所推崇的"客观的旁观者"的境界，避免偏见和无知；三是在寻找解决经济难题的方案、设计经济政策之时，需要提供上中下三种选择，全面、系统、深入地因应不同的可能后果。

二、三元理论与人文社会科学

三元理论已经被广泛应用到神学、智力学、美学、爱情学等人文和社会科学领域，为适度经济学提供了丰富的学术营养。

第一，三元神学。它强调人由三部分组成：灵（spirit）、魂（soul）、体（body）。这表明，在"体"和"魂"之间存在一个高层次的"中介"：灵。人只有通过"灵"才能过上高尚的属灵生活，并与上帝

---

① 叶福翔：《三元哲学核心思想》，https://wenku.baidu.com/view/d473416ca45177232f60a25b.html。

建立关系,因为灵高于魂。① 神学三元观点与《圣经·新约》有关,在《帖撒罗尼迦前书》五章廿三节,保罗提到灵、魂、身;在《马太福音》廿二章卅七节,耶稣提到"你要尽心,尽性,尽意,爱主你的神";在《希伯来书》四章十二节也提到需要洞察人里面的神,将人的魂与灵分开来。

第二,智力三元理论。斯腾伯格(Robert J. Sternberg)提出和发展了智力三元理论,他认为人是通过三种渠道提升智力的:一是人适应、选择和改造外部世界;二是人理解外部信息文化与内部心理特征;三是人需要现实体验外部世界和内部世界的连接。这个"连接"内外的能力与体验,才是平衡和优化前面两种努力的关键。②

对此,霍兰(John Holland,1929—2015)曾在他的名著《隐秩序:适应性造就复杂性》里提到,2500多年前的古希腊哲学家泰勒斯(Thales of Miletus,前624/623—前548/545),帮助西方社会发展了演绎、逻辑、数学、科学、规则与秩序。但是这种严谨的认知系统,严重约束了人在创造性过程中所需要的隐喻想象,正如"格律和韵脚对西方诗歌起了约束作用一样"。于是霍兰就呼吁综合中西方两大传统:"将欧美科学的逻辑—数学方法与中国传统的隐喻类比相结合,可能会有效打破现存的两种传统截然分离的种种限制。在人类历史上,我们正面临着复杂问题的研究,综合两种传统或许能够使我们做得更好。"基于此,霍兰将复杂性问题用"隐秩序"来

---

① 徐弢:《倪柝声的三元论思想探究》,《中国神学研究院期刊》2013年第1期,第40页。
② Robert Sternberg, *Beyond IQ: A Triarchic Theory of Human Intelligence* (New York City: Cambridge University Press, 1985), pp. 1-40; Robert Sternberg, ed. *Handbook of Intelligence* (Cambridge: Cambridge University Press, 2000), pp. 3-15.

形容,因为它不是一个明确、显性、完全可用数学建模的秩序,而是具有东方"神秘主义"和"玄学"基因的隐秩序。① 这与斯密"一只看不见的手"的比喻,有异曲同工之妙,"隐"(hidden)与"看不见"(invisible)只是异词同义而已。

第三,三元美学。西方美学史一般运用二元逻辑,将美分为"优美"(beautiful)与"崇高"(sublime)两类,优美多用于女性,崇高则常用于形容男性,于是就忽略了两者之间的中间状态和中间范畴的美。同时,人类现实的美并不是非优美即崇高的两端,而属于中国古典美学的"中和"之美,其实质就是三元美学。② 中国的国画,就习惯"留白",在天与地、人与景之间,留下大片的"适度"空白,形成一种此处无画胜有画的哲思意境。所以,三元美学的启示是,美并不局限于阴阳两极,介于阴阳之间的美不容排斥和无视;美并不一定只能由有形、有色、有味的艺术来表现,有时候,无形、无色、无味也是一种美;甚至,这种适度的美,是一种超越性、中和性的美。

第四,爱情三元。斯腾伯格不仅提出了智力三元理论,还提出了爱情三元理论,认为人类的爱情大致由三大基本成分构成:亲密(intimacy)、热情(passion)、承诺(commitment)。这在常人看到的爱情两大元素亲密与热情之外,加上了理性的第三元素:承诺。承诺是指一种责任和约定,属于人类区别于动物的认知,爱情不仅仅

---

① [美]约翰·霍兰著,周晓译:《隐秩序:适应性造就复杂性》,上海:上海科技教育出版社,2019年,第3页。
② 柯汉琳:《中和美的哲学定位》,《华南师范大学学报(社会科学版)》1995年第4期,第71页。

出于感情和性欲。尤其是斯腾伯格分析了爱情三元素的互动关系,对适度经济学研究颇有启发。他认为,如果对爱情三大元素只是"三选一",就会出现要么只是"喜欢",要么只是"迷恋",要么只是"空爱"的缺陷之爱;而如果是"三选二",则可能在"浪漫之爱""伴侣之爱"和"虚幻之爱"三者之间,拥有其中两个。当然,人类一定希望获得所谓圆满之爱和完美之爱,将亲密、激情和承诺三者高度耦合,以信任为基石,以性吸引为催化剂,以承诺为约束。但是,在现实中,这样的爱情不仅十分稀缺,而且难以持续。①

社会科学和人文学方面的三元理论对适度经济学的借鉴意义是,尽量跳出二元对立和两种选择,引入第三元参照。这个第三元往往能够比另外两元提供更高的综合优势、更大的公约数和更优化的结果,有助于弥补另外两元的缺陷、不足和不平衡。

三、三元理论与自然科学

三元理论不仅受到社会科学和人文学的推动,也得到下列自然科学理论和研究的支持和丰富。②

第一是对称性破缺(symmetry breaking)理论。它由物理学家在1830年代首创,属于量子场论,主要是指在原有对称性很高的系统中,出现了不对称因素,对称程度受到影响,导致自发能力降低。

---

① Robert Sternberg and Karin Sternberg, eds., *The New Psychology of Love* (Cambridge: Cambridge University Press, 2018), pp. 280–299.
② 洪朝辉:《适度经济学思想的跨学科演化》,《南国学术》2020年第3期,第404—405页。

但是,如果没有对称性破缺,世界将失去活力和生机,当然,也有可能出现混乱。①

这一理论的适度经济学意义是,在供求价格与供需市场的两极环境中,有时需要不对称、不平衡、不完整、不确定、不简单、不传统。破缺代表一种活力和魅力,如缺了一角的苹果公司标志和缺了胳膊的维纳斯;失衡也代表一种活力、一种创新动力,有失衡就有动力去平衡,世界就是在平衡、失衡、权衡中波浪式前进的。而且,这是一种"否定之肯定",让内在的张力借助破缺,得以发挥和表现。

第二是三值逻辑。19世纪末20世纪初,刘易斯·卡罗尔(Lewis Carroll,1832—1898)和卢卡西维茨(J. Łukasiewicz,1878—1956)创建了三值逻辑(Three-Values Logic)。它设定第一值是"真",第二值是"伪",而第三值是"未知"。② 三值逻辑也得到模糊逻辑(Fuzzy Logic)的印证,它表明现实中我们并不是仅仅只有黑与白的二元选择,许多现象是介于黑白之间的模糊状态。③ 这就挑战了二元的布尔逻辑(Boolean algebra),因为布尔逻辑只假设真假两种状态,它长期排斥、拒绝第三种可能,是非分明。④ 同时,三值逻辑理论被大量存在的暗物质和暗能量现象所证明。暗能量是指宇

---

① P. W. Anderson, "More is Different, " *Science* 177 (1972): 393-396.
② Lewis Carole, *A Survey of Symbolic Logic* (London: Forgotten Books, 2015), pp. 1-4; Jan Wolensko, "Jan Łukasiewicz on the Liar Paradox, Logical Consequence, Truth, and Induction, " *Modern Logic* 4 (October 1994): 392-400.
③ L. A. Zadeh, "Fuzzy Sets, " *Information and Control* 8 (1965): 338-339.
④ George Boole, *The Mathematical Analysis of Logic: Being an Essay Towards a Calculus of Deductive Reasoning* (London, England: Macmillan, Barclay, & Macmillan, 1847), pp. 1-83.

宙加速膨胀时出现的大量的负压物质,占比 68.4%;同样,根据 v-r 的关系,人类可知宇宙中存在大量不发光的物质,即暗物质,占比 26.6%。暗能量加暗物质总比高达 95%,它表明大量的"宇宙物质隐没在时空量宇宙隧道中或宇宙内部"。① 所以,人类可能对大约 95%的物质处于无知状态。② 其实,暗物质和暗能量犹如适度的背后推手,它们既是事物内在张力的基础,也是事物具有弹性的本源。王维嘉对此还提出了默知识(tacit knowledge)和暗知识(dark knowledge)的概念。③ 看不见的暗物质或暗知识,不等于没物质或不存在的知识。

另外,邓聚龙(1933—2013)于 1982 年首创灰色系统理论,用黑色表示未知信息,用白色表示明确信息,用灰色表示信息的部分明确和部分不明确,这个灰色系统就具有三值逻辑的特色。④ 与此类似,任正非也曾提出"灰度"一说,核心意思是追求黑白之间的灰色。而且,清楚与不清楚来自混沌和模糊,要善于模糊,敢于模糊,乐于模糊;同样,正反之间是妥协,而妥协就意味着和谐。而且,灰度的张力和弹性高于黑白,因而灰度能够灵活变化,转换自如。其实,灰度意味着适度,黑白意味着过度或不及;而且,灰度代表了一种风度,不偏不倚。当然,不同阶层存在不同的侧重点,越高层,越

---

① 叶鹰:《建立在三元逻辑基础上的三元科学》,《浙江大学学报(农业与生命科学版)》2000 年第 3 期,第 338 页。
② V. Trimble, "Existence and Nature of Dark Matter in the Universe", *Annual Review of Astronomy and Astrophysics* 25 (1987): 425-472.
③ 王维嘉:《暗知识:机器认知如何颠覆商业和社会》,北京:中信出版集团,2019 年。
④ Julong Deng, "Control Problems of Grey Systems", *Systems and Control Letters* 5 (1982): 288-294; "Introduction to Grey System Theory", *The Journal of Grey System* 1 (1989): 1-24.

应讲灰度、适度、中度;越基层,则越应讲严守规则、黑白分明、是非程序。①

三值逻辑理论、模糊逻辑、暗物质/暗能量现象、灰色系统理论和灰度概念对适度经济学的意义在于,在人类认知的极限之外,存在大量的未知或者半知的知识,我们不能简单断定事物一定存在正确与错误。大量存在的未知世界,正好证明人类的无知;也正是人类的无知,导致世界更加未知。人类越无知,世界越未知。所以,人类的经济行为一定要慎之又慎、小心求中,避免"不及"的愚蠢和"过度"的聪明。

第三是完备不一致定理。1931 年,哥德尔(K. Gödel, 1906—1978)证明了完备不一致定理:任何一个命题不可能同时满足完备性和一致性,因为这个"完备"而又"一致"的系统,要么是自相矛盾的"不一致",要么是既不能被证实也不能被证伪的"不完备"。也就是说,如果一个强大的系统是完备的,就不可能一致;如果系统是一致的,那就不可能完备。哥德尔认为,理论物理系统作为一个标准的形式系统,其终极形式最终会出现"完备性"与"一致性"之间的不兼容。②

这一理论的经济学意义是,许多经济理论既不能被证明是真,也不能被证明是假,它们在"完备性"与"一致性"之间永远不兼容。

---

① 余胜海:《任正非:管理上的灰色是我们的生命之树》,新浪财经,2020 年 10 月 2 日, https://finance.sina.cn/chanjing/gsxw/2020-10-04/detail-iivhvpwz0329634.d.html。

② Kurt Gödel, *Collected Works, Volume I: Publications 1929-1936* (Oxford: Oxford University Press, 1986), pp. 1–36.

第六章　适度经济学三元理论与研究主题

在一个强大的系统里,一定有不可或不能被证明的东西,类似于经济学中的一些前提、假设、悖论,至少在现有系统里是不可证明的,如阿罗悖论(Arrow Paradox)①和森的帕累托自由悖论(Sen's paradox paretian liberal)②等。

第四,中医三元理论。它强调"毒""郁""虚"三元,构成了病人的病因、病理、病疗。"毒"代表热;"郁"是不通;"虚"则是不足。自然界是一元,一元产生阴阳二气,形成二元;但毒、郁、虚则超越一元和二元,既与一元的自然世界和二元的阴阳五行存在辩证的对立与平衡,又在毒、郁、虚三者之间进行系统循环和组合,因为"毒"中一定有"郁"有"虚","郁"中也有"毒"有"虚",而"虚"中更有可能存在"毒"和"郁",出现你中有我、我中有你的状态。所以,一种疾病常常"三"中有"一",或者"三"中有"二",必须系统分析和整体治理,才能标本兼治。③

中医三元理论对适度经济学的启示就是,针对经济运行中的疑症、难症和顽症,社会上下需要对其进行系统治理,尽量做到三管齐下,缺一不可,但又要抓住主要矛盾,优先解决最关键的问题,不能期待一蹴而成,毕其功于一役。而且,用药既不能过猛、过急,也不能过稳、过慢。

第五是导体的作用。根据物理学定义,能够传导电的物体被

---

① Kenneth Arrow, "A Difficulty in the Concept of Social Welfare," *Journal of Political E-conomy* 4 (1950): 328-346.

② Amartya Sen, "The Impossibility of a Puretian Liberal", *The Journal of Political Economy* 1 (1970): 152-157.

③ 武学文、高孟兰、武凌怡:《三元理论基础和应用举例》,《中外医疗》2008年第9期,第41页。

称为电的导体。在哲学上,二元论者强调世界存在主体和客体的二元。① 但在现实中,主体的人与客体的世界有时不发生直接关系,而是通过无数个社会导体,犹如物理学意义上能够传导电的物体,包括媒体(如纸媒、网媒、视媒等)、群体(如家庭、学校、社区、军队、教会、单位等),间接联系起来。而且,导体往往导致主体对客体的认识产生致命的偏差,并影响主体对客体做出破坏性的行为。也就是说,有时候,导体的威力可以强大到再造主体与客体。这种导体的作用,在互联网、人工智能和元宇宙时代更加可怕而又不可预测。

于是,就需要引入导体这一第三元,将导体、主体、客体导入同一系统,予以综合观察和测试。例如,宏观史学以客观世界和宏大叙事为主要研究对象,微观史学以个体或个人为主要研究对象,那么,中观史学主要是研究导体,包括群体(如介于个人与社会之间的家庭和学校等)、媒体(如介于主观判断与客观世界之间的各种媒体与媒介等)、区域(如介于社区与国家之间的城市和行业等)。② 研究这些中观史学的问题,与中观经济学的原理类似。同时,佛教中也存在一个中观学派(梵语:माध्यमक,mādhyamaka),它是大乘佛教的基本理论之一。后世认为,中观派主张一切法自性空,以修行空性的智慧为主。梵文 mādhyamaka,源自形容词 madhya(中、中间),加上最高级词尾 ma,意思为最中、至中,字面上的意思就是最中者、至中者。中观派的名称源自龙树《中论》,该书

---

① Patrick Lee & Robert P. George, *Body-Self Dualism in Contemporary Ethics and Politics* (Cambridge: Cambridge University Press, 2007).
② 洪朝辉:《中观史学导论》,《光明日报·史学》1988 年 1 月 6 日。

以中观为修行方法,故也称为《中观论》。①

总之,被自然科学证明的三元理论,也为适度经济学的构建提供了启示。一是适度经济学的平衡性,决定了缺陷、失衡是危险,但也是机会,为适度平衡提供了条件和基础;二是适度经济学的演化性,决定了暂时的是非不清、真假难辨不是坏事,它有助于研究者和决策者心平气和、冷静理性,从历史的演化路径中寻找适度的解决方案,促使决策者不急躁、不武断,事缓则圆;三是适度经济学的复杂性提示我们,自相矛盾、两难悖论并不可怕,这是激发人们不唯上、不唯书、不唯权的机会,可帮助大家独立思考、适度决策;四是适度经济学的中间性与均衡性,要求人们不要惧怕引入复杂的第三元,应该将它视为解决问题的机会,用来帮助决策者系统、整体和多元地分析问题和解决问题;五是第三元的导体性、中和性、协调性、妥协性,它们是适度经济学共享性的精髓,追求和而不同、求同存异,这些原则对适度经济学的发展至为重要和必要。

四、三元悖论和困境的启发

三元论与三元悖论(Trilemma)相关。② 三元悖论又称三难困境、三难选择、不可能三角或不可能的三位一体。三元悖论是指在一个给定的条件下,人们存在三种选择,但任何一个选择都是,或

---

① 周延霖:《龙树与僧肇的"变迁"哲学——〈中论〉与〈物不迁论〉的对比》,《中华佛学研究》第 17 期,2016 年,第 34—37 页。
② Allan A. Metcalf, *Predicting New Words: The Secrets of Their Success* (Boston: Houghton Mifflin Co., 2002), pp. 106-107.

者好像是无法被接受,或是不想接受的。于是,人们面临两种逻辑等价的选择:一是"三选一",二是"三选二"。

在经济学和经济学相关学科中已经发现了许多三难困境,对适度经济学研究颇有启发。

其一,蒙代尔三元悖论。它是指在国际金融学中,一个国家不可能同时达到下列三大政策目标:资本自由进出,固定汇率,独立自主的货币政策。根据蒙代尔-弗莱明模型,任何一个小型开放经济体,都不能同时达到三者兼而有之,必须舍二取一,或者舍一取二。① 类似的还有"全球化三元悖论",即面对全球化、民主政治、国家主权完整三个选项,也难以同时同地兼顾三者。②

其二,工资政策三难困境。斯文森(Peter Swenson)指出,劳方工会在争取提高工资的过程中,需要周旋于工资、就业和利润这三种相互制约的平等概念,并因此陷入两种三难困境之中。一是如果工会要为特定行业的工人争取行业内与行业间对等的理想工资,就难以最大化地保证该行业的就业机会,因为你的高工资,将导致我的失业,这就是所谓"横向三难困境";二是工会在要求增加工资的同时,就无法要求资方将利润的更高比例分配到工资部分,而且劳方也难以要求资方保障工人就业的机会,这就是所谓"纵向三难困境"。也就是说,在企业之"饼"有限的前提下,工人工资高了,企业利润就少了;企业利润少了,生产成本高了,就逼迫老板解

---

① Maurice Obstfeld, Jay C. Shambaugh & Alan M. Taylor, "The Trilemma in History: Tradeoffs Among Exchange Rates, Monetary Policies, and Capital Mobility," *The Review of Economics and Statistics* 3 (2005): 423-438.

② Dani Rodrik, *The Globalization Paradox: Democracy and the Future of the World Economy* (New York: W.W. Norton & Company, 2011), pp. ix-xxii.

雇工人,减少就业机会。这些困境表明,工会在制定工资政策和劳资谈判策略时,只能是左右摇摆、三重为难。①

类似地,也有一个关于价格稳定、全面就业和工资不受限制的三难困境。如果政府保证全面就业的给定条件,社会就有可能出现通货膨胀、价格上涨,于是,政府必须出手干预经济,但这又会导致通货紧缩。② 凯恩斯也认为,如要不牺牲劳工权利和人民自由,强行稳定价格和就业,后果严重,这三者目标是不兼容的。③

其三,社会三难困境。平克(Steven Pinker)认为,社会不可能同时存在公平、自由与平等,因为在一个公平社会,多劳者多得;而在一个自由社会,财富拥有者一定希望自己的财富能够自由、自主、完全地留给下一代;但这样的公平与自由社会,就不可能平等,因为一定有人一出生就比其他人更有优势,更有财富,起点不公往往导致结果不公,最后只能形成富者越富、穷者越穷的不公平社会。④

其四,企业管理三难困境。当我们面临既要快速完成生产,又要省钱,更要高质量的三重选择时,无法三者兼顾,只能"三择其二",⑤也就是说,我们最多只能要求项目负责人在"快、好、省"三者之间,选择最优先的两项,放弃次优选项。

---

① Peter A. Swenson, *Fair Shares: Unions, Pay, and Politics in Sweden and West Germany* (Ithaca, New York: Cornell University Press, 1989), pp. 1–10.

② "The Uneasy Triangle," *The Economist*, August 9, 16, 23, 1952.

③ John Maynard Keynes, *The General Theory of Employment, Interest and Money* (London: Macmillan, 1936), p. 267.

④ Steven Pinker, *The Blank Slate: The Modern Denial of Human Nature* (London: Penguin Books, 2002), pp. 1–4.

⑤ Arthur C. Clarke, *The Ghost from the Grand Banks* (London: Gollancz, 1990), p. 73.

其五,地球三难困境。它是指经济(economy)、能源(energy)和环境(environment)构成的"3E困境"。为了发展经济,只能增加能源供应,由此也就一定会导致环境污染;而要想保护环境,就必须减少能源供应,但这一定会阻碍经济的发展。① 如要三者兼得,几乎不可能。

其六,宗教"三难困境"。它由古希腊哲学家伊壁鸠鲁(Epicurus,前341—前270)提出,借此反对神是全能全善的观念。② 这种困境来自三个悖论:第一,若神不能阻止世上罪恶的出现,那么神就不是全能的;第二,若神不愿阻止罪恶的出现,那么神就不是全善的;第三,若神有万能的力量,也有善良的愿望阻止罪恶的出现,那么世上为什么还存在这么多的罪恶?

上述三元悖论为适度经济学的建构,提供了许多有益的思考。例如,不能拘泥于两种选择或两种变量,因为这种二选一的两难,限制了我们的选择,非此即彼的选择会导致人类陷入更多的困境,所以需要引进"第三者",让我们得以三选二(67%的成功率),它一定比"三选一"(33%的成功率)或"二选一"(50%的成功率)更加优化,并拓展了更多的选择空间。例如,在鱼与熊掌不可兼得之时,如果引入一瓶酒这一"第三者",就会帮助我们比较轻松地舍弃

---

① Yoshihiro Hamakawa, "New Energy Option for 21st Century: Recent Progress in Solar Photovoltaic Energy Conversion," *Japan Society of Applied Physics International* 5 (2002): 30–35.

② 参见 David Hume, *Dialogues Concerning Natural Religion* [1779] (Indianapolis: Hackett Publishing Co., 1998).也有人认为,这是古希腊怀疑论者提出的,参见 Mark Joseph Larrimore, *The Problem of Evil: A Reader* (New York: Wiley-Blackwell, 2001), p. xx.

"鱼",选择"熊掌"和"酒";类似地,在舍生取义,还是舍义取生的两难中,如果加入"利"的选项,也许比较容易帮助纠结的民众取二舍一。而且,三元悖论能够帮助人们在三个选项之间,进行妥协和交换,在三者之间取得最大公约数。比如,我们先选择熊掌与酒,但如果后来发现鱼比熊掌更重要或更高价,就可以选择用熊掌交换鱼,也可以用半瓶酒交换一条鱼。另外,这种选择的悖论和难点,也为"社会选择理论"所提及。①

图6-1就表明,在选择快、好、廉的三难困境中,首先需要紧紧

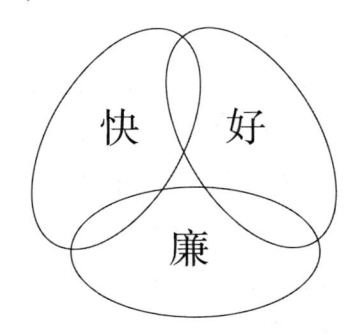

图 6-1 快/好/廉的三难悖论图

抓住最重要的一个要素,然后尽量兼顾另外两个目标,要西瓜,也要芝麻,但这些兼顾的芝麻只能是部分的芝麻,不可能是全部,三者是不可能完全合一或重叠的。当然还有可能出现三者皆空的最

---

① Kennth Arrow, "The Principle of Rationality in Collective Decisions." In *Collected Papers of Kenneth J. Arrow: Social Choice and Justice*, edited by Kennth Arrow (Cambridge: Belknap Press of Harvard University Press, 1983), pp. 45-58. 田国强也提及三选二比二选一更优化的道理,田国强:《高级微观经济学》,北京:中国人民大学出版社,2018年,第678页。

坏可能,就像在好、快、廉之间出现了一个空白点。所以,三难困境告诉经济主体,不要太贪,因为我们难以追求最好,而次优或次坏应该是"白天鹅"式的常态。不然的话,有可能鸡飞蛋打,三者皆空。

显然,传统的西方经济哲学在西方神学的影响下,非常不习惯于三元选择,而是侧重于二元的简单对峙。其实,长期纠结于魔鬼与天使、地狱与天堂、唯物与唯心、静态与动态、均衡与不均衡的两极对立,其结果就很可能导致忽左忽右,忽快忽慢。基于此,适度经济学所主张的三元理论和三元悖论就显得更为重要和必要。

第二节 三角范式

上述三元理论、三元悖论和它们在相关领域的应用,可归纳出一个三角形的研究范式,以作为适度经济学研究方法的一大组成部分。这一三角研究范式旨在思考适度经济学的三重功能:在两极对立的模式之外,是否存在第三种模式?第三种模式是否可以既不真,也不伪;既不好,也不坏;既不完备,也不一致?第三种模式只是暂时不知道、不确定、不清楚、不对称、不一致、不完备而已,属于未知的95%之中的一部分,犹如"薛定谔的猫",处于生死叠加状态,[1]一时难分生死。必须指出,亚里士多德也不断强调三种分类、三种选择、三种结果:不足、过多、中间。[2] 大致而言,三角范式和三角思维对深化理解适度经济学研究多有帮助。

---

[1] John Gribbin, *In Search of Schrodinger's Cat: Quantum Physics and Reality* (New York: Random House Publishing Group, 2011), p. 234.
[2] Aristotle, *Nicomachean Ethics* (Kitchener: Batoche Books, 1999), pp. 24-25.

一、价值中立性和包容性

首先,三角范式意在淡化是非、正误的两分,避免进步与落后的线性两极,提倡"价值中立",但价值中立不等于没有价值(no value),中立的价值本身就是一种价值,只不过是一种比较适度的价值。与三角范式和三角思维相对的线性思维,则存在强烈而鲜明的价值判断。如果运用线性思维,很容易得出任何不及、过度都是负面的,只有适度才是最佳的简单结论(见图 6-2 中直线部分)。

但如果运用三角范式的思维,就能对不及、过度持有相对包容和中立的态度,因为三个角可以从不同角度予以观察,没有固定不变的正反价值,三个角本身没有好坏之分,只存在有效无效之别(见图 6-2 三角形部分)。

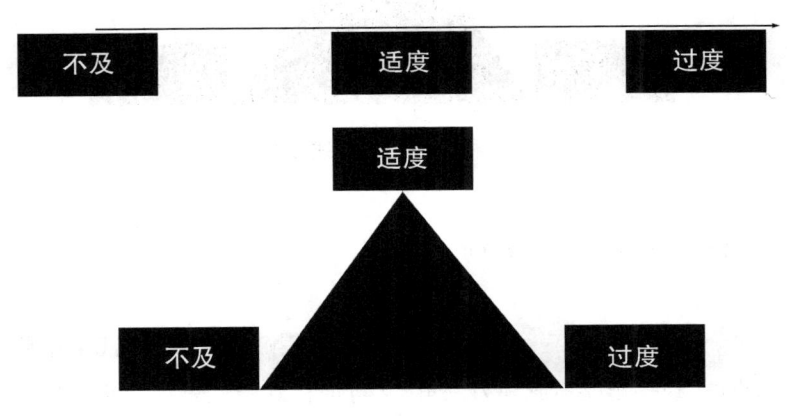

图 6-2　线性思维与三角范式比较

举例来说,如果运用线性思维,人们很容易得出计划经济是落后、错误的,市场经济是先进、正确的结论,由此预测介于计划经济与市场经济的中国经济形态,迟早会走向西方所认同的自由市场经济(见图6-3的直线部分);但如果运用三角曲线,就有可能不将中国现在的经济形态简单地理解为市场经济或者计划经济,而是一种具有中国特色的经济形态(见图6-3的三角图形)。当然,这个等边三角形只是一种设想,在现实中,三角的角与边不可能是完全相等的,即使正态分布也存在偏左、偏右、肥尾等特性。

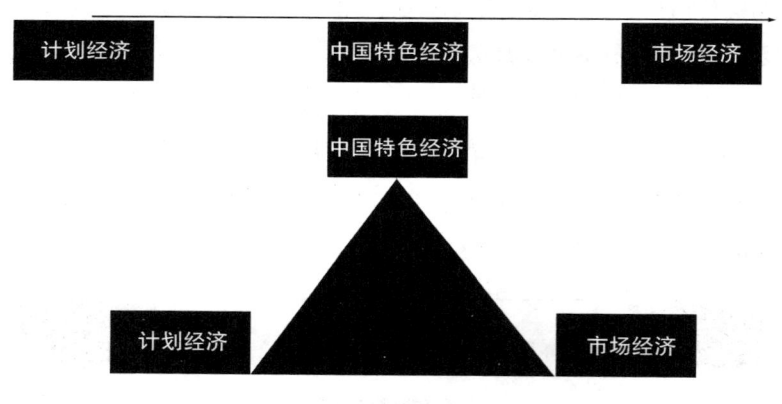

图6-3 三种经济形态的线性和三角图

二、相互依赖性与相克性

三角范式中的三个角的功能是相互依赖、共同支撑,甚至循环相克的,缺一角就不成其为三角,又将退化到线性思维。西班牙建筑师高迪(A. Gaudi,1852—1926)认为直线属于人类,曲线属于上帝,因为人类思维简单,只想走直线、求捷径。所以,从他的作品里找不到直线,只有曲线,因为他认为曲线代表生命力。①

由此来看,如果没有"过度"这个角,另外的"不及"和"适度"两角,也就不复存在(见图6-2三角形部分),适度、不及、过度三者犹如一个共同体。所以,孔子的君子观和亚里士多德的德性观所极力推崇的中庸与适度,恰恰就是过度激进或过度保守存在的理由,因为没有激进和保守的两极,何谈中庸与适度? 正如角的大小和位置常常发生变化,各种经济形态也会在不同时空中展示各自的地位和份额,它们也许会相对长期地共存,因为它们大都根植于特定国家的特定文化之中,不会稍纵即逝。

而且,三角之间还存在循环的相克关系。类似于剪刀、石头、布,既有各自独特的优势与劣势,又有相生相克机制的存在,从而形成一种动态的平衡与制衡关系,②避免了一角通吃另外两角的可能,促使三角之间各自存在忌惮和敬畏之心,不敢为所欲为或胡作非为,只能互相利用或者互相帮助。

三、不确定性和复杂性

三角范式还能够帮助人们反思和质疑历史发展的一致性与规律性的思维定式。线性思维可以预测发展方向,可以断定历史发展一定是前进和上升的,但三角范式没有方向,也难有规律。所以,三角范式提供了一种不确定性、复杂性、未知性和三元性,与线

---

① Anrora Cuito & Cristina Montes, *Antoni Gaudi: Complete Works* (Madrid, Spain: H. Kliczkowski-Only Book, 2002).
② 庞朴:《庞朴文集·第四卷·一分为三》,第326页。

性思维的确定性、简单性、可知性和两极性形成对比。但另一方面,三角范式又设定了三角的边界和范围,尽管难以预知,但未来的变化存在边界和弹性的区间,与混沌无常的曲线不同。尽管三个角可以变大变小,但不会变成无角或四角、五角,所以,三角形既存在灵活性,也存在限制性。

无数历史事实已经证明,几乎很难断言人类发展过程中的某种道路和经济形态一定是放之四海而皆准的,更难以确定某国的经济发展模式是过度、不及还是适度的。所以,学者需要少谈定论,多谈可能;少谈规律,多谈例外;少谈普适,多谈共享。因为,普适是建立在现有存量基础上的一致,但很难统合一些根本对立的信仰和制度;而共享是一种建立在未来增量基础上的一致,它的追求程序是先界定两者的不同,再讨论可以共享的相同,最后设定适度的共享目标,保留不同、维护类同、发展共享,并推动共享价值的韧性与可持续性。

四、循环性和价值相对性

最后,三角范式给了人们一种循环思维和想象空间,今天的"大角",有可能成为明天的"小角",而昨天的"小角",又有可能成为今天的"中角"。同样,昨天的适度有可能成为今天的过度,今天的过度也可能成为明天的不及。正如古希腊哲学家赫拉克利特所论:"在圆周上,起点与终点是重合的。"[①]

[①] 引自庞朴:《庞朴文集·第四卷·一分为三》,第110页。

经典意义上的西方市场经济也许是长期不变的选择,但也许在非常时期和非常地点,计划经济会出现"基因突变"或生态变异,再度复活,而且,中国经济形态也可能独领风骚相当长的一段时间,与市场经济和计划经济合作共存。

三角范式所规定的循环性、重复性,也揭示了适度经济学的价值相对性。犹如一种流行服饰,不可能永远畅销;同样,对于无人问津的产品,只要坚持与改进,"咸鱼翻身"的可能一定存在。所以,适度经济学思想给了人人有希望的期待和个个没把握的不确定性,并表明 A、B、C 三角是变动不居的,"有此才有所谓彼,有彼才有所谓此",没有孤立而又绝对的彼与此,成功不能自满、失败不应放弃就是同理。①

如此说来,三角范式的实质就是提倡谋事从适度、行事从中庸、成事从三元。犹如硬币的本质不是两面,而是介于两面中间的第三边,而这个第三边的社会作用是使硬币的对立两面,进行交流、连接和妥协。很显然,对复杂问题的判断,俗者往往见其一,智者得其二,而明者则观其三。能做到一分为二者,至多只是一个智者,而要成为明者,至少要了解三。霍兰在他的名著《隐秩序:适应性造就复杂性》的中文版序中,专门提及"明"这个中文所表达的隐喻。就拆字学而言,"智"为"知日"(上知下日),而"明"是"日"加"月",不仅知"日",而且"日""月"皆知。霍兰把"明"理解为英文的"brilliant"(英明),是非常奇妙的中英文转换。②

其实,三角范式所表现的中立、依赖、循环、复杂和不确定原

---

① 庞朴:《庞朴文集·第四卷·一分为三》,第 326 页。
② [美]约翰·霍兰:《隐秩序:适应性造就复杂性》,第 2 页。

则,正反映了适度经济学所推崇的整体观。西方的复杂学与东方的整体观一脉相承,只不过两者的知识来源不同,复杂学来自物理学的原子论,而整体观源自中国哲学的气论,两者都可称为整体科学,是适度经济学方法论的一大精髓。① 许多经济学决策系统大多存在三元关系,一是相依性,二是相关性,三是独立性,这正是三角形思维的三大重要功能。②

第三节 研究主题

在适度哲学、三元理论、三元悖论和三角范式的指导、规范和启示下,适度经济学的独特研究主题也就呼之欲出。尤其是这次百年不遇的新冠肺炎大危机,为适度经济学提供了一个重大的发展机遇。

一、第三变量的学术意义

适度经济学思想的一大原则是研究对象必须具有三种变量,在一个大的主题下,需要借鉴"三难困境",在两极之间、之外或之上,适当引入第三变量,进行比较研究,寻找"取一弃二"或"取二弃一"的次优选择,这就是所谓"货比三家"的合理性与必要性。作为顾客,只有三家同比,才可能得到更好的选择、更完整的信息、更确定的结果。

---

① 赖世刚:《复杂:被忽略的事实》,《复杂学》2022年第1期,第1页。
② 赖世刚:《复杂:被忽略的事实》,第2页。

田国强指出,为了深化对经济运行的研究,需要耦合和整合好政府、市场与社会这三个基本协调机制之间的关系,因为政府、市场和社会这三者正好对应的是一个经济体中的治理、激励和社会规范这三大基本要素。① 适度经济学的主要使命不是研究政府与市场之间的互动,而是研究政府与市场之外的"第三者"——社会,而社会既独立而又依附于政府和市场,属于一种非正式的制度安排,它的独特功能是既有助于节约政府的治理成本,也可能帮助市场节约交易成本。

在政府权力和民众权利的对立中,如果引进第三元的经济资本,既有可能帮助政府联合资本,对民众进行更有力的侵权,但也有可能帮助民众联合资本,共同面对政府的高压,实行更有效的维权。这也是考验和鉴别"好"资本与"坏"资本的一个标准。同样,在产权问题上,需要在公有、私有两极之间,研究股份合作制、集体合作制、混合所有制的中介作用和中道作用。在研究政府作用之时,也需要跳出政府调节与市场调节这一"二选一"的两难游戏,引入道德调节或者企业调节,研究道德文化或者企业制度对政府与市场之间对立的补充和制衡作用。还有,在研究分配主题时,需要在市场主导的第一次分配和政府主导的第二次分配之外,研究民间主导的第三种分配,即研究慈善、捐献和公益对第一次和第二次分配的补充、推动和互动的作用。

---

① 田国强:《高级微观经济学》,第 21 页。

二、单一变量的三种视角

除在两个变量之间或之外,需要引入第三变量作为适度经济学的研究主题外,还需要在每一个特定的单一变量上,运用三种视角予以深度分析,包括不及、过度与适度,或者上中下、左中右、阴阳和。如在研究理性问题上,需要系统研究过度理性、没有理性和适度理性之间的关系;在政府干预问题上,也有必要研究干预过度、干预不及和干预适度的选择和后果;在利己问题上,更需要探讨过度利己、过度利他、适度利己与适度利他之间的区别。

具体而言,如果试图研究人的道德对经济发展的作用,需要将人分为三类:一是经济人,二是自然人,三是道德人,这有助于比较与选择其中的一种或两种对经济运行的作用;而且,为了有效研究政府本身的角色,需要在有为政府和无为政府之外,研究"善为"政府和"良为"政府的独特功能,包括研究塞勒所提倡的"自由主义家长"式的政府;同样,在研究市场独特作用时,也需要在有效市场和无效市场之外,探讨"良效市场"的可能与选择;还有,在研究信任问题时,应该将信任分为完全信任、没有信任和有限信任这三种情况,便于深化对信任的理解,以及在信与不信之间,寻求半信半疑、不信不疑、将信将疑的可能。

同时,在衡量城市化计量标准时,传统的方法主要侧重于城市人口与农村人口的比例,一旦城市人口超过50%,就标志着这个国家的城市化进程基本完成,如美国在1920年城市人口第一次达到51.49%,[①]就标志着美国城市化的完成。但单一标准显然不够完整,比如印度的城市化人口比例非常高,但城市化的质量不一定高,贫困人口和贫民窟的状况很严重。所以,衡量城市化完成的标准需要考虑定量意义的另外两个变量,包括城市的基础设施[②]和技术发展[③],这样才能防止以偏概全。还有,对于一个好的经济制度要素,既不能只强调一个或两个,这样难以全面与权衡,但也不能引入太多,这样有可能导致计算困难与评估失焦。比较适度的经济制度要素的变量,一般需要三个:信息、激励和效率。因为好的经济制度首先需要有效收集、分析、利用各种信息,旨在有效配置各种资源,防止资源浪费;其次,好的制度需要形成一种激励兼容(incentive compatibility)的机制,促使个体理性与集体理性相一致,降低交易成本;[④]最后,优化资源配置和激励机制的最终目的,是提高和完善经济成长的效率,降低信息成本。[⑤] 所以,选择和改进经济制度的目标需要结合这三个基本要素。

---

① 洪朝辉:《社会经济变迁的主题——美国现代化进程新论》,杭州:杭州大学出版社,1994年,第9页。
② United Nations, Department of Economics and Social Affairs, Population Division (2019): *World Urbanization Prospects: The 2018 Revision* (ST/ESA/SER.A/420). (New York: United Nations, 2019), pp. 55–80.
③ 徐远:《从工业化到城市化:未来30年经济增长的可行路径》,北京:中信出版社,2019年,第7章。
④ Leonid Hurwicz and Stanley Reiter, *Designing Economic Mechanisms* (Cambridge: Cambridge University Press, 2008), p. 2; Leonid Hurwicz, "The Design of Mechanisms for Resource Allocation," *The American Economic Review: Papers and Proceedings. American Economic Association* 63 (1973): 1–30.
⑤ 田国强:《高级微观经济学》,第830页。

但有时一种经济制度不可能完美,很难实现三种元素的高度耦合与完美结合,于是,经济学家和政策决策者需要懂得取舍,寻找、选择三个要素之间的最大公约数,学会判断何时、何地、何人需要选择哪一个或哪两个要素,作为自己特定经济制度安排的优先选择。这样,既能满足成功经济制度的普遍要求,更能适应特定国情和民情,达到普遍性与特殊性的适度结合。

三、同一概念的三重解释

适度哲学的变动性、相对性和包容性,决定了适度经济学课题的思辨性,有助于经济学家将同一概念,根据不同的时空和语境,进行三重不同的解释,提升经济学家思考与思辨的能力。

关于"创造性破坏"(creative destruction)这一重要经济学概念的解释,就是一个包容性很强的辩证命题,反映了适度经济学的一大精髓。这一概念的第一种解释来自马克思主义左派,由德国激进左派社会学家桑巴特(Werner Sombart,1863—1941)于1913年提出,其原始意义是资本主义社会一方面不断创造财富,但另一方面又通过战争和经济危机,不断毁灭财富,最后,资本主义必然走向灭亡。这与马克思的"异化"理论类似:资本主义创造了工人阶级,一旦工人阶级足够强大,最后将用暴力推翻资本主义,建立社会主义。[1]

这个由"左派"所创立的概念,到了1942年,却被"右派"演绎

---

[1] Werner Sombart, *War and Capitalism* (New Hampshire: Ayer Company, 1975).

为自由主义的观念,为资本主义的存在与发展提供了辩护。当时,代表自由主义奥地利学派的熊彼特(Joseph Schumpeter,1883—1950)发展了这个"创造性破坏"的马克思主义概念。① 他认为,企业家的创新导致"创造性破坏"的风潮;企业家的经济创新成为经济增长的驱动力,而创新能够鼓励和迫使企业内部在秩序与结构方面,汰旧纳新,促使旧的库存、观念、技术和设备被淘汰,而且在动态竞争过程中,企业家能够不断改造企业。当然,这种"创造性破坏"也意味着缩小经营规模,提高公司效率和活力,促使市场向更有效率的方向发展。

同时,熊彼特也并不认同新古典经济学的"完全竞争"假设,因为这意味着一个行业中的所有公司都生产相同的商品,以相同的价格出售商品,并获得相同的技术,其结果将不利于创新。所以,熊彼特为垄断辩护,强调一定程度的垄断优于完全竞争,如果试图保持持续的创新竞争,企业就需要一种"永远存在的威胁"(ever-present threat)。他以美国铝业公司为例,该类公司不断创新以保持其垄断地位,到1929年,其产品价格仅降到1890年水平的8.8%,但它的产量已从30吨激增到103400吨。这样,他的结论与马克思主义者正好相反,"创造性破坏"的存在,促使资本主义成为重要的经济制度。②

面对这些关于同一概念的双重解释,适度经济学有助于经济

---

① Joseph Schumpeter, *Capitalism, Socialism and Democracy* [1942] (New York: Routledge, 2006), pp. 81–86.
② Joseph Schumpeter, *The Concise Encyclopedia of Economics*, Library of Economics and Liberty (https://www.econlib.org/library/Enc/bios/Schumpeter.html).

学家寻找第三种平衡和适度的新解释。很显然,"左派"强调了"破坏",而"右派"则侧重于"创造",但两派都忽略了创造与破坏互为因果的互动与平衡关系。在此,适度经济学应该包含以下三个方面:

第一,制度和系统不能过度稳定。那些不思创新的制度、逆历史潮流而拒绝改变的制度,只能昙花一现。所以,适度破坏是制度再生与更新的动力,旧的制度安排有时会成为新的制度变迁的负资产和阻力。

第二,创新和变革不能过度。尽管西方文化崇尚变化与创造,但过度创新意味着资源的无谓耗竭和系统的持续疲劳,最后反而抑制了经济发展的活力和动力。而且,创新不能错失适宜的时空条件和人群,因为创新是一把双刃剑,既能促进经济增长,也有可能削弱价值和毁损道德,如果资本主义带来的只是"朱门酒肉臭,路有冻死骨",那么这样的"坏资本主义"最后还是难以持续,并有可能走向"垄断""腐败"和"垂死"。

第三,更重要的是,适度经济学认为,创造与破坏是一个良性循环的过程,创造导致破坏,但破坏又促进重生,形成创造、破坏、再创造、再破坏的持续演进过程。很显然,"危"与"机"相辅相成,"福"与"祸"相倚相伏,由此才能不断推动制度充满韧性、活力而又可持续地发展。这一理论帮助现代经济学家将动态市场机制与研发经济学相结合,提供了一种技术内生化的视角,成为宏观经济学中内生增长理论的一个核心要素。①

---

① 田国强:《高级微观经济学》,第161页。

需要指出的是,这种创造性破坏的机制,一方面能够为其他更新颖的技术、经济、制度和文化的出现创造条件,提供市场的"供给";另一方面,它们又能催生社会的"需求",尤其是,它的创造不只导致均衡的一次性破坏和毁灭,而是不断更新,永无止境,成为新经济和新文化的引领者、创造者和需求者。而且,这个过程是一个自我强化的过程,由此导致的结果并不是偶发性的破坏,而是持续性的、一浪催生一浪的破坏大潮。在整个经济中,这种破坏并行出现,在所有维度上同时发生,技术变化与文化、制度、行为类似,会内生而又不断地创造出更进一步的变化,从而使经济处于永远的变化之中。①

除了"创造性破坏"这一概念,对于"负反馈"的解释也是类似的。新古典经济学派强调正反馈、均衡和收益递减,而复杂经济学则主张负反馈、非均衡和收益递增。两者的观点针锋相对,非此即彼。对此,在适度经济学的研究框架下,经济学家就有必要,也有可能生成三种思路:一是正反馈与负反馈互相纠缠,难以分辨;二是它们的经济价值和效用,取决于特定的时空与人群,很难机械地分为正面与负面;三是它们存在各种正面组合的可能,既有可能促使均衡与收益递增达到一致,也有可能看到非均衡与收益递减发生关联。在一个均衡稳态的经济体中,理论上存在部分递增和部分递减重叠交叉的可能,而不是泾渭分明的正与负、增与减、均与不均。

类似同一概念的三重解释和思辨,在经济学领域比比皆是。

---

① W. Brian Arthur, *Complexity and the Economy* (New York: Oxford University Press, 2015), pp. 6-7.

比如，政府干预既可能是坏事，也可能是好事，更可能是一种中性作为；市场失灵也可能是坏事、好事和无害三种后果并存；同样，高利率、高增长率、高就业率、高通胀率、高工资等，都有可能出现三种不同的解释、理解和后果。

所以，如果不把"左、中、右"理解成一条线性的直线，而是正解为可以弯曲、折合的三角或圆圈，人类的思维范式就会出现质变。直线上的左、右两点一旦合拢，左右两端就可能出现惊人的相似，没有本质区别。而在一个不断转动的圆形或三角形的世界里，没有高中下之分，也没有左中右之别，每一点、每一角都有各自存在的价值，互相依赖，共同生存。对左右的反对，会导致左右走向两极，反左过度，可能变成极右，最后转到自己曾经极力反对的一极。这一点，斯密的"一只看不见的手"的比喻同样适用，即主观意愿与客观结果相反，这就是反适度的恶果。

总之，坚持三元思维和三角范式的指导，能够发现更多的符合适度经济学的研究课题，并有助于开拓经济学研究领域，完善经济学研究方法，提升经济学研究质量。

第七章　适度经济学研究方法

适度哲学所规定的适度经济学,决定了它的主观性、相对性和演化性。所以,适度经济学与制度经济学、行为经济学和文化经济学类似,很难使用数学建模去量化规定普适而又定量的适度标准。不过,这并不排斥适度经济学在定性研究的基础上,结合一定的图标和曲线、定量问卷、统计方法,以及定性与定量方法的适度组合与合成,对研究对象进行深度而具有创新意义的研究。

很显然,与适度哲学、三元理论相适应,适度经济学的研究方法需要推动传统两端的研究方法之间的组合与融合,并由此创立第三种比较中道和适度的研究方法。对此,阿瑟提出组合进化(combinatorial evolution)的概念,或者是通过组合而进化(evolution by combination)的方法。[①] 它与达尔文式的进化不同,因为达尔文

---

① W. Brian Arthur, *Complexity and the Economy* (New York: Oxford University Press, 2015), p. xvii.

进化论信奉的是,今天的发现来自昨天的基础和启发,今天的成就又为明天的创新提供条件,每一个技术进步都有历史路径和先辈足迹可循。而组合进化论认为,技术和方法的进步有时不是线性和纵向发展的,而是非线性和横向组合,尤其是在同一时代、同一空间的各种类型的技术的组合。①

必须看到,达尔文式进化是一种增量进化和创新,而组合进化则是一种存量的变化和改进,即利用现有的先进技术与方法,通过存量组合,创造一种新的方法,尤其是强调"重新组合",而不是"简单组合"。技术性的组合进化对适度经济学研究方法的启示是,一方面,创新的研究方法不一定必须提出一个史无前例的全新方法,这很难达到,因为前人已经几乎穷尽了所有新的方法;但另一方面,新方法是可以通过组合、嫁接、取舍现有和现存的研究方法,得以呈现或涌现的。这也是适度经济学三元理论的精髓之一:组合 A 与 B,形成 C,达到 1+1 大于 1,甚至大于 2 的效应。其实,适度经济学强调兼容并包,提倡各类进化应该同时并存,包括线性与非线性、定性与定量、演绎与归纳、文字与曲线、三维与跳跃等,它们之间的关系不是有你没我、你死我活,而是同时存在、互相影响、交互作用。

---

① 英文原文:"New technologies are constructed—put together—from technologies that already exist; these in turn offer themselves as building-block components for the creation of yet further new technologies. In this way technology (the collection of devices and methods available to society) builds itself out of itself. I call this mechanism of evolution by the creation of novel combinations and selection of those that work well combinatorial evolution." Arthur, *Complexity and the Economy*, p. 119.

第一节　定性和定量组合

基于这一组合进化的思路，首先需要对经济学研究最重要的定量和定性两大研究方法进行组合，为适度经济学研究提供有效工具。

一、扎根理论与混合方法

以定性研究为主的"扎根理论"（Grounded Theory），由美国学者格拉瑟（Barney G. Glaser）和施特劳斯（Anselm Strauss）在1967年提出，其中蕴含了不少适度经济学的元素，而且通过与另一个著名的研究方法——"混合方法"（mixed method）进行组合，有助于提出一个有效的新方法。

第一，扎根理论侧重于归纳法，而不是演绎法。但主流经济学大多信奉的是演绎法，乐于和长于提出"假设"。这种在具体研究尚未开始前提出的假设，存在三大风险：一是如果假设的大前提错了，将导致全部皆错，满盘皆输，只能推倒重来，而且事实证明，那些没有经过案例研究和证明的假设，出错概率很高；二是如果假设是建立在样本不足或者样本质量不高的基础上，学术意义也将受到限制，因为根据大数定律，样本越多，离差越小，而离差越小，精确率越高；三是如果大前提是"正确的废话"，那么下面的所有证明都可能是无聊的，类似于"人不喝水是要死的"这类常识性假设。作为对比，归纳法是从下往上的，研究者没有预先理论假设，先从实际观察、调查和经验着手,再从众多原始资料和数据中归纳结论和总结理论。

第二,扎根理论是一种定性为主、定量为辅的优化组合。首先,它将定量研究中的某些方法引入定性研究中,解决了定性研究的程序缺乏规范、可信度较差的通病;其次,在定性研究中引入定量方法,克服了定量研究深度不够、因果关系缺乏的问题。① 扎根理论比较包容,提倡定量与定性所得到的数据皆是互为补充的数据,也是必需的数据,②包括定性的访谈、文献,定量的问卷、实验、经济参数,当然还包括新近出现的大数据等。③

第三,扎根理论对访谈资料进行三级编码,借此增加随机访谈的科学性。其一是一级编码,或称开放式编码(open coding),主要是罗列所有收集到的概念。其二是二级编码,即所谓的关联式编码或轴心编码(axial coding),目的是发现和建立相同概念之间的有机联系。其三是三级编码,也就是核心式编码或选择式编码(selective coding),在所有类属中选择一个核心类属(core category),它需要满足几大要件:一是它在所有类属中占核心地位,于是必须大量使用比较的方法,通过比较,才能找到核心;二是在问卷中,需要找出关键词出现的频率,必须反复出现,而且稳定,如斯密的《道德情操论》,最核心类属不是"同情",而是"适度";三是核心类属与其他类属存在因果关系、相关关系、语义关系、相似关

---

① Barney G. Glaser and Anselm Strauss, *The Discovery of Grounded Theory: Strategies for Qualitative Research* [1967] (New York: Routledge, 2017), pp. 15-18.
② Glaser and Strauss, *The Discovery of Grounded Theory*, p. 18.
③ Marco Castellani, "Does Culture Matter for the Economic Performance of Countries? An Overview of the Literature?" *The Society for Policy Modeling* 41 (2019): 703.

系、差异关系、对等关系、功能关系等。①

除了三级编码,扎根理论还要求学者写下备忘录,类似于学术笔记,它是学者在访谈过程中,随时记录的心得体会、观察思考、疑问困惑,分为三种:一是访谈备忘录(operational notes),是对访谈内容的思考;二是编码备忘录(code notes),是对编码和概念的思考;三是理论备忘录(theoretical notes),是对概念、范畴和各种关系的思考和归纳。② 扎根理论被许多历史学家青睐,因为他们反对概念先行、理论先行,大多不相信"如果",但看重"结果"和"后果"。而且,扎根理论不主张用数学建模等"高端"的定量研究方法,所以,应该将"扎根理论"译成"接地理论",因为这一理论降低了研究经济学的数学门槛。

根据上述扎根理论的特点,需要运用"混合方法"予以适度组合。混合方法推崇先用半开放式的具有定性意义的访谈法,旨在设计合适而有效的问卷;其次是进行具有定量意义的问卷调查;最后,在问卷的基础上,随机选择一定比例的问卷递交者,再进行定性的访谈。③ 这种混合方法也可称为"三明治方法",因为它类似于三明治,比较精华的部分往往是"中间"的问卷定量部分,第一步和第三步的定性访谈,都是为第二步的定量问卷的启动和深化而服务的。

---

① Glaser and Strauss, *The Discovery of Grounded Theory*, pp. 185–222.
② Glaser and Strauss, *The Discovery of Grounded Theory*, pp. 185–222.
③ L. Sharp and J. Frechtling, "Overview of the Design Process for Mixed Method Evaluation." in L. Sharp & J. Frechtling eds., *User-Friendly Handbook for Mixed Method Evaluations*, 1997. (http://www.nsf.gov/pubs/1997/nsf97153/start.htm.)

对此,适度经济学研究方法可以考虑将混合方法的问卷部分,插入到扎根理论的三级编码阶段与三种备忘录阶段之间,将三级编码和三种备忘录视为三明治的上下两片面包,将混合方法的问卷方法视为三明治中间的"佳肴"。例如,一旦完成三级编码之后,需要实施问卷调查,旨在验证三级编码所确定的核心类属和核心概念是否合理与正确。然后,再去验证三种备忘录的信息是否有效,是否能够起到互补作用,促使问卷调查起到承上(三级编码)、启下(三级备忘录)的功能。通过这种"组合进化",演化出一种更有效的定量与定性相辅相成的研究方法。① 这种方法可以称为"适度定量定性组合法"(qualitatively quantitative method with propriety),类似于"定量/定性混合的扎根理论"(grounded theory with mixed quantitative and qualitative data)。②

更重要的是,扎根理论信奉所有信息都是数据,③所以,所有书面文献也是数据,也可以作为实证研究的补充。④ 也就是说,扎根理论是一个包容性很强的研究方法,既包括定性,也包括定量;既推崇实证(问卷、访谈和观察),也不排斥文献。将文献研究纳入扎根研究的最大优势是,文献研究可以比较容易地被复原和验证。例如,亚当·斯密在《国富论》中对市场的论述高达 623 次(类似于扎根理论所提倡的一级编码);经过分析归纳,可以将所提及的 623 次市场分成几大类(类似于二级编码),包括市场与价格、供需、竞

---

① Judith A. Holton and Isabelle Walsh, *Classic Grounded Theory: Applications with Qualitative & Quantitative Data* (Los Angeles: SAGE, 2017), pp. 272-281.
② Holton and Walsh, *Classic Grounded Theory*, pp. 180-181.
③ Holton and Walsh, *Classic Grounded Theory*, p. 92.
④ Holton and Walsh, *Classic Grounded Theory*, p. 62.

争、开放、资源和政府六大类;最后,在六大分类的基础上,找到市场的三大核心含义(三级编码),如自由竞争的价格、对等适度的政府与市场关系,以及劳力、土地、资本的自由流通和有效配置。面对这种分类,所有学者都可以通过研读同一本文献,对市场的定义进行验证和反复验证。①

其实,这类文献验证有时比访谈验证更加精确、客观、可靠,因为访谈的结论难以被重复验证,当事人的实时观点具有鲜明的时空特点,今天是,明天有可能不是,此地的好,也可能在彼地变成了坏,而且一旦调查者再度去确认当事人曾经的观点,当事人也许就会否认或不确定。另外,一位学者所收集的数百人的原始访谈资料,也很难在技术操作层面被所有其他中外学者进行客观和全面的验证。总之,扎根理论为许多文史哲学者提供了一种新的研究工具,既可以进行"实证扎根理论"研究,也可以尝试"文献扎根理论"研究,并将实证与文献进行有机的组合,帮助不同学者根据不同研究主题的需要,将各种研究方法进行适度组合与适度取舍。

除此之外,方兴未艾的数字人文学(Digital Humanities)和空间人文学(Spatial Humanities)也符合适度经济学的研究方法。比如笔者自2010年以来主持的"中国宗教场所空间研究"项目,先通过大数据等各种定量研究的科学手段,收集自1911年以来中国五大宗教(佛教、道教、基督教、伊斯兰教和天主教)的寺、庙、观、堂等变迁情况,并进行数据确认、合成、纠错、处理与分析;再根据数字人文学的整理结果,运用地理信息系统(GIS)的科学方法,将数据进

---

① 洪朝辉:《文献还原亚当·斯密的"市场"真意》,《南国学术》2022年第1期,第5页。

行可视化处理,对中国宗教场所的相关问题进行分析。这是传统的统计方法难以解决的,因为我们是要精确计算所有信徒从自己的住所出发,平均需要多长时间和多少距离,才能到达最近的一个宗教场所。

但是,这种数字和空间等定量研究方法存在严重的误差,因为学者无法精确和及时地了解最新寺、庙、观、堂的增减。例如,我们从大数据上得到的杭州基督教"三自"教堂的经度和纬度大多出现偏差,所以,我们需要亲临现场,用手机准确定位每个教堂的位置;同时,必须亲临现场观察每个教堂的实际参加人数,实地感受教堂的真实状况;而且,必须当面随机询问教徒们从住家到教堂的时间和距离,作为数字化和空间化研究的有力补充。显然,数字研究和定量研究没法完全取代定性的现场访问、参与和观察。所以,为了更精确地从事宗教经济学或教堂经济学的研究,比较前卫的数字和空间研究很重要,但传统的定性和实证研究永远不会过时,类似于一场"战争"中,只靠"空军"(网络)的精确打击是不够的,必须依靠"地面部队"(实地调查),才能最后解决和结束"战争"。所以,适度经济学研究方法就是提倡定量、定性与混合方法的组合,数字、空间与田野调查的互补。

二、三大实验方法

实验方法是组合与突破定性与定量方法的另一种尝试。早在2000年,西蒙在预测未来行为经济学所需要的发展方向之时,就提到需要探索新的研究工具,包括观察现象、发现理论、验证理论,以及对付不确定性的工具,他特别提到实验经济学(Experimental Economics)和实验博弈理论(Experimental Game Theory)对行为经济学的贡献。① 对此,我们有必要探讨具有"组合进化"特征的适度实验方法,将现场实验、计算机实验与生理实验这三种实验方法,进行适度组合。

第一是现场实验。传统上,研究人的心理与行为的方法主要是通过观察、访谈和问卷调查等手段,但现在可以通过现场的脑神经实验,发现人的行为与心理在大脑上发生的变化,并直接得到可视证据,包括人的同情心、利他心、慷慨心、怜悯心等。很显然,文化、道德需要通过适度的行为来表现,但适度的行为与适度的心理相连,而适度的心理则与大脑密切相关。于是,有关脑神经的生理实验方法,就成为支持和深化适度经济学研究的重要方法和手段。

例如,根据德国脑神经科学家辛格的发现,每一个人脑都存在"同情共感"的神经元网络,而通过类似于佛教的正念修行的实验,能够有效提升人的同情心和怜悯心。所以,通过训练人的大脑,有可能使自利本性得到改造,利他心得到提升。这类东方式的静坐与西方式的脑神经研究的结合,正在使人类的行为发生革命性改变,帮助人类不再孤独、冷漠,而是推己及人,将心比心,发扬恕道,由此也将可能改变经济学研究的方法与模型。但是,这类研究也揭示了三种负面的后果:1)对人的洗脑不仅可能,而且有效;2)实验能够将坏人变好,也有可能将好人变坏;3)如果不持续打坐、练习,将出现报复性反弹,犹如人的减肥努力一旦停止,体重有可能

---

① Rachel Crosona and Simon Gächterb, "The Science of Experimental Economics," *Journal of Economic Behavior & Organization* 73 (2010): 122−131.

再度快速增加一样。

这种现场实验也在群体游戏中普遍使用。例如,格莱瑟(Edward Glaeser)等人的研究对此做出了很大贡献。他们为了测试人与人之间的信任指数,要求258个哈佛学生参加问卷调查,并组织196位本科生一起玩两个关于信任的游戏。① 这种实验性的群体游戏,可以作为问卷、访谈和脑神经实验的重要补充。2019年三位诺贝尔经济学奖获得者班纳吉(Abhijit Banerjee)、杜夫洛(Esther Duflo)和克雷默(Michael Kremer)的最大贡献,不是他们反贫困理论的创新,而是他们独特、有效的实验方法。②

类似地,学者还可以通过现场实验去发现血缘、地缘、亲缘等要素对人的信任指数的不同影响,是同胞、同乡、同学、同事之间更容易产生信任,还是相似的宗教信仰和共同的战场经历更容易建立彼此间的信任?另外,通过实验还有助于了解研究对象的价值取向,包括他们对中道和适度观念的认同程度;也可以通过实验,找到文化与生产效率之间的关系,如测试"感情投资"对生产积极性的作用,如果老板多多出资买鲜花给员工生病的家人,或者出资买蛋糕给生日的员工,是否比增加工资奖金更有助于提升员工的生产积极性,增加产出?这应该属于前述"关爱经济学"的范畴。当然,这类实验方法的代价很大,需要对同一个人做连续性实验,还需要对不同人做比较性实验。

---

① Edward Glaeser, David Laibson, Jose Scheinkman, and Christine Soutter, "Measuring Trust," *Quarterly Journal of Economics* 115 (2000): 810-846.
② The Royal Swedish Academy of Sciences, "Press Release: The Prize in Economic Sciences 2019," October 14, 2019 (https://www.nobelprize.org/prizes/economic-sciences/2019/press-release/).

第二类实验方法是计算机实验，它首先在博弈论领域被经济学家大量使用。如美国科学家阿克塞尔罗德（Robert Axelrod）自1970年代开始，通过一系列计算机模拟、人机对抗等科学实验证明：在连续和重复博弈中胜算最大的要素是善良、宽容和合作。这种合作在短期博弈中，也许会吃亏，但长期则可能得利，他们也许会输掉一场短暂的战役，但有可能赢得一次长期的战争。这就是著名的"针锋相对"（tit-for-tat）战术的特点。基本行为准则是在第一回合，不管对手是谁，都会默认选择合作。之后，每一回合的行动则取决于对手上一回合的表现，对手背叛，我背叛；对手合作，我合作。但在经历多次负面对抗后，也可能主动打破僵局，原谅对方的欺骗，启动新一轮的互相合作。这犹如一个老实人的策略，初次见面，就选择信任对方，只有被骗，才会报复，但也可以主动原谅对方，随时重启合作。在概率上，这种"老实人"最后在连续博弈游戏中，会遥遥领先。结论是善良比狡猾有效，宽容比复仇更有机会获胜。但是，这样的实验难以应付不按牌理出牌、习惯短期投机行为的"流氓"，因为他们往往乱出牌、非理性出牌，在混战中，将对手打败，导致君子往往输给流氓、劣币经常驱逐良币的现象。[1]

同时，复杂经济学创始人阿瑟在他的一系列著作和文章中，也展示了计算机实验的可行性和有效性。他使用了诸如非线性动力学（nonlinear dynamics）、非线性随机过程（nonlinear stochastic processes）、基于主体的计算（agent-based computation），以及更一般

---

[1] Robert Axelrod and W. D. Hamilton, "The Evolution of Cooperation," *Science* 211 (1981): 1390–1396.

的计算理论(computational theory),但他排斥数学方法。① 2005年,阿瑟与波拉克(Wolfgang Polak)设计了一个用来检验"组合进化"的计算机算法(computer algorithm),他们从一组原始逻辑电路(primitive logic circuits)开始,让它们随机组合成其他更复杂的逻辑电路。在实验中,他们发现,随着时间的推移,这种连续集成(integration)获得成功。他们的实验令人信服地证明,通过创建多个简单的技术,是可以重新组合进化出复杂的技术的,这与生物学的原理吻合:复杂的技术建立在较简单的技术之上,而较简单的技术所起到的进化功能犹如一块"垫脚石"。这其实与适度经济学所推崇的归纳法一致,先案例后结论,先微观后宏观。复杂经济学的实验已经证明了组合进化形式的强大效用。②

第三类实验就是更为复杂的生理实验,它也许能够弥补数学建模、现场实验和计算机实验的不足。例如,扎克曾发表一系列文章,对生理实验做出了重大贡献。扎克的研究方法所得出的结论极其惊人:一是道德情操是真实的、可计量的、有意义的;③二是人的信任指数可以进行生理性的调控。④ 他认为:"为了证明催产素影响人的信任行为,我们将催产素滴鼻式地注入人的大脑,发现实验者的信任系数增加一倍以上,使他们对陌生人增加信任,捐献

---

① Arthur, *Complexity and the Economy*, pp. ix-x.
② Arthur, *Complexity and the Economy*, p. 120; W. Brian Arthur and Wolfgang Polak, "The Evolution of Technology Within a Simple Computer Model," *Complexity* 5 (2006): 23-31.
③ Paul Zak, "The Physiology of Moral Sentiments," *Journal of Economic Behavior & Organization* 77 (2011): 63.
④ Paul Zak, "The Physiology of Moral Sentiments," p. 54.

金钱"。①

辛格、格莱瑟、扎克、阿克塞尔罗德和阿瑟等人所从事的三种不同的实验方法,存在一个共同的特点:尽管他们的方法大多是计量的,但他们一般不使用数学建模的方法,而是使用打坐、脑电图、滴鼻式、计算机和统计学等方法。笔者对计算机、生理学和医学知识有限,所以难以提出具体的将三种实验方法进行组合,发现一种更进化、更优化的适度经济学的研究方法,但这种可能的重新组合,至少给出了三点方法论上的启示。

其一,不能轻视、忽视甚至无视简单的研究方法,它们有可能成为组合进化的一块宝贵的"垫脚石"。如何将经济学所固有的由本质到现象、由假设性结论到实证性验证、由内到外的方法,与历史学或生物学的由现象到本质、由实证到结论、由外到内的方法进行组合,这是发现新的方法论进化与创新的焦点和契机。② 例如,历史学研究追捧"剥笋"式的方法,从外到内,层层剥离,最后接近本质和核心。而且,这些寻找"垫脚石"式的"小"方法,类似于扎根理论,能够催生"小理论"(little theory),为"大理论"(big theory)的诞生提供条件。③

应该说,经济学比较符合西方科学的四大基石:秩序、数学、均衡、可预测;但生物学和历史学大都背离这四大基石。首先,历史

---

① Paul Zak, "The Physiology of Moral Sentiments, " p. 58.
② 汪丁丁:《理解"涌现秩序"》,推荐序一,参见[美]布莱恩·阿瑟著,贾拥民译:《复杂经济学》,杭州:浙江人民出版社,2018 年,第 vi—vii 页。
③ Scott Schneberger, Hugh Watson and Carol Pollard, "The Efficacy of 'Little t' Theories, " *IEEE Proceedings of the 40th Hawaii International Conference on System Sciences*, 2007, 1.

学与生物学类似,尽管开放,但缺乏秩序,尤其是历史或者经济史,经常在无序、失序、乱序中进行"创造性的毁灭";其次,生物学和历史学一般不相信高等数学,也很难用数学方程和模型进行表达,很多经济史专家,如诺斯和福格尔,尽管他们也使用了一些基本的统计学方法,但很少使用微积分等高等数学的模型;再次,历史学与生物学类似,它们的演化一般很难预测,尤其是许多历史事件存在偶然性、突发性、人为性,犹如蝴蝶效应;[1]最后,均衡是生物学和历史学中的"黑天鹅"现象,尽管存在,但很少发生,因为生物进化过程非常不均衡,历史发展也是左右摇摆,犹如"钟摆效应",[2]它们都很难认同新古典学派所信奉的供需价格均衡之类的"奇迹",更难对价格的变动实行精确计量和静态的控制。[3]

尤其是,上述四大经济学基石主要属于古典和新古典经济学的原则,也是农业社会和工业社会的基本产物与体现。但是进入信息社会,牛顿的机械论模式与达尔文的进化理论,正在经受量子力学、人工智能、互联网、元宇宙和 Web3.0 的剧烈挑战,今日的经济学主流也必须面对复杂、不确定和非均衡现象的质疑。于是,制度经济学、行为经济学、文化经济学和复杂经济学,甚至适度经济学等新兴经济学科,应运而生。加上 2020 年以来发生的新冠疫情等大灾大难,主流经济学的范式、方法、手段,亟须重大变革。

其二,单向、单维的实验方法是不够的,需要多种实验方法的

---

[1] Z. Hong and Y. Sun, "The Butterfly Effect and the Making of 'Ping-Pong Diplomacy'," *Journal of Contemporary China* 9 (2000): 429–430.
[2] 洪朝辉:《美中社会异象透视》,纽约:博登书屋,2021 年,第 31 页。
[3] 汪丁丁:《理解涌现秩序》,第 v—vi 页。

组合与综合,才能发现它们之间的互补和互动效应。例如,阿瑟团队不仅使用概率和计算机工具,还提出"涌现秩序"(emerging orders)的概念,它是指当一个系统内部的个体通过局部的相互作用形成一个整体时,一些新的属性就会在系统层面出现。也就是说,在一个分析框架里(定量或定性、宏观与微观、演绎与归纳),如果它们出现随机组合,有可能产生"涌现"现象,出现新的属性、规律和范式。① 还有学者提出"系统积木块"(system building blocks)概念,它是指复杂系统往往由一些简单的元素通过不断改变组合方式而形成,类似于魔方的组合游戏。系统的复杂性不在于积木的多少、大小,而在于积木由谁来组合、何时何地来组合,尤其是如何进行重新组合。②

其三,实验方法的组合程度与方式需要适度。多种实验和方法的组合并不是越多越好、越大越有效,因为太多或太大的组合,有可能导致系统的混乱和紊乱。所以,组合必须根据特定主题、特定时空、特定数据和特定研究人员的需求与限制条件,用适度组合、适度叠加、适度操作的原则来指导组合的方式和内容。不然的话,很可能导致1+1小于1的负面效应,彻底破坏了方法组合的原始目的和目标。

---

① Arthur, *Complexity and the Economy*, p. xiv.
② 刘春成、侯汉坡:《城市的崛起——城市系统学与中国城市化》,北京:中央文献出版社,2012年,第120—121页。

三、文化价值与指数研究

文化价值的指数研究也是对定性和定量研究的一种适度组合,因为一方面,文化价值(如幸福、信仰和信任等)是一种非常定性而难以被定量的主题,但另一方面,对这些定性的文化价值观念进行指数研究,就为指数化、计量化价值观的研究指定了一个新的方向。尤其是,将它们进行创造性和进化式的组合,也是适度经济学研究方法的一大内容。

文化价值的指数研究,首先需要由文化学方面的学者对相关的价值进行精确的定义,科学界定其中的内涵与外延。然后,需要使用一系列的研究工具,包括实验、统计、计算机、问卷、面谈、观察、文献等,围绕着价值的定义,展开指数化收集、分析和归纳。最后,还需要再经过文化价值的定性研究,进行再确认和过滤,在逻辑、语义、文献方面达到耦合与一致。这也是一种混合研究或"三明治"式的研究方法。

例如,自 1970 年以来,幸福指数研究的出现,打开了文化价值研究指数化的通道。1970 年,不丹国王首先提出国民幸福总值(Gross National Happiness,GNH)的概念,后来被发展成国民幸福指数(National Happiness Index,NHI)。GNH 这一指标体系包括九大类主题:心理健康(psychological wellbeing)、健康、教育、时间使用、文化多元与复原(cultural diversity and resilience)、良好治理、社区活力(community vitality)、生态多样性和复原力(ecological diversity and resilience)和生活水平。①

另外,美国心理学家卡尼曼等学者从 2004 年起,开始编制国民幸福指数,1018 个受访者回答了有关人口统计和总体满意度的问题,并被要求制作前一天的简短日记,将一天想象成一系列场景或情节,并给每个情节起一个简短的名字,包括上班和吃饭,还要写下每个情节持续的时间、具体内容、具体地点、与谁互动,以及自己的感受。另外,还要回答有关工作和个人信息的问题。最后,用加权平均法来计算各自的幸福指数。②

以幸福指数研究为先导,已经打开了一片文化价值指数研究的天地,经济学和管理学越来越重视信任指数的研究,同时,有关信仰指数、忠诚指数、宽容指数、慷慨指数等研究,已经日益流行,将定性与定量研究实现了有机组合。

第二节 归纳法、演绎法、溯因法的融合

除了将定性与定量研究方法适度组合,适度经济学也非常重视归纳、演绎和溯因方法的适度组合。

---

① Karma Ura, Sabina Alkire, Tshoki Zangmo and Karma Wangdi, *A Short Guide to Gross National Happiness Index* (Thimphu, Bhutan: The Centre for Bhutan Studies, 2012), pp. 4–12;李刚、王斌、刘筱慧:《国民幸福指数测算方法研究》,《东北大学学报(社会科学版)》2015 年第 4 期,第 376—383 页。

② Daniel Kahneman, Alan B. Krueger, David A. Schkade, Norbert Schwarz and Arthur A. Stone, "A Survey Method for Characterizing Daily Life Experience: The Day Reconstruction Method," *Science* 306(2004): 1777.

一、演绎法的缺陷

很显然,在古典和新古典经济学派的努力之下,演绎法(deductive method)早已成为主流经济学最重要的研究方法和认知方法之一。但是使用演绎法的一大逻辑是需要引入假设,正如阿瑟所指出的,这类假设犹如预先设置了"一个非常有力的过滤器",或者类似于一个"紧箍咒",导致学者对客观事物的观察难免有先入之见。正因为已经有了先入为主的成见,所以就有可能限制我们纠错和纠偏的有效能力,也压缩了暂时性现象的存在空间,这样就会减少我们探索和创新的可能。①

同时,阿瑟认为,经济的选择行为常常在未知、半知或误知的情况下做出,所以经济主体在绝大多数情况下根本无法估计概率分布。但就是在这种信息不完全、根本不确定的不利状态下,行为主体往往贸然行动或被迫行动。这样,他们的行为就像一场赌博,很难执行所谓的"最优"行动。尤其是,经济游戏的参与者不止一人,其他主体也在广泛参与,于是,不确定性自然加倍增加。这样,经济主体就需要首先形成自己的最佳主观信念,然后需要形成有关主观信念的主观信念,而且,其他行为主体也必须这样做。这样,不确定性带来了更进一步的不确定性。所以,纯粹的演绎理性,"不仅是一个糟糕的假设,而且它本身根本就不可能存在"。②

所以,先假设,后求证,再做出结论的演绎法,出错的概率不

---

① Arthur, *Complexity and the Economy*, p. 4.
② Arthur, *Complexity and the Economy*, pp. 5–6.

小,而且比较容易片面和冒失。

二、归纳法的优势

作为对比,归纳法(inductive method)是从个别模式、具体案例出发,通过尝试性归纳,建立一个特殊模式,再进行探索性归纳,形成普遍模式。

阿瑟提出的"爱尔法鲁酒吧"问题(El Farol Bar Problem),就证明了归纳理性的重要。它假定希望去酒吧的消费者为100人,为了避免拥挤,这100人假定,如果在酒吧人数60人以下时去酒吧,那就是最佳状况。于是,先假设100人采用演绎法,他们多数会假定周末人多、非周末人少,结果,多数人会选择在非周末去酒吧,最后导致周末实际到酒吧的人反而较少,由此将证伪演绎推理的模型。但如果使用归纳法推理,促使所有行为主体的各种假设都在它们自己创造的"生态"中相互竞争,先通过实地考察,后不断调整访问酒吧时间,逐渐由具体到抽象,最后总结出最佳、最不拥挤的时间,享用酒吧。结果,平均到场人数很快就会收敛到"适度"状态,即达到40—60人之间的出席率。这样,系统就恢复到难得的适度水平,40%—60%成了"天然"组合,①使得酒吧既不拥挤,也不冷清。

基于此,阿瑟提倡理性归纳的方法,强调行为主体需要根据具体的时空,不断、及时、持续地对自己的行动和策略进行调整、舍弃

---

① W. Brian Arthur, "Complexity and the Economy," *Science* 284 (1999): 108.

和替换,利用归纳法不断前行。这种行为主体的探索、学习及适应,将促使经济永远处于破坏性运动之中,①类似于熊彼特的"创造性破坏"理论所主张的,"经济体系中存在着一种力量,这种力量能够破坏任何可能达至的均衡",而这种力量正是来源于"生产方式的新组合",②促使经济发展的动能充满生机与创新。

借此机会,阿瑟也顺便强调了归纳法与数学的关系。他认为归纳法体现的是一种动态的过程和理论,而不是一种静态的数学,所以,数学并不一定是经济学研究的必要工具和充分条件。经济学理论是以形成和变化为主题,所以也是程序性的。例如:"生物学理论是理论,但不是以数学形式表达的理论;它是以过程为基础的,而不是以数量为基础的。总之,生物学理论是程序性的。"③一旦具有程序性、演化性和历史性的特征,经济学就有可能分享与生物学和历史学一样的优势,为归纳法的应用提供机会。

三、溯因法的效用

面对归纳法与演绎法的两极对立,"溯因法"(abductive method)提供了第三种选择。它是由美国哲学家皮尔斯(Charles

---

① Arthur, *Complexity and the Economy*, p. 6.
② J. A. Schumpeter, *The Theory of Economic Development* [1912] (London: Oxford University Press, 1961). 转引自 Arthur, *Complexity and the Economy*, p. 6.
③ Arthur, *Complexity and the Economy*, p. 21.

Peirce,1839—1914)于19世纪末提出的,[1]并得到经济学家西蒙的追捧。[2] 溯因法是一种根据现象来推测现象产生的原因之方法,顾名思义,就是"追溯原因的方法"。类似于刑事侦破所使用的推理法,既注重过去的经验数据,更需要对现场进行细致调查和观察。所以,这种由观察现象、推测原因所形成的溯因法,与演绎法和归纳法相比,至少存在四大特点。

第一,追溯性。溯因法是一种前后方向的追溯,而不是自上而下的演绎,也不是自下而上的归纳。溯因法是一种按照现象的特征,由后(已经发生的现象)往前(追溯前因)地进行历史性的"逆推",而不是由原因到结果的"顺推",旨在发现已经出现的现象之原因。这是一种现象学范畴的研究方法,有助于经济学家对经济现象进行经济解释。[3]

第二,创造性。由现象去发现原因和机理的方法,具有猜测和想象的成分,使得溯因法具有一定的灵活性、应变性和权衡性。尽管溯因法也讲逻辑,但受逻辑规则的约束较少,这就有助于发挥经济学家的创造性和想象力,类似于"一只看不见的手"一样的想象与比喻,推动由浅入深、由表及里、由后溯前的研究进路。这样,溯因法所得出的结论就比较具有猜测性。[4] 有时候,许多经济史上的

---

[1] Charles Peirce, *Reasoning and the Logic of Things* [1898], K. Ketner, ed. Lecture 1-Lecture 8 (Cambridge, MA: Harvard University Press, 1992), pp. 105-242.
[2] H. Simon, *Models of Discovery* (Dordrecht: Reidel, 1977), p. 286.
[3] Ramzi Mabsout, "Abduction and Economics: The Contributions of Charles Peirce and Herbert Simon," *Journal of Economic Methodology*, April (2015): 21.
[4] Norwood Hanson, *Patterns of Discovery* (Cambridge: Cambridge University Press, 1958), pp. 70-92.

现象很难直接观察,如 18 世纪北美殖民地时期的烟草贸易等,而且也很难进行直接的实证描述和田野调查。于是,经济学家就需要大胆地、创造性地基于数据和文献,予以猜测、想象和推理。① 很显然,没有创造性思维的参与,就不可能洞察现象背后所潜藏的奥秘与真相。仅靠定量的数据一般只能解释"其然",但难以解释"所以然"。

第三,试错性。基于经济现象出现的原因错综复杂,既有单一原因,也有合力作用,更存在暂时不明的因素,所以,对现象的解释必须进行多次尝试,经历失败、追溯、再失败、再追溯的过程,直至得出可能的比较清晰和相对全面的结论。"盲人摸象"是一种典型的以偏概全、简单片面、主观武断的"追溯法",所得出的原因分析很可能误导社会大众,贻害无穷。比如,对于如何追溯美国内战前南方部分奴隶寿命比北方部分自由劳工寿命更长的原因,就需要全面、深入、审慎的研究,不能仅仅通过似乎"科学"却片面的方法,就得出奴隶比劳工幸福的结论,更不能就此开创一门人体测量学(anthropometry),按照奴隶的年龄和性别,采用一些人体生理特征,包括身高、体重、腰围、女性经期等数据,来衡量"生物性的生活标准"(biological living standard),并以此来研究所有人的幸福指数,将它泛化为一种普适的研究方法。② 因为,有人长命,并不意味着

---

① Ramzi Mabsout, "Abduction and Economics: The Contributions of Charles Peirce and Herbert Simon," *Journal of Economic Methodology*, April (2015): 22-23.
② Robert Fogel and Stanley Engerman, *Time on the Cross: The Economics of American Negro Slavery* (New York: W.W. Norton & Company, 1974), pp. 191-257; Robert Fogel, *Without Consent or Contact: The Rise and Fall of American Slavery* (New York: W. W. Norton & Company, 1989), pp. 60-80.

他很幸福;而有人很幸福,也并不因为他活得久。所以,为了防止这种片面的原因追溯,需要使用溯因法的多元探测,比较不同层次、不同时段、不同人群、不同主题的特点,进行不断、持续地试错,逐渐逼近真实的历史和历史的真实。

第四,随机性。运用溯因法所推测的结果,并不意味着结论的必然性与绝对性,而只是一种相对正确的概率性、随机性、或然性。很显然,经济学不是数学,因为人的经济行为和社会的经济运行,是不可能绝对化地予以计算的,也不是类似于 1+1=2 那样,属于放之四海而皆准的科学。适度经济学的要素规定,经济学家只能推测某种经济现象出现的大致原因和部分原因,或者预测某种现象出现的概率有多大,但不可能得到唯一、绝对、全部的结论,即使高明的医生也只能推测疾病产生的大致原因。所以,溯因法所得出的结论有可能是建立在不确定或怀疑的基础之上的,于是,任何承认经济运行存在不确定性的学者,都值得运用溯因法。① 而且,这种方法经常使用"最佳可用"(best available)、"很可能"(most likely)等比较谦虚和低调的语言,来表达"推断到的最好的解释",以及一种随机与或然的研究结果。② 但必须谨慎使用规律、一致、绝对和确定这一类的语言,毕竟,满而又满的定论风险很高,严肃和严谨的学者还是要多多爱惜自己的学术羽毛。

必须指出,任何的因果联系都存在其固有的复杂性、多元性和变动性,包括一果多因、一因多果、多因多果、互为因果,以及因果

---

① Mabsout, "Abduction and Economics," pp. 18–20.
② Elliott Sober, *Core Questions in Philosophy: A Text with Readings* (Boston: Pearson Education, 2012), p. 28.

纠缠,即既是原因又是结果等多种可能。① 所以,经济学研究不能拘泥和局限于单一的研究方法。而且,大数据、人工智能、元宇宙等新兴科技的兴起,为学者更全面、更精确地使用数据与方法,提供了新的条件。②

四、适度组合的可能

鉴于没有哪一种方法是万能的事实,经济学家就需要将不同的研究方法进行适度组合,并根据不同的主题,变换不同的研究方法。

需要强调的是,适度经济学和复杂经济学不同于新古典经济学,因为前者反对完全排斥演绎或者归纳的方法。其实,任何方法都有它存在的理由。例如,归纳与演绎方法的本质在于如何对待经验与理论、具体与抽象的优先顺序,而这两种思考方法并不完全对立,因为两者的关联类似于一个频谱(spectrum),一端是"窄"的"准确性"(理论、结论),另一端是"宽"的"启发性"(经验、历史案例、实践)。③ 关键是在这两元中找到连接,形成一种归纳中有演绎、演绎中有归纳的新认知,成为解释和研究适度经济学的第三种方法,也就是需要在一元、二元和多元中,寻找三元。

---

① 贾根良:《溯因法和回溯法:演化经济学的科学创造方法》,《演化与创新经济学评论》2014年第1辑,第84—94页。
② Judea Pearl and Dana Mackenzie, *The Book of Why: The New Science of Cause and Effect* (New York: Basic Books, 2018), pp. 349-370.
③ Arthur, *Complexity and the Economy*, p. 166.

传统的观点认为,经济应该是一个客体,主体的民众可以对客体的经济进行机械、静态的处理。但是,这个经济客体本身,就是从经济主体的主观信念中"涌现"出来的,由此构成了微观经济,成为经济运行的DNA。这样,经济主体与经济客体其实不是截然分离的二元对立,而是"共同进化、生成、衰亡、变化、相互加强或相互否定",最后,经济主体与客体形成了你中有我、我中有你的状态,主客体难以分离,它们只是模糊叠加与纠缠,尤其是,主客体之间常常互相替代、难分边界。因此,对于经济运行所表现出来的轨迹,有时不是有序,而是有机,"在所有层次上,它都包含着不确定性。它涌现于主观性,并将回到主观性上"。[1]

这样,为了组合演绎、归纳、溯因三种思考方式,需要利用适度经济学所揭示的三角范式和三元理论,遵循非线性的原则,将三种方法在同一个问题上循环使用,不断地从下往上地归纳,从上往下地演绎,以及从后往前地溯因。更重要的是,可以尝试将经济行为和经济政策进行"从中到上"和"从中到下",也可以"从下到中""从上到中",甚至可以"从后到前""从前到后"地重复追溯,进行动态的、循环不断的验证,提高可验证性、重复性、可信性,目的是更好地寻找适度的区间。

例如,为了研究大兴安岭的森林状况,既可以使用归纳法:从具体、个别的树木,再到整片森林的研究;也可以使用演绎法:从森林全貌到具体树木;但也可以利用"从中往上"的方法:将森林按照树种,分成10大类树群,先研究每类树群的特点,再向上勾画整体

---

[1] Arthur, *Complexity and the Economy*, p. 181.

森林的概貌；更可以是"从中往下"的方法：从某个树群出发，向下收集同类树群的具体树木的特征，最后来描绘树群和整个森林的精确面貌，这也可称作"抓中间、带两头"，或者是"中间开花，上下互动""以中间为纲，纲举目张"的研究方法，对树林、树群和树木三者的关系，进行更为全面和科学的论证。

又如，为了研究纽约市政府这个"中观"主体在抗击新冠疫情期间的表现，首先，需要使用"从下到中"的方法，分析纽约个别市民和城镇（微观）对纽约市政府（中观）的看法；其次是"从上到中"的方法，讨论美国联邦政府和全国舆论（宏观）是如何评价纽约市政府的表现的；再次是"从中到中"的横向方法，分析美国其他大型都市（如洛杉矶、芝加哥和费城）是如何评价纽约市的表现的。也可以结合"从上到下""从下到上"的方法，来印证前述三种从"中观"出发的研究结论是否可信与可靠。更可以运用溯因法，解释疫情前期、中期、后期，纽约防治新冠从差到好，再从好到差的市政府方面的原因，并追溯政府失职所导致的后果，将原因与后果进行循环比对。

所以，学者需要尝试不同的研究方法，取长补短，防止单一方法的局限，更加全面、准确、科学、持久地创新研究方法，推出更多、更新、更完善的研究成果。

第三节　西方经济学曲线的适度内涵[①]

尽管适度哲学的主观性、动态性和相对性,决定了适度经济学难以被定量研究和进行数学建模,但是,适度经济学的许多原理是可以被曲线描述的。自从19世纪末新古典经济学创立以来,众多经济学家自觉不自觉地试图对经济学的适度思想进行曲线解释,旨在对适度思想和概念进行图标展现。

一、拉弗曲线(Laffer Curve)

首先,拉弗曲线为适度和中道思路提供了模型。[②] 1974年,拉弗(Arthur Laffer)在餐桌上提出了拉弗曲线,对税率与政府税收的关系进行描述。它假设了两个极端:一个是极端过度,即政府征收100%的税,那么,人们的劳动成果全部被政府以税收的形式充公,于是没人愿意工作,生产活动则全部停止,这样,政府的税收就可能归零,这是属于"杀鸡取卵",甚至是"鸡飞蛋打"的零和游戏。另一个是极端不及,即政府征税税率是0,这样,企业的产量和商人的利润一定最大化,但依靠纳税人而生存的政府、军队和警察,也就不可能存在,经济将处于无政府的混乱状态,盗贼一定横行,企业

[①] 洪朝辉:《适度经济学思想的跨学科演化》,《南国学术》2020年第3期,第407—408页。
[②] Jude Wanniski, "Taxes, Revenue, & the 'Laffer Curve'," *The Republic Interests* 50 (1978): 4.

安定与企业业主的人身安全也无法保证,出现另一种形式的同归于尽。①

所以,拉弗曲线就给出了一个由 C/D/E 所设定的区间,最佳的中点是 E,作为决定税率的最佳范围(见图 7-1)。其结论就是,税收不能太低,更不能太高,中道、适度方为王道,蕴涵着"养鸡下蛋""蓄水养鱼"的道理。尽管拉弗的本意是倾向于共和党人的减税政策,但他的曲线所体现的经济学思想,似乎将亚里士多德和斯密的适度概念曲线化、计量化,它给出了过度与不及的计量节点和界点,这也是定性研究与定量研究结合的典范。

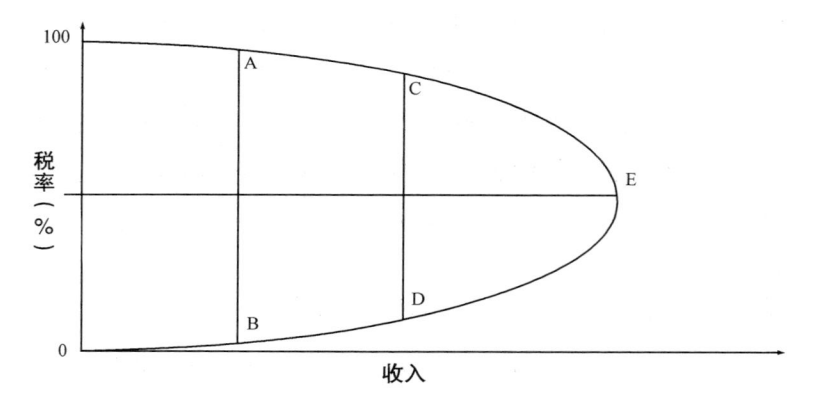

图 7-1　拉弗曲线

---

① Arthur Laffer, Stephen Moore & Peter Tanous, *The End of Prosperity: How Higher Taxes Will Doom the Economy—If We Let It Happen* (New York: Threshold Editions, 2008), pp. 29–42.

二、菲利普斯曲线(Phillips Curve)

菲利普斯曲线是关于通货膨胀率与失业率关系的曲线,[1]也体现了适度的经济学原则。1958 年,根据英国 1861—1957 年间失业率和货币工资变动率的实证资料,菲利普斯(A. W. Phillips,1914—1975)提出了一条著名的曲线,旨在解释失业率和货币工资变动率之间的交替关系,试图证明通货膨胀率与失业率的反比关系,也就是说,失业率越低,通货膨胀率越高;反之,失业率越高,通货膨胀率越低。菲利普斯曲线的政策效应在于,政府可以用较高的失业率来换取较低的通货膨胀率,也可以用较高的通货膨胀率来换取较低的失业率,但鱼与熊掌不可兼得;最佳区间在 A 和 B 之间,而 A 与 B 区间正好是适度的选择(见图 7-2)。所以,菲利普斯曲线

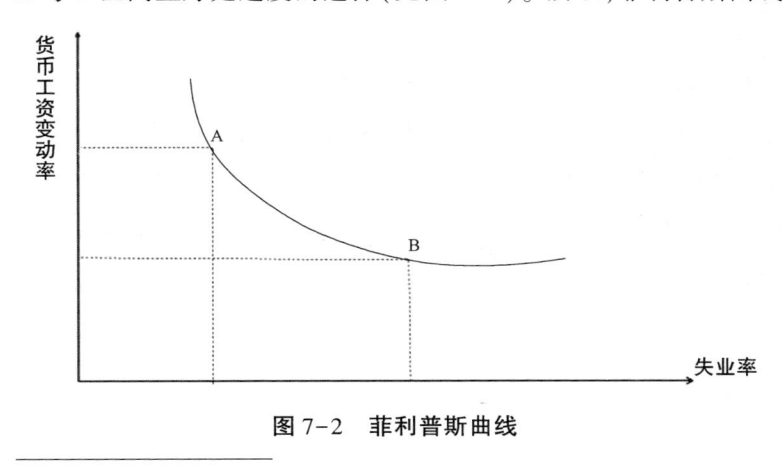

图 7-2 菲利普斯曲线

---

[1] A. W. Phillips, "The Relation Between Unemployment and the Rate of Change of Money Wage Rates in the United Kingdom, 1861-1957", *Economica* 100 (1958): 283-299.

是一种将妥协和中道进行定量化、模型化的努力。

三、马歇尔供求曲线

马歇尔于1890年创立了供求曲线,最佳交叉就叫"均衡"。① 它的核心是,当商品的市场需求曲线与市场供给曲线相交时的价格,就是均衡价格。图7-3的横坐标表示商品数量,纵坐标表示商品价格,下行线代表需求曲线,上行线表示供给曲线。当需求价格大于供给价格时,产量增加;反之,当需求价格小于供给价格时,产量下降。如果产量(Q)与价格(P)一致,供需出现对等,供求曲线就出现交集,由此表示供求关系呈现了均衡状态,并出现了均衡产量和均衡价格(见图7-3)。

马歇尔供求曲线所展现的适度思想精髓在于,市场自身能够不断判定、寻找供需的均衡点和均衡价格。② 在这里,均衡旨在用一种不偏不倚的交叉点和中点来计量、定位。尽管新古典经济学派不承认,但是,这一均衡点的认定只能是动态和演化的,需要根据特定的市场时空和消费人群,而不断调整需求与供给,促使背离的市场价格同均衡价格趋于一致,引导两者最后逼近供需的均衡点。③

---

① Alfred Marshall, *Principles of Economics: Unabridged Eighth Edition* [1890] (New York: Cosimo, Inc., 2009), p. 202.
② 洪朝辉:《适度经济学思想的跨学科演化》,第408页。
③ Marshall, *Principles of Economics*, p. 202.

图 7-3　马歇尔供求曲线

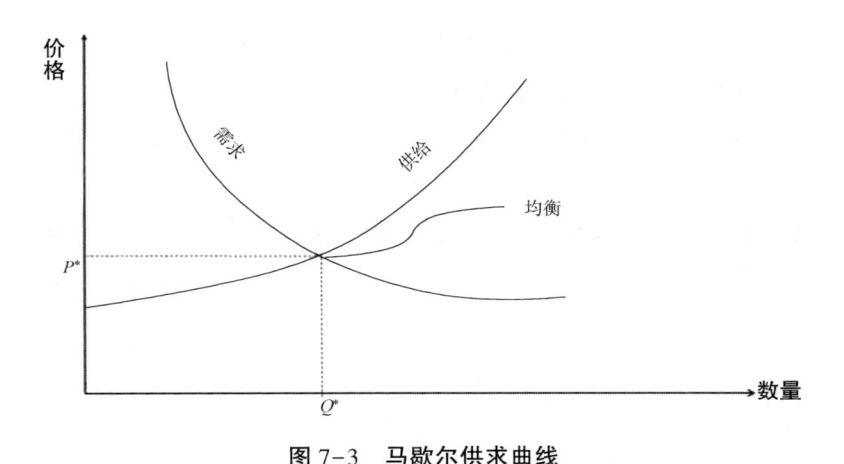

第四节　适度经济学曲线的设计与思考

受到上述三大曲线的启发,笔者试图对适度经济学的一些原理进行曲线描述和图示。值得一提的是,非线性随机过程(nonlinear stochastic processes)是线性的对立面,它是指个体以及它们的性质变化并不遵循单一的线性规律。但这一非线性思维,正是适度经济学所推崇的三角范式的精髓所在。

一、政府与市场关系的适度曲线[①]

对于西方经济学的永恒难题——政府与市场的关系,笔者试

---

① 洪朝辉:《适度经济学思想的跨学科演化》,第 408—410 页。

将适度作为圆心(X_0),将活跃市场与不活跃市场作为横坐标(X),将强势政府与弱势政府作为纵坐标(Y),建立四个象限的纵横关系。这样,就出现了五个变量:首先是适度的中心焦点(X_0),另外四个变量由圆圈与 X 和 Y 轴线所相交的四个点来显示,分别为 X_2、X_{-2}、Y_2、Y_{-2},各自代表了政府与市场作用在边界上的优化点(见图7-4)。

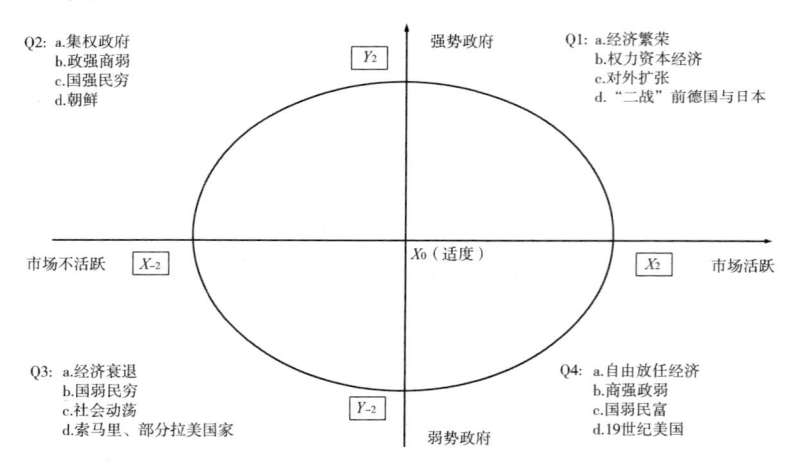

```
Q2: a.集权政府              强势政府              Q1: a.经济繁荣
    b.政强商弱        $Y_2$                          b.权力资本经济
    c.国强民穷                                       c.对外扩张
    d.朝鲜                                           d."二战"前德国与日本


市场不活跃  $X_{-2}$          $X_0$(适度)          $X_2$   市场活跃


Q3: a.经济衰退                                    Q4: a.自由放任经济
    b.国弱民穷        $Y_{-2}$                        b.商强政弱
    c.社会动荡                                       c.国弱民富
    d.索马里、部分拉美国家     弱势政府              d.19世纪美国
```

图 7-4 政府与市场适度关系图

适度达到极致的指数是处于圆心的 X_0,但极度适度又可能是一种不适度,物极必反。所以,比较合理的适度标准不是 X_0,而是具有一定范围和面积的圆形边界,那就是 X_{-2}/X_2、Y_{-2}/Y_2 的圆形面积之内。在此范围的政府权力和市场效度,应该被视为适度区间。反之,如果任何一个象限超出 2 或 -2,就可视为不够适度,有可能过度或不及。而过犹不及,或不及犹过,它们都是适度政府和适度市场需要共同纠偏的情况。

首先,根据图 7-4 的四个象限,可以大致判断出不同的政治经济的现实状况。象限Ⅰ(Q1)圆圈之外的部分,代表一个强势政府与活跃市场高度结合的社会,具有经济繁荣、权力资本强大、强势对外扩张的三大特征,犹如"二战"前的德国①、日本②。这三个特征存在逻辑关系,市场活跃和经济发达,加上政府强势,导致政治权力与经济资本高度合一,促使民族主义高涨、穷兵黩武、对外扩张,走上发动侵略战争的法西斯道路,最后的极端发展结果就是出现政权瓦解、经济崩溃、民不聊生。这就是过度政府权力和过度市场扩张的最负面后果。

其次,象限Ⅱ(Q2)圆圈之外的部分,代表强势政府与不活跃市场的混合,大致特点是集权政府、政强商弱、国强民穷,今日的朝鲜等国大致属于这一类。这种过度强势的政府与过度疲弱的市场经济结合之后的极端发展,有可能导致经济崩溃,并对政权稳定产生威胁,激发内外变革的动力,最后有可能迫使政府让渡和分解部分权力。

再次,象限Ⅲ(Q3)圆圈之外的区间,表明弱势政府与不活跃市场的结合,它将导致经济凋敝、国弱民穷、社会动荡和积贫积弱,今日非洲的索马里等属于此类。③

最后,处于象限Ⅳ(Q4)圆圈之外的部分,表示活跃市场与弱势政府同时出现,它的特征是自由放任经济、商强政弱、国弱民富。

---

① Benjamin Hett, *The Death of Democracy: Hitler's Rise to Power and the Downfall of the Weimar Republic* (New York: Henry Holt and Company, 2018), pp. 208-236.
② Edwin Reischauer, *Japan: The Story of a Nation* (New York: Alfred A. Knopf, Publisher, 1989).
③ Peter Little, *Somalia: Economy Without State* (Bloomington: Indiana University Press, 2003), pp. 1-20.

推崇自由放任的19世纪美国,应该属于此类。[①]

另外,根据经济状况不断变动的特点,这个适度圆圈的范围也是不断变化的,能够借此显示适度指数的高低。如果 X_2/X_{-2}、Y_2/Y_{-2} 的区间是最佳适度指数范围的话,一旦将圆圈向右上方移动,导致圆圈的边界完全脱离 X_0 这个适度圆心,整个圆圈只出现在象限 I,这表明最低的适度指数出现:X_2/X_4 和 Y_2/Y_4(见图7-5),导致强势政府与强能市场达到极点,其极端和直接的后果有可能出现类似于"二战"前德国和日本两国那样,发动世界大战。

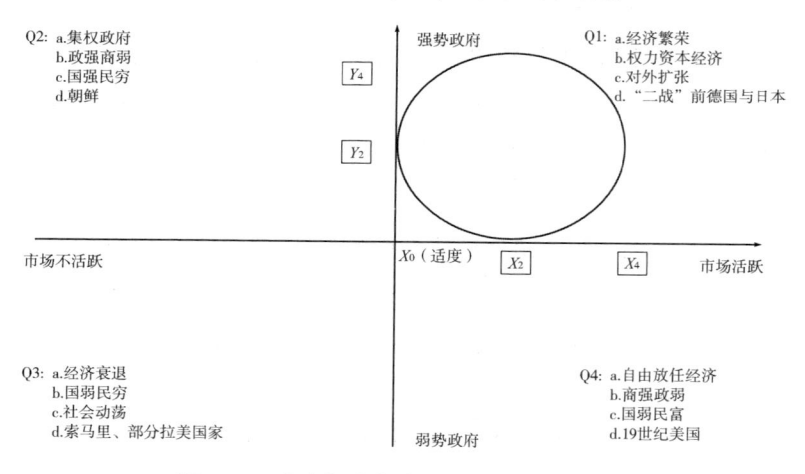

Q2: a.集权政府
  b.政强商弱
  c.国强民穷
  d.朝鲜

Q1: a.经济繁荣
  b.权力资本经济
  c.对外扩张
  d."二战"前德国与日本

Q3: a.经济衰退
  b.国弱民穷
  c.社会动荡
  d.索马里、部分拉美国家

Q4: a.自由放任经济
  b.商强政弱
  c.国弱民富
  d.19世纪美国

图7-5 政府权力与市场发达高度结合图

还有,随着人类经验的积累、规律认知的提升、理性智慧的增长,以及干预和监管工具的增多,适度范围的圆圈应该是越来越缩

[①] Jonathan Hughes & Louis Cane, *American Economic History* (New York: Pearson Education, Inc., 2011), pp. 163–183, 362–383.

小,张力的范围也是随着距离的缩小而变小,慢慢逼近适度的焦点(X_0),但长期停留在焦点的极度适度状态,只会偶尔发生或难以持续。例如,如果人的正常血糖标准是以 5.5 为最佳点,一般的正常范围值是 5.0—6.0,但随着人们对付高血糖的经验、能力和手段的提升,将正常范围缩小到 5.2—5.8 是可行的,而且偶尔达到 5.5 也是可能的,但不可能长期停留在 5.5,这种达到"极致"的适度,一定不可持续,也没有必要。

反之,如果圆圈向左下方移动,与 X_0 不相交,只覆盖象限Ⅲ,并与其他三个象限完全没有交集(如图 7-6),导致适度指数达到最低的 X_{-2}/X_{-4} 和 Y_{-2}/Y_{-4},其后果有可能是经济崩溃与政府瓦解同步发生,积贫积弱,并可能导致外敌入侵或举国内战,犹如索马里等个别非洲国家。

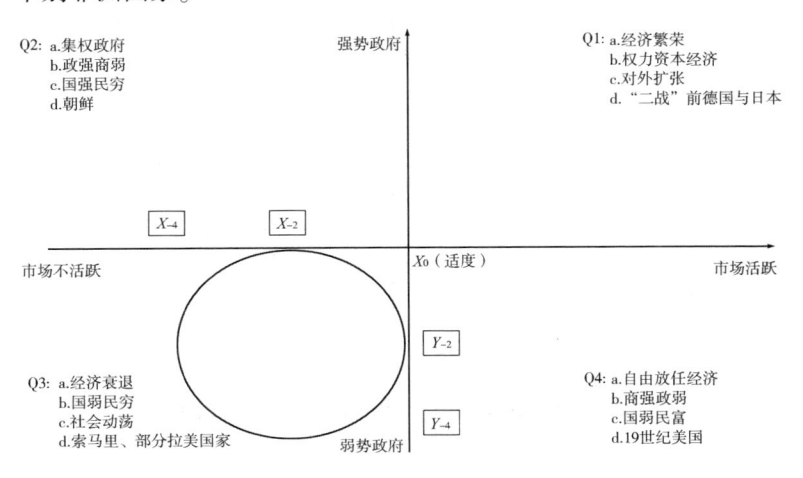

Q2: a.集权政府
b.政强商弱
c.国强民穷
d.朝鲜

Q1: a.经济繁荣
b.权力资本经济
c.对外扩张
d."二战"前德国与日本

Q3: a.经济衰退
b.国弱民穷
c.社会动荡
d.索马里、部分拉美国家

Q4: a.自由放任经济
b.商强政弱
c.国弱民富
d.19世纪美国

图 7-6 政府权力与市场发达低度结合图

上述图 7-5 和图 7-6 都出现了数理模型的极点现象,这在现实社会中就意味着不可控状况的出现。社会控制的一般方法就是在快到临界点的时候,进行外部干预,因为内生动力和能力已经不足,目的在于绕过临界的危险区域或关键节点,或者快速通过临界区域,降低危机在时间和空间上的扩大效应。

所以,适度曲线的原则有两个,一是尽量促使圆心的 X_0 始终在圆圈的边界之内;二是圆圈的边界所覆盖的象限数量越多越好。例如,图 7-4 覆盖四个象限,是标准的适度;图 7-5 和图 7-6 只覆盖一个象限,属于低度适度;而图 7-7 的圆圈覆盖两个象限,属于中度适度,适度指数成了 X_0/X_4 和 Y_2/Y_{-2},出现市场经济很活跃,政府的权力则处于不强不弱的适度状态。

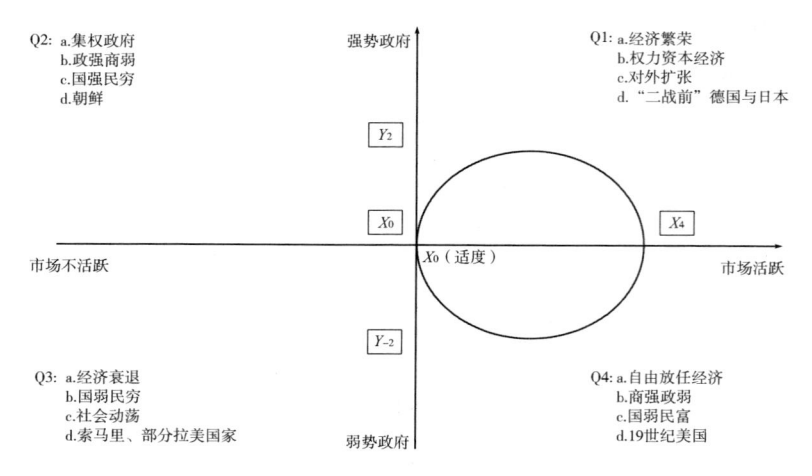

Q2: a.集权政府
 b.政强商弱
 c.国强民穷
 d.朝鲜

强势政府

Q1: a.经济繁荣
 b.权力资本经济
 c.对外扩张
 d."二战前"德国与日本

Y_2

X_0 X_4

X_0(适度)

市场不活跃 市场活跃

Y_{-2}

Q3: a.经济衰退
 b.国弱民穷
 c.社会动荡
 d.索马里、部分拉美国家

弱势政府

Q4: a.自由放任经济
 b.商强政弱
 c.国弱民富
 d.19世纪美国

图 7-7 过度市场与适度政府权力结合图

二、适度经济曲线的应用主题

除了将适度曲线应用于解释政府权力与市场活跃的关系之外,还可以将它应用到许多其他的经济困境。

第一,运用适度曲线,分析商人的利润率与捐款率之间的关系,这种关系可以用"慷慨指数"(generosity index)表示。从1980年代开始,美国公共管理协会使用慷慨指数来评价企业的社会责任绩效。[1] 如图7-8所示,第一类(象限Ⅰ圆圈内)可以以比尔·盖茨(Bill Gates)为代表,它表示企业利润率高,同时慷慨指数、捐款公益的奉献也大;[2]第二类(象限Ⅱ圆圈内)可以以"二战"时期德国商人辛德勒(O. Schindler,1908—1974)作为案例,因为他当时的企业几无利润,但愿意付出代价,拯救和保护受到法西斯迫害的犹太人;[3]第三类(象限Ⅲ圆圈内)可以以许多濒临破产倒闭的企业为样本,它们不会赚钱,所以也没有能力捐钱;第四类(象限Ⅳ圆圈内)属于一批吝啬的有钱商人,他们企业盈利很高,但慷慨指数很低。所以,类似关系的变动大都可以通过适度指数的曲线来表现、鉴定和调整。

---

[1] J. J. Griffin & J. F. Mahon, "The Corporate Social Performance and Corporate Financial Performance Debate: Twenty-five Years of Incomparable Research," *Business and Society* 1 (1997): 5–31.

[2] Robert Heller, *Bill Gates* (London: Dorling Kindersley, 2001).

[3] Yosefa Loshitzky, ed., *Schindler's Holocaust: Critical Perspective on Schindler's List* (Bloomington: Indiana University Press, 1997), pp. 1–17.

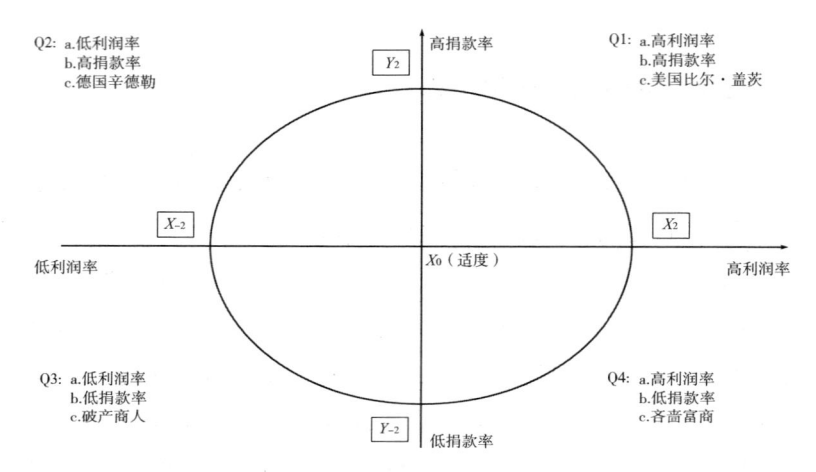

Q2: a.低利润率　　　　　　　　高捐款率　　　　　Q1: a.高利润率
　　b.高捐款率　　　　　　　　Y_2　　　　　　　　b.高捐款率
　　c.德国辛德勒　　　　　　　　　　　　　　　　　c.美国比尔·盖茨

X_{-2}　　　　　　　　　　　　　　　　　　　　　X_2

低利润率　　　　　　　　　X_0（适度）　　　　　　　　　高利润率

Q3: a.低利润率　　　　　　　　　　　　　　　　　Q4: a.高利润率
　　b.低捐款率　　　　　　　　　　　　　　　　　　　b.低捐款率
　　c.破产商人　　　　　　Y_{-2}　低捐款率　　　　　c.吝啬富商

图 7-8　利润率与慷慨指数关系图

同样,这一曲线的圆圈也是可以不断变动的,覆盖的象限越多,与圆心点 X_0 越接近,适度指数就越高,越能平衡赚钱与捐钱的关系。如果发现偏离适度,如公众舆论的指责等,企业家就需要不断调整自己的私欲和慷慨指数;如果捐献率太高,会导致入不敷出、企业倒闭,最后出现杀鸡取卵的恶果;如果利润率很高,但又太过吝啬,捐献率太低,就会导致企业的社会形象受损,最终损害企业的盈利。所以,只有通过一只看不见的左手和一只看得见的右手,不断调整偏差,逼近适度,才是个人、企业、社会三赢的真谛。[①]

需要指出的是,尽管孔子认为过犹不及,将过度与不及同等看待,但更多的现实显示,众人更容易过度,而不是不及,并且在客观意义上,过度的危害有时大于不及的危害。例如,如果适度的自我

---

① 洪朝辉:《适度经济学思想的跨学科演化》,第 410 页。

肯定是 X_0,那么这个适度的边界应该定位在 X_{-1}/X_3,而不是对等的 X_{-2}/X_2,因为需要对过度的自我肯定,如骄傲、夸张、言过其实等进行负面的加权和适当的偏移,毕竟,过度自大的危害一般大于过度谦虚。同时,Y 轴的危害系数也需要相应改变为 Y_3/Y_{-1},而不是 Y_2/Y_{-2}(见图 7-9)。当然,也可以将"不及"进行负面加权,尤其是在 2020 年新冠疫情初期,绝大多数国家都采取了"不及"、不足的措施,错失了抗疫的黄金时期,造成了大量无辜生命的死亡。当然,过度防疫,也将重创经济,次生灾害也将重于疫情本身。①

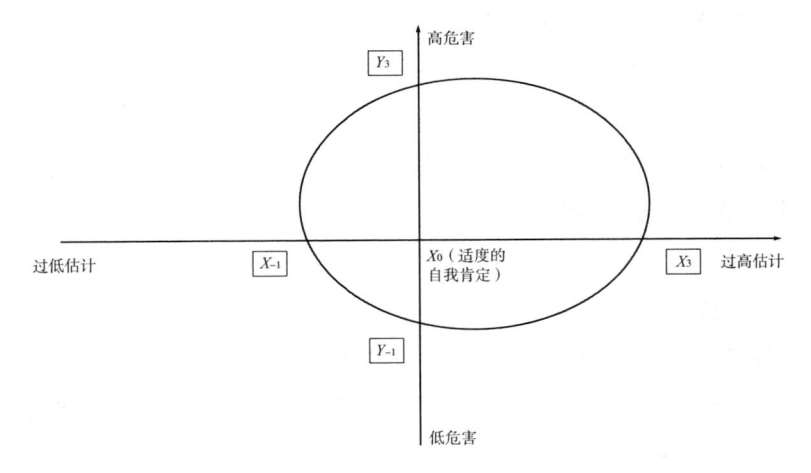

图 7-9 自大危害的加权图

第二,运用适度经济曲线还能有助于理解公平与效率的两

---

① 洪朝辉:《适度经济学思想的跨学科演化》,第 410 页。

难。① 例如,在研究中国城市化过程中的公平与效率的两难时,如果引入权利平等这一第三变量,也许有助于建立一条曲线,在城市居民的基尼系数(贫富分化)(A)、城市化速度(B)、权利平等(C)三者之间,进行适度权衡与取舍,深化理解和解决城市化的困境。

其一,如果把城市化速度(B)与权利平等(C)作为优先考虑的问题,那就需要暂时牺牲或忽略城市的贫富分化问题(A),但通过强化建设公平的制度,彻底取消户口限制,给予农民工与市民工同等的教育、居住、工作和保险的权利,假以时日,贫富分化问题一定会慢慢解决,而且可能是从治本的方向予以治理,最后促使A、B、C三元素共同发展。

其二,如果把贫富分化问题(A)和权利平等(C)作为优先考虑的问题,那么就需要放慢城市化速度(B),多建城乡之间的小城镇和多侧重于建设新农村。

其三,如果决定把权利平等(C)的问题暂时搁置,那么就意味着继续搁置户籍制度改革,也要对农民工的教育、住房、就业、保险等权利平等问题继续搁置,但是需要制定农民工和市民工同工同酬的制度,征收城市房产税,实行抽肥补瘦的税收政策等,治理贫富分化问题(A),同时加快城市化速度(B)。②

一旦A、B、C三个目标经过妥协和交换,达到交集,就是图7-10所示的适度区间。

---

① Kennth Arrow, "The Trade-off between Growth and Equity," In *Collected Papers of Kenneth J. Arrow: Social Choice and Justice*, edited by Kennth Arrow (Cambridge: The Belknap Press of Harvard University Press, 1983), pp. 190–200.
② 洪朝辉:《美中社会异象透视》,第46页。

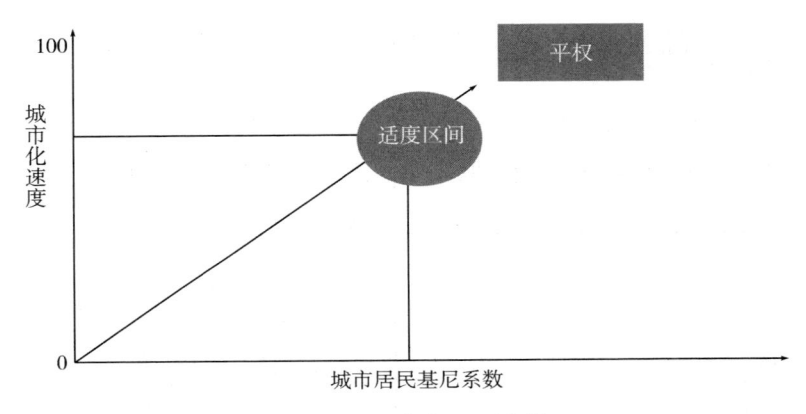

图 7-10　城市化三元曲线

同样,我们也可以应用前述的适度曲线,来适度平衡城市化速度与城市贫富分化的两难。根据目前的研究,处于象限Ⅰ的城市化速度快、公平度较高的国家,应该是日本;而中国应属于象限Ⅱ,城市化速度快,但贫富分化较大;部分非洲和拉美国家就属于象限Ⅲ,不仅城市化速度慢,而且贫富分化严重;一些北欧国家应该属于低效但公平性较高,相当部分发达国家都属于象限Ⅳ。这四个象限所代表的国家,都属于比较极端的类型,不是适度城市化的榜样(见图7-11)。

一旦在图7-11加上一个圆圈,就可显示出,圆圈内的区间代表城市化适度速度和适度公平的平衡(见图7-12)。

Q2: a.城市化速度快
b.贫富分化较大
c.中国

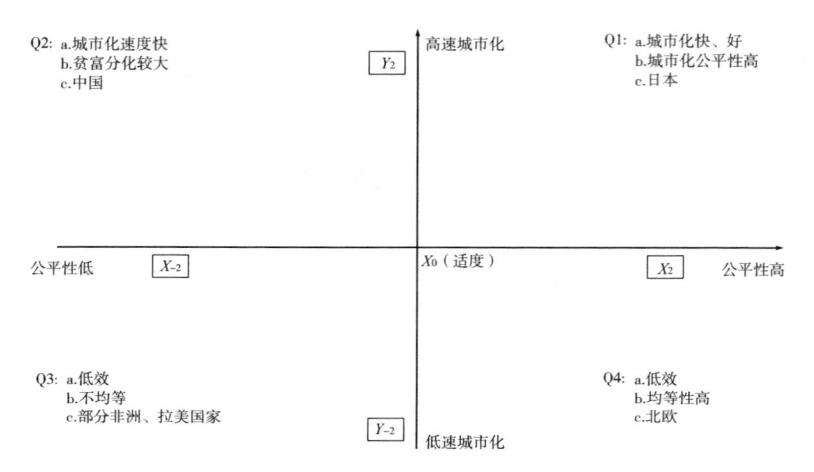

Y_2 高速城市化

Q1: a.城市化快、好
b.城市化公平性高
c.日本

公平性低 X_{-2} X_0（适度） X_2 公平性高

Q3: a.低效
b.不均等
c.部分非洲、拉美国家

Y_{-2} 低速城市化

Q4: a.低效
b.均等性高
c.北欧

图 7-11 城市化速度与公平的适度曲线图(1)

Q2: a.城市化速度快
b.贫富分化较大
c.中国

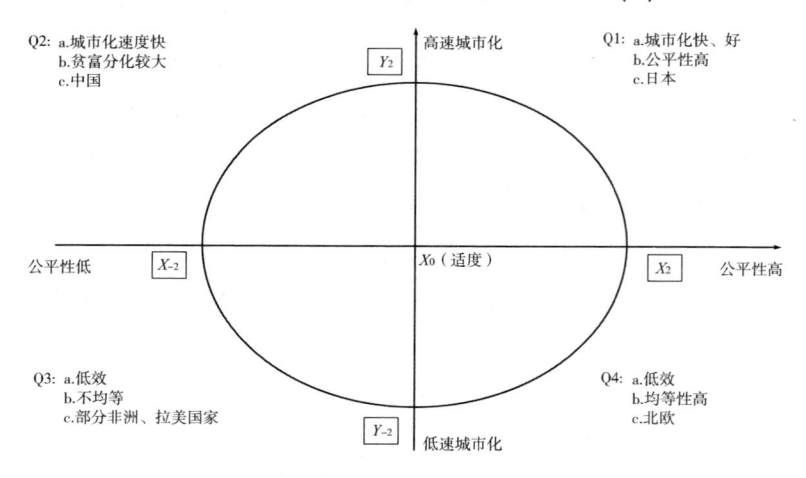

Y_2 高速城市化

Q1: a.城市化快、好
b.公平性高
c.日本

公平性低 X_{-2} X_0（适度） X_2 公平性高

Q3: a.低效
b.不均等
c.部分非洲、拉美国家

Y_{-2} 低速城市化

Q4: a.低效
b.均等性高
c.北欧

图 7-12 城市化速度与公平的适度曲线图(2)

第三,面对2020年以来抗疫与经济复苏的两难,我们也可以适当修正拉弗曲线和马歇尔供求曲线,对这一两难问题,提出一些清晰的适度解释。

首先，根据拉弗曲线的启示，如果防疫强度到了极点，所有民众被隔离，那么经济将彻底崩溃，大家有可能"饿死"；如果放开速度过快，放弃任何防疫措施，那么大家则可能"病死"。但如果防疫强度放松到 A 点，经济复苏程度就可恢复到 B 点；如果防疫强度继续放松到 C 点，那么经济则有可能复苏到 D 点；最佳的适度点就是代表中点的 E，疫情控制与经济复苏就能达到相对均衡，也就是最为适度。但更合宜、更现实可行的适度选择，则是处于 C、D、E 这个区间（见图 7-13）。

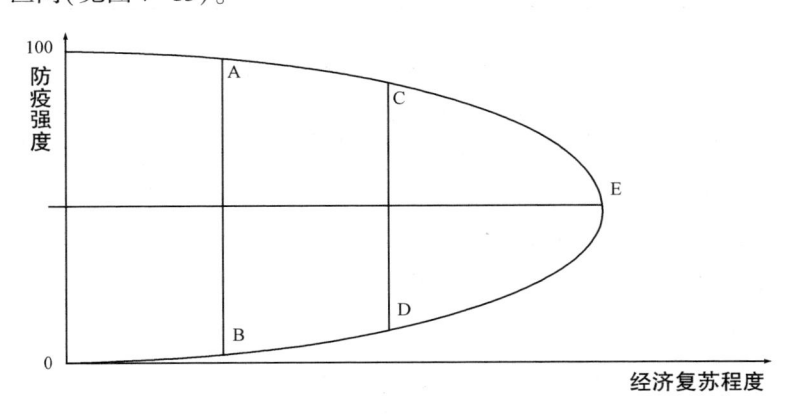

图 7-13 拉弗曲线疫情图

另外，将马歇尔的供求曲线应用到防疫与经济复苏的平衡，也很有意义。这里的下行曲线代表防疫强度正在不断减弱，而上行曲线则代表经济正在不断复苏。一旦两者相交，就意味着防疫与经济复苏达到比较平衡的状态（见图 7-14）。

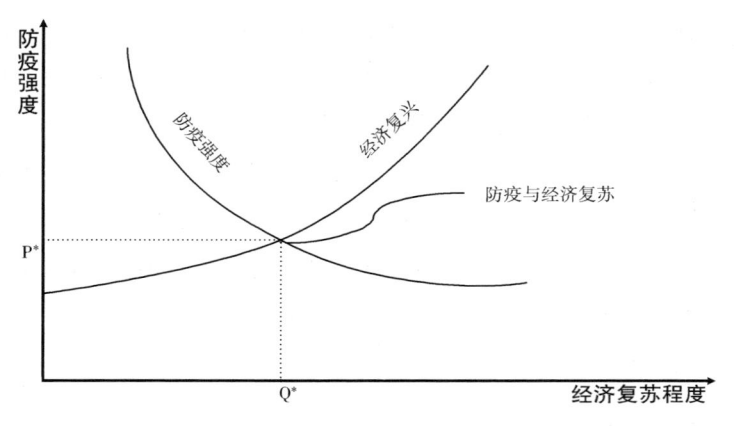

图 7-14 疫情版马歇尔曲线

所以,寻找适度是一个不断试错和纠错的过程,如果一个国家仓促放开、提前开工,也是一种试错过程,一旦疫情反弹,必须立即纠错,这其实就是在左右两端寻求适度。关键是要从错误中吸取教训,不能无休止地重复错误,像一个巨婴,永远长不大,更不可以一放就乱、一收就死。

另外,使用这一适度曲线,还可以将文化经济学中经常出现的悖论主题予以检验,包括诚信指数与企业效益、企业社会责任指数与企业效率、企业声誉指数与生产效率、幸福指数与金钱、道德调节与市场调节。也可以将适度曲线应用于多学科和跨学科领域,包括心理学、金融学、政治学和历史学,旨在将适度思想进行有限的曲线化解释与展示。所以,适度经济曲线的应用性很强,适用范围也很广。

总之,适度经济学的研究方法代表了一种综合、组合与融合,博采众长,有助于促进和改进经济学的研究更全面、深入和清晰。

第八章 适度经济学政策原则

适度经济学的研究框架与经济政策的设计和执行,存在非常直接的关联。例如,三大关系国计民生的大事和难事,急切呼唤适度的经济政策予以应对:一是通货膨胀与通货紧缩的两难困扰;二是贫困与富裕的两极分化;三是政府监管与市场自由的尖锐对立。

尽管新古典经济学将经济学视为静止和均衡状态似乎过于理想,但适度经济应该成为一种合理而又现实的目标与期待,旨在规范政府政策的制定、资本投资的决策和民众的经济行为。这将有助于将政治权力、经济资本和民众权利都关在适度的制度笼子里,成为限制政府贪权、资本贪利、民众贪欲的重要指南,以及应对各种经济危机的基本理想。我们推崇适度,并不是视不及和过度的言行不存在、不发生,恰恰相反,正因为不适度的言行是经济主体的常态,类似于"一抓就死、一放就乱"的经济波动现象,更显得适度的经济政策和经济行为之必要和重要。而且,这类"抓"与"放"的危机根源就是二分法、走极端,如果运用适度哲学的三分法,就可能从抓与放的两极,走向非抓非放、亦抓亦放、半抓半放的第三种选择,并由此促使经济运行出现"抓而不死、放而不乱"的良性循环。①

适度经济学的一大精髓是,经济政策必须有为、良为、善为,尤其是"适为"(适度而为),而不是类似于"一只看不见的手"的神性、"宿命"和"玄乎其玄",以为一切自利、贪婪、损人的个人行为,最终一定会自动地、或迟或早地导致全社会的共利和共赢。这也正是适度经济学与古典经济学、新古典经济学的不同之处。因为新古典经济学假定均衡是存量,是已经存在的客观事实,所以,在这个完美的均衡状态,没有人有动力和有能力偏离当前的系统,投机、剥削、搭便车等行为也就不会发生,于是,在此柏拉图式的美好世界里,经济主体很难从事极端和过度的市场行为,因为人们对均衡的暂时偏离,很快就会被反向的抗衡理论纠正。② 新古典均衡经济学的基本假设决定了经济学研究的狭隘目的,它们既不研究各种系统被剥削的原因和结果,也不将系统的失败和被利用等问题,视为经济学研究的核心问题。③

作为对比,适度经济学主张适度只是一种未来的可能增量,是一个需要全社会为之共同努力的目标,也是一种需要追求的理想,更是一种可行但较难达到的愿望。但为了走向适度,社会各界必须高度警惕经济行为的不适度,必须预设各种可能出现的不及和

---

① 庞朴:《庞朴文集·第四卷·一分为三》,济南:山东大学出版社,2005 年,第 260、263 页。

② W. Brian Arthur, *Complexity and the Economy* (New York: Oxford University Press, 2015), p. 24.

③ Arthur, *Complexity and the Economy*, p. 104.

过度现象,设计与实施应对各种经济泡沫或经济崩溃的可能方案,为社会经济走向明天的适度、健康、和谐提供工具和方案。随着经济发展的极其复杂和超常不确定,世界各国普遍出现了"治理赤字",政策的工具箱经常出现工具短缺,于是,更需要适度这个老工具焕发新能量,实现大创新。而且,适度经济学是具有理想色彩的现实主义和建立在现实基础上的理想主义经济学,它将理想与现实、玄学与科学、想象与实验、感性与理性、价值理性与工具理性、方案与措施实施了适度组合,并由此形成一个系统与体系,催生一种及时反馈、不断开放、持续纠偏的结构,将经济铸就成一张"激励之网"(a web of incentives),不断激发纠正不及和抑制过度的能力,诱发新的选择、策略和能量,形成经济主体和客体各方都能接受,但并不是最满意的最大公约数的适度结果,最终驱动整个经济系统不断出现良性变化。① 其实,适度思想也给我们的人生提供了一张"激励之网"、目标之域。

对此,科斯也指出,为了寻找"理想世界"(如适度经济),"更好的方法似乎是从接近实际存在的情况,开始我们的分析",如先发现和分析各种现实存在的不适度经济问题,然后去设计适度政策,并预测哪些适度政策可能比现有的不适度政策更好。只有这样,"政策结论将与实际情况相关",②促使经济政策具有可行性和可持续性。

基于此,根据前述的适度思想、三元理论、三角范式、适度曲线等要素,笔者提出设计和实施适度经济政策的几大原则,直接回答

---

① Arthur, *Complexity and the Economy*, p. 24.
② R. H. Coase, "The Problem of Social Cost," *Journal of Law and Economics* 3 (1960): 43.

如何才能达到适度。

第一节　决策者的适度守则

为了制定和实施适度的经济政策,首要条件是决策者本人需要有适度的心智和中道的德性,尽力培育、保持和完善适度的心性和人性。也就是说,要有适度的政策,首先需要有适度的领导人和决策者。王岳川认为:"中庸精神"在自然与社会两个方面均注重适度与平衡,在"天人关系"上主要表现为天道与人道的合一,将人与自然、人与人自己的天性,实行适度平衡,推动人性与天性的和谐一致,达到至善、至诚、至仁、至真的境界。对于君子而言,这种心性、德性、人性与天性的和谐共生,需要知行合一,内圣外王,以及内在修为与外在践行的高度耦合。[①]

汉代许慎《说文解字》:"庸,用也。"用,就是应用和实践,结合"中"的哲学与"庸"的政策,才能做到经世致用、"中""庸"合一。孔子曾用"执其两端,用其中于民"(《中庸》)来赞美虞舜的中庸之德,而"用其中于民",正是中庸之道的政策指南,尤其作为决策者更需要"乐而不淫,哀而不伤"(《论语·八佾》),做到执中、守中和适中,但不执一。[②] 如果说"中"是一种知,那么"庸"就是政策实践,知难行更难。[③]

[①] 王岳川:《"中庸"的超越性思想与普世性价值》,《社会科学战线》2009年第5期,第146页。
[②] 庞朴:《庞朴文集·第四卷·一分为三》,第106页。
[③] 王岳川:《中西思想史上的中庸之道——〈中庸〉思想的发生与本体构成》,《湖南社会科学》2007年第6期,第39页。

一、不偏不倚的德性

首先,一个适度的经济决策者需要具备不偏不倚的德性和心性,将追求适度变成一种人生习惯、道德修行和生活理念。只有这样,才能设计和落实建立适度、维护适度、发展适度的经济政策,使适度成为治理经济问题的基本准则和重要指南。

有关决策者所应该具备的平衡与适度的德性,中西方皆有论述。柯林斯(Jim Collins)认为,最高级别(第五级)的领导人具有平衡的德性,即平衡做人的谦虚低调和做事的专业意志的德性。① 谢因(Edgar Schein)的《谦逊领导力》,也提到谦逊品格在主张积极、张扬、自信的西方文化环境中,能起到补充和平衡的作用。他强调谦逊领导力比建立在"交易关系"之上的领导力更高一个层次,因为谦逊领导力是"一种模式,它将更多的个人、信任和开放文化,建立在更加个性化的团队和团队之间的紧密关系之上"。②

这一平衡哲学与中国的"内圣外王"或"内圆外方"思想异曲同工。它不仅强调一个人身心内外的平衡,也推崇儒家的理念,旨在用儒家来平衡法家与道家的两端。因为法家注重刚性、功利、实力和强势,道家则信奉软性、无为、虚心和包容;而儒家则正好介于两者之间,追求理想,崇尚道德,向往中庸,希望内外兼修,先炼成内

---

① Jim Collins, *Form Good to Great: Why Some Companies Make the Leap and Others Don't* (New York: Harper Business, 2001), pp. 17–40.
② Edgar Schein and Peter Schein, *Humble Leadership: The Power of Relationships, Openness, and Trust* (Oakland, CA: Berrett-Koehler Publishers, Inc., 2018), p. x.

心的修身养性之体,成就"内圣"之本,再铸就外在的领导风格,形成"外王"的能力。内圣为体,外王为用,体用结合方为真正的领袖。犹如柯林斯所强调的,内心要修炼得谦虚、包容和温和,但外在的专业能力的培养则需要果断、担当和责任。决策者就是需要努力平衡与制衡一般民众所具备的从善与为恶的双重人格,既要激励善行,更要警惕、防止和惩罚恶行。

同时,孔子的礼乐观,也体现了中庸与平衡思想。他提出,以礼治身,以乐治心。在这里,礼乐皆以天地为本,但"礼"是天地秩序之本,维系制度的规范,而"身"主要是指人的行为方式,"礼"必须与"节"相合,形成"礼节",通过以礼治身,规范行为,促使人、社会和自然形成稳定的秩序和关系。同时,"乐"是天地和谐之本,与"礼"的秩序使命形成有机一体,礼与乐不分轩轾,《礼记·乐记》云:"乐者为同,礼者为异。同则相亲,异者相敬。"强调礼与乐各有功能,乐能促和、求同,使人亲近,但礼能存异,使人互相尊敬,维持和而不同的秩序。而且,《礼记·乐记》还说:"乐胜则流,礼胜则离。"表示人际关系不能过度和谐,因为这将导致尊卑无别,坏了秩序与规矩;但礼节也不能过度,这会导致离心离德、众叛亲离。所以,礼节的"节"之本源在心,秩序需要心的节制才能完成。这样,治身与治心相存相依,最后通过礼与乐,达到和,而和又是秩序的结果和本质,可谓"礼之用,和为贵",最后促使人与社会达至平衡、适宜、中道、和谐的目标。①

另外,《论语·子路》提出,"不得中行而与之,必也狂狷乎。狂

---

① 此段观点得到浙江大学董平教授和中国人民大学黄朴民教授的启发。

者进取,狷者有所不为"。在这里,"中行"就是择中而行,对此,孟子在与万章的对话中,做了精彩的阐述(《孟子·尽心下》)。"狂者"就是那些志大言高,眼高手低,富有理想而又激进,但行不及言,脱离实际的人。作为对比,"狷者"指心不高、志不大,不以天下为己任,但能持节守廉、洁身自好的人。面对这种两端,"中行"者完胜"狂"与"狷",兼具两者之长,而无两者之短,他们立足现实,追求理想,死而后已。①

具备了这种内外兼修、身心共治、礼乐平衡、刚柔并济、虚实同行的德性,以及"攻守退"协调、"儒释道"合一的领导能力,就为设计和执行适度与平衡的经济政策创造了前提。一个不知适度和中道,只知剑走偏锋、分化群体的决策者,不可能制定出适度合宜的政策,而且偏激的领导人能力越强,对适度经济的破坏就越大,并越有可能激发极权主义(totalitarianism)的产生。②

决策者的适度决定了政策的适度。制度与文化要素,有时在人性面前常常显得苍白无力,因为执行适度政策、营造适度文化的主力是人,是人性、人道和人品。当然,在 2020 年新冠疫情的治理中,领导力很重要,但领导力的有效发挥还取决于被领导的民众的素质与德性。尽管好制度有可能使坏人变好人,但坏人也可能使好制度变成坏制度。

将这些为人的中道本性应用到适度经济政策制定的目标,就是不偏不倚,持续、长期地维持供应与需求的基本平衡,控制失业

---

① 李京:《从中、庸到〈中庸〉》,《孔子研究》2007 年第 5 期,第 46 页。
② Peter Drucker, *The End of Economic Man: The Origins of Totalitarianism* [1939] (London and New York: Routledge, 2017), p. xviii.

率和通胀率,平衡财政和货币政策,避免经济危机。所以,这种供需平衡的市场形态不仅应该成为人类追求的理想状态,更应通过人为努力,促使它们从一种非常态的稀缺,成为一种常态的自然,而供需失衡所导致的通货膨胀或通货紧缩,则应该被限制为一种非常态。也就是说,适度、平衡与和谐应该是比较长期和自然的,而过度、失衡、冲突则应该是相对短期与偶然的。

例如,美国自1819年出现第一次经济危机以来,供大于求的市场失衡所造成的经济危机的间隔周期越来越长,出现频率越来越低,经济政策的调控能力越来越强,政策工具越来越多、越来越有效,使得极端严重的经济危机从常态逐渐变成了非常态。① 在19世纪,美国一共发生四次大的经济危机(1819年、1837年、1857年和1873年),尤其是1873—1896年的危机,长达23年。在漫长的20世纪,美国一共发生六次大危机(1901年、1907年、1920年、1929年、1970年代和1987年),除了1970年代的石油危机和滞胀危机持续近十年,其他几次危机的时间相对较短。时至21世纪,则主要发生了三次危机(2000年、2008年和2020年),但大多能及时挽救,快速恢复,尤其是2008年的金融危机。② 而2020年的危机,主要由非经济因素——新冠疫情导致,而且美国股市在2020年的整整一年,尽管出现四次熔断,但全年的道琼斯指数仍然上涨7.3%、

---

① 洪朝辉:《社会经济变迁的主题——美国现代化进程新论》,杭州:杭州大学出版社,1994年,第100页。
② J. K. Galbraith, *A Short History of Financial Euphoria* (New York: Penguin Books, 1990); Quentin Skrabec, Jr., *The 100 Most Important American Financial Crises: An Encyclopedia of the Lowest Points in American Economic History* (New York: Greenwood, 2014).

标准普尔 500 指数增长 16.3%,而纳斯达克指数则猛涨了 43.6%。尤其是在 1970 年代,一旦美国出现经济滞胀危机,美国经济学界就能够及时实施由货币主义学派、理性预期学派、供给学派、公共选择理论所指导的经济政策,及时纠偏由凯恩斯主义所导致的美国经济政策的负面后果,从政府主导调整为市场主导,减轻经济滞胀危机的危害,推动适度的经济政策持续发展。

这也就是为什么,马克思主义所推崇的资本主义异化理论和列宁主义所强调的垂死、垄断和腐朽的帝国主义理论,并没有导致资本主义在 19 世纪末 20 世纪初的彻底灭亡,而是应验了熊彼特的"创造性破坏"的理论,不断地创新、纠错、纠偏、趋衡、"中行",毁灭旧技术、旧结构、旧机制,促使资本主义不断地自我救赎、涅槃重生,从左右两极走向适度,又从适度走向左右两端,在这种不断地摇摆中,不是耗竭自己的能量,而是不断补充、更新、完善。不难设想,如果资本主义经济的危机越来越频繁、越来越严重,股市崩盘、经济泡沫、市场萧条成为西方经济社会的主流和主题,那么,马克思和列宁的预言一定在 20 世纪就已经实现。所以,这只能说明,西方资本主义经济在不断自我调整、持续自我适应和逐渐自我适度的过程中,其治理和应变能力不断强化,并具有相当的韧性和弹性。而所有这一切,都离不开决策者和民众不偏不倚的适度德性。

二、回应民意的习性

经济决策者需要养成及时反映和回应多数民意的习性。一般而言,多数民众习惯于适度、中庸与和谐,所以,为了寻找、判断、选择不偏不倚的经济政策,决策者不能脱离当时当地的多数民意。

例如,面对2020年以来的全球性新冠疫情,多数国家在初期采取了迟钝的应对政策,失去了最适度的防控窗口期,其原因不能只责怪决策者,因为多数民众不能接受限制人身自由和经济停摆的极端政策。毕竟,多数民众所产生的民意力量是内生的,具有强大的抗拒改变现状、反对牺牲个体利益的能量,而突如其来的疫情与唯民意马首是瞻的政府则是外生的。在这种突发情况下,决策者很难冒天下之大不韪,逆行而上。有时候,这种顺从多数民意的作为,还涉及统治的合法性和稳定性,如果过度地忤逆民意,可能产生政权治理的严重危机。

同样,决策者需要有倾听民意的雅量与能力,勇于和善于调整政策,及时与民意相向而行。例如,中国历史上多数朝代初期的"让步"政策——对农民实行轻徭薄赋和休养生息的经济政策,既是一种无奈,更是为了回应导致前朝灭亡的民怨,因应大难后多数民众思安求稳的民心。这种表面上的无为或不及的让步政策,实质是对前朝土地兼并和苛捐杂税所引起的农民起义实行纠偏式的适度回应。[1] 所以,适度的标准取决于比较,类似于李嘉图(David Ricardo,1772—1823)所信奉的国际贸易方面的比较优势理论(Theory of Comparative Advantage),政府根据特定经济条件,遵守两利取重、两害取轻的比较原则,制定相应的进出口贸易政策。[2]

---

[1] 郑起东:《试论清政府镇压太平天国后的让步政策》,《清史研究》2008年第3期,第59—69页。
[2] David Ricardo, *On the Principles of Political Economy and Taxation* [1817] (Ontario, Kitchener: Batoche Books, 2001), pp. 85-103.

三、拒绝民意的胆识

决策者还需要具有不盲从民意的胆识、意志和定力,因为真理往往掌握在少数人手里。既要满足民意,又不过度盲从民意,这似乎是一句自相矛盾的"正确废话",但这正是适度哲学的真谛,在两极之间寻找平衡。很显然,一个有胆有识的决策者需要适度地看待一时一地、犹如流水的民意,不能过于积极服从或一成不变地听从民意,因为多数民意支持的政策,并不一定是适度和正确的决策。

按照公共选择的投票理论,多数票决难以如实反映每个选民的偏好程度。因为,一人一票,无论个人多么强烈地支持或反对这个议案,都只有一票,不能加权;而且,处于少数的个人,为了促使自己喜欢的议案通过,有时会交易选票,买票贿选,最后有可能通过有利于少数人的不适度议案。另外,多数票决会导致选民对公共选择的冷漠,因为选举的成本高、收益低,所以美国总统大选的参选率很少超过 60%,而简单的多数票不一定反映真正的民意。[1] 尤其是,根据勒庞(G. Le Bon,1841—1931)《乌合之众》一书的观点,群体行为容易失去理智和适度,因为群体往往急于行动,容易轻信,智慧不足,习惯暴力,道德低下等。[2]

---

[1] Nicolaus Tideman, *Collective Decision and Voting: The Potential for Public Choice* (Burlington, Vermont: Ashgate Publishing Company, 2006).

[2] Gustave Le Bon, *The Crowd: A Study of the Popular Mind* (New York: The Macmillan Company, 1897).

所以,决策者不能过于轻信民意,导致决策走向非理性,出现过度或不及的政策导向。例如,多数民意一定希望少交税,于是许多政客为了短期的选票只能屈从;但领导人又必须保障社会福利的支出,于是只能依据凯恩斯的理论,要么多印钱,要么多借债,来扩大政府的开支。① 至于债留子孙的长期灾难,就不是短视的民选官员优先考虑的问题了。这样,一些民主国家的领导人有时就被选票绑架,只能减税、借债、多印钱。所以,适度政策的选择需要决策者敢于牺牲、乐于交换和善于妥协。拉弗曲线就是在政府收入与民众交税的冲突中,找到适度的妥协;菲利普斯曲线也是希望牺牲一定的就业,适度降低通胀,或提高一定的通胀,来维持适度的就业。

　　所以,拒绝错误民意不仅需要胆量,而且还需要见识;同时,把正确的事情做对,则需要技能,注重做事的程序与细节。不然的话,很可能将一件正确的事情做错,将一手好牌玩臭。

四、拨乱反正的魄力

　　最后,决策者有时需要强势的"过度"作为,拨乱反正,抱持"知其不可而为之"(《论语·宪问》)的信念和态度。

　　表面上,适度经济政策的标签是既不无为"躺平",也不过度乱为,而是不偏不倚,有所为,有所不为。但这样,适度经济政策有可能成为拒绝创新与反对变革的借口。很多事实表明,支持适度政

---

① John Maynard Keynes, *The General Theory of Employment, Interest, and Money* (Cambridge, UK: Palgrave Macmillan, 2018), pp. 1-30.

策的多数常人是中间选民,他们习惯于居安守成,乐于跟随大流;而能成就惊天动地大事的决策者,往往需要大破大立的能力与魄力,甚至具有超凡的魔力或魅力,引领民众告别中庸,回应变革,与此相应的经济政策一般也就具有相当的烈度和强度,难免不够适度。

从过往的历史看,太平年代时兴适度、中庸,大难或大变革时期呼唤出奇、"过度",而这种"过度"则有可能是解决经济顽症的猛药和良药,"过度"的过度有可能又是一种适度,负负得正。所以,尽管适度具有正面的道德取向,但适度一旦被长期固化,则可能导致进步的动力缺乏,活力不够。于是,适时改变过度适度、过长均衡、过稳预期的局面,可能是一种正面的社会变革和经济创新的动力,为下一轮的适度和稳定创造条件。例如,中国历史上因应社会急剧变动的"过度"经济政策,如商鞅变法、王安石变法和张居正"一条鞭法"等,往往罪在当代,却功在千秋。运用"历史性"视角观察,这些具有雄才伟略的人物,既可能是枭雄,也有可能是英雄。[1]

这也与"阿罗不可能定理"(Arrow's impossibility theorem)存在一定关联,因为有时候,只有集权者才能做出理性而又果断的决定。两两相比的多数票决,往往并不能做出真正代表国家优先利益的选择,因为个人意志的相加,不等于最优的集体意志。于是,"集权者"有可能是个人的偏好等同于整个社会的偏好,表明社会选择机制很可能是被一个人控制的机制,而这一个人的最优结果,

---

[1] 洪朝辉:《适度经济学思想的跨学科演化》,《南国学术》2020年第3期,第411—412页;钟祥财:《中国古代能产生市场机制吗?——兼与盛洪先生商榷》,《探索与争鸣》2004年第2期,第19—20页。

有时候也有可能是整个社会的最优结果。[①]

总之,面对适度政策的人性要求,政治权力、知识精英、经济资本,以及普罗大众都需要自律、自制、自省,这是适度经济政策能够成功与有效的关键。

第二节　合理评价适度经济政策的原则

适度的经济政策既需要具有适度德性和素质的决策者,也需要构建合理评价适度政策的原则,讨论因应经济失衡的要素,设计预警和防止过度自利行为的方案,以及制定经济运行适度的鉴别标准。

一、评价要点

对于适度经济政策的评价,需要坚持适度的辩证和辩证的适度。如果认为经济运行的适度有可能是一种常态的话,那么,人们对一时一地经济政策的不及或过度,就会建立一种宽容和正面的预期,相信一时的极端政策不仅是暂时的,而且会为下一步的纠偏和适度政策的出台创造条件。

例如,一些国家在2020年新冠疫情初期的不作为、慢作为,应属不及,而且是过度不及;而在疫情第一波之后,个别地区面对疫

[①] Kenneth Arrow, "A Difficulty in the Concept of Social Welfare," *Journal of Political Economy* 58 (1950): 328-346.

情的反弹,实行了极端的封城、封路、封楼措施,这应属过度。但绝不能否定这种左右摇摆政策的存在价值,因为这类不及或过度的宝贵经验和教训,恰恰为下一轮适度政策的出台,积累了契机,找到了"执两用中"的参照。这种案例与英国的光荣革命(1688)类似,因为相对适度和温和的英国光荣革命,其实就是在激进的英国革命(1640—1660)和保守的斯图亚特王朝复辟(1660—1688)之后的中道选择,反映了一种典型的"钟摆效应";最后,英国既保留了君主制,又实行了宪政制,建立了似乎比法国共和制更为稳定的君主立宪制,直到今天。① 所以,不能否定和低估曾经的不及或过度的经济政策,它们其实有可能为下一轮的适度政策出台提供试错的理由和纠错的动力,具有客观、潜在和长期的积极效应。当然,对于适度的政策也需要适度的监管。

基于此,人们需要淡化对适度的价值判断。因为,一种观念和价值一旦被上升为信仰和主义,就会走向极端的教条主义。提倡"适度主义"本身,就是最大的不适度。适度一旦被推崇到了极端,就成为一种新的不适度。也许,适度既应该是"轴心时代"的先贤所提倡的一种君子和德性的境界(神),也是宋明理学和18世纪亚当·斯密所主张的常人和庸人都能做到的一种方法(形)。只有"神形"兼备的适度,才能真正逼近适度的真谛。②

---

① Gray De Krey, *Restoration and Revolution in Britain: A Political History of the Era of Charlies II and the Glorious Revolution* (New York: Palgrave Macmillian, 2007).
② 洪朝辉:《适度经济学思想的跨学科演化》,第412页。

二、政策要素

面临普遍存在的经济失衡现象,如不公平、不正义的经济现象,需要提出因应这些现象的政策要素,而这些要素需要建立在多数民众都能够接受的基础之上。

首先,面对起点不公与结果不公的问题,一个基本的适度政策要素就是提倡机会均等。直接解决起点与结果不公问题,涉及非常复杂的历史因素与程序公正问题,因为原生家庭的贫或富,以及由这种不同的发展起点制约所导致的结果不公,存在深刻的传统和历史因素。如果要求国家和社会从根本上解决这一不平等现象,只能借助于暴力革命,杀富济贫。所以,中道和适度的选择是在大家已经起跑,但还没有到达终点的过程中,强化机会平等的机制,通过各种适度的税收政策(如累进所得税、房产税、遗产税等),起到抽肥补瘦的作用;也可以通过转移支付的倾斜政策,帮助贫困地区、弱势团体、落后产业得到"不公平"的分享。

其次,市场经济的原则不是慈善经济,而是以盈利最大化为目的的效益经济,资本家的慈善也只是第一次和第二次分配的补充而已,不可能成为资本成长的主轴,更不能在根本意义上解决社会贫困问题。所以,解决机会不公的重任,不可能由市场经济、民营资本家和社会慈善家来担任主力。

当然,市场经济的自由机制有助于维护公平竞争的机会,但很难解决资源公正配置的问题。① 于是,政府的助推就必不可少,但这种助推不能简单地归结为政府的"有为",因为一个缺乏监督的有为政府,很容易走向乱为和恶为的无限政府。所以,在解决社会不公问题上,对"有为"政府,必须追问它的道德情操和伦理原则。"有为"政府的反义词应该是无为政府,最多是不作为的政府,但不能把乱作为、恶作为的政府,也当作"有为"政府的反义词,因为这样给了"有为"政府太多的垄断"好作为"的特权,有为政府不能与优良政府画等号。古今中外,多数百姓宁愿接受政府的作为不及,也不要过度,他们比较不担心政府的无为或不作为,但最担心的是政府的胡作非为。历史的教训是,一旦给了政府可"为"的空间和条件,常常出现乱为或恶为。所以,西方政治学坚持有限政府,就是这个道理,强调把政府的权力关进制度和法律的笼子里。

对此,亚当·斯密多次提及适度的"好政府"的概念,强调"好政府"是有智慧、懂秩序、守理性、重感性、爱神灵、惜生命、求幸福的政府。② 这里必须指出,亚当·斯密既没有提出政府是"守夜人"(night-watchman)的观点,也不主张政府的功能只是一个防火防盗的守夜警察。其实,真正提出"守夜人政府"(德语:Nachtwächterstaat)一词的人是德国社会主义者拉萨尔,他的目的是将政府和国家的功能定位在"仅仅是防止抢劫和盗窃",③类似于无政府主义的观点。但斯密对政府的功能定位,远远超越了"守夜

---

① 田国强:《高级微观经济学》,北京:中国人民大学出版社,2018年,第677页。

② Smith, *The Theory of Moral Sentiments*, pp. 326–327.

③ Marian Sawer, *The Ethical State? Social Liberalism in Australia* (Victoria, Australia: Melbourne University Press, 2003), p. 87; 并参见高连奎:《反误导:一个经济学家的醒悟》,北京:东方出版社,2014年。

人"角色,因为斯密认为,政府必须承担国防①、司法②和公共工程等③重责大任。

所以,适度哲学提倡一种良为政府的理念,与恶为和乱为政府相对。良为政府的内涵包括三个方面:一是具有良好行为的政府,主要指政府官员的执政行为要良好,杜绝贪污腐败;二是具有良性作为的政府,主要是政府的政策能良性推动社会发展和增进民众福祉;三是具有良善作为的政府,其行为不能是恶行恶状,像英国圈地运动一样,为了养羊,无情驱赶农民,导致"羊吃人"的悲剧。所以,良为政府包括"三良"要素:良政、良官、良行。同时,适度哲学也有助于提倡善为政府的理念,包括善德作为,防止不公平、不正义的做法,强调政府行为的公平性,这也意味着善于作为,而不是无能作为,强调政府的执政能力和有效治理。

最后,面对社会不公的失衡现象,需要加入权衡取舍的适度哲学要素。寻找适度经济政策的过程就是权衡、权变的过程,如面对新冠疫情,决策者需要权衡经济发展与疫情防治,权衡富人的医疗质量和穷人的基本生存需要,权衡生物性需求与社会性需求,权衡生物传染与社会传染等两难,最后寻找和决定一个"支点",旨在平衡互相对立的因素,而不是把某个因素当作独立和孤立的因

---

① Adam Smith, *An Inquiry into the Nature and Causes of the Wealth of Nations* (Chicago: The University of Chicago Press, 1977), p. 922.
② Smith, *The Wealth of Nations*, p. 946.
③ Smith, *The Wealth of Nations*, pp. 963-976.

素。① 对此,阿罗也对如何权衡增长与公平的两难,提出妥协与交换的原则。②

现实的政策对这些两难、三难甚至多难的"疑难杂症",已经有了许多行之有效的权变举措。例如,为了解决汽车引发的空气污染问题,既不能因噎废食,实行彻底禁止民众用车的过度政策,也不能实行听之任之的不及政策,比较合理的政策是鼓励多人共享一车出行(carpool)的政策,而且设置专门通道,给两三人共享一车的车主以快速通行的优先权;也可以对使用私车进城的车主,施以重税、提高停车的难度与代价,同时对使用城市公共交通的民众,提供一定程度的方便与奖励。类似措施,就是典型的适度平衡政策。

三、基本措施

防范经济运行的过度和不及、设计和推行适度的经济措施数不胜数,限于篇幅,这里主要讨论几个与经济行为"剥削"(exploitation)现象有关的问题。

根据复杂经济学的定义,经济学的"剥削"行为有两大含义:一是为了获得利益而使用某种东西;二是为了个人私利,自私或不公

---

① David Krakauer and Geoffrey West, "The Damage We're Not Attending to: Scientists who Study Complex Systems Offer Solutions to the Pandemic," *Nautilus*, July 8, 2020. (http://nautil.us/issue/87/risk/the-damage-were-not-attending-to).
② Kennth Arrow, "The Trade-off Between Growth and Equity," In *Collected Papers of Kenneth J. Arrow: Social Choice and Justice*, edited by Kennth Arrow (Cambridge: The Belknap Press of Harvard University Press, 1983), pp. 190-200.

平地玩弄某人或某种情势。这里的"玩弄",具有更加有害的含义:它表示经济主体为了实现自己的目的而操纵一个系统,由此常常会背弃他人对他们的信任,并会伤害他人。[1] 所以,任何一个完美的规则和系统,都难以避免被人钻空子。阿瑟为此举了一个有趣的例子:2005 年,美国亚利桑那州州长纳波利塔诺(Janet Napolitano)在谈到美墨边境的非法移民问题时,模仿非法移民的口气说:"你们把边境墙砌到 15 米高,我们就会造出 16 米高的梯子。"[2]这一例子深刻表明了人性之本质,这是一场"道"与"魔"、"猫"与"鼠"、"警"与"匪"、政策与对策的永恒博弈,由此也揭示了"剥削"行为是人性的劣根,不仅与人类长期同在,而且很难被发现、阻止与根治。

阿瑟罗列了四个导致剥削行为的原因和表现。第一,利用不对称信息。许多金融衍生产品的推广者很清楚产品的弊端,但投资者或客户浑然不知,而且金融部门故意将关键广告词写得很小,且将广告播放得很快,既用以避免可能的法律诉讼,也导致消费者无法轻易发现这些关键信息。

第二,行为主体通过"裁剪"行为,玩弄和操纵一切需要评估和监管的标准,旨在尽快、尽低代价地通过一切法律法规的评估,包括教育资格、环保标准、资助标准、会计规范、人权要求、产品质量、税务报告、官员业绩、治理成效等。以政府治理绩效为例,人们已经总结了这种"剥削"行为的两个定律:一是"坎贝尔定律"(Campbell's law),表示越频繁地使用大量的量化指标作为监管标

---

[1] Arthur, *Complexity and the Economy*, p. 105.
[2] Arthur, *Complexity and the Economy*, pp. 103-104.

准,越有可能导致腐败,并越容易扭曲监管的社会过程,这也是过度指标化和计量化的负面后果;二是"古德哈特定律"(Goodhart's law),意味着任何能够观察到的统计规律性,只要将它用于控制的目的,就必定会失效,①这也是过度控制的坏处。这两个定律的核心警示就是,任何制定的绩效标准都会被最大限度地或过度地利用,从而失去了原来的真正的评价意义和目的。② 尤其是在一个垂直型的治理制度下,只要上有所好,中层或下层一定层层加码,而且"一刀切",将本来应该是一个适度的监管和评估过程,变异为极端过度、严密控制和严重腐败的剥削进程,导致适度的监管成为不可能。

第三是获得系统的部分控制权,来完成剥削行为。它是指一些特权小团伙控制了系统的部分重要资源,为一己私利服务,它类似于计算机系统里的病毒对数据资源的侵占。在2008年金融危机期间,一些保险业巨头就属于这类小团伙,他们的成员以高额工资的形式获得了巨大利益,但公司的投资却以失败告终。这与一些国有企业经理巧取豪夺国有资产的行为与后果类似。

第四,剥削行为是以超越政策设计者意图的方式,来利用和操纵系统的元素,包括利用网站的评级系统去操纵对他人的评级,将某个规则设计成一个系统的漏洞等,导致某条规则蜕变成一个犯法的通道,让金钱悄悄地自由而又"合法"地通过。③ 很多常见的

---

① Alec Chrystal and Paul Mizen, "Goodhart's Law: Its Origins, Meaning and Implications for Monetary Policy," (http://cyberlibris.typepad.com/blog/files/ Goodharts _ Law. pdf) , 2001.
② Arthur, *Complexity and the Economy*, p. 108.
③ Arthur, *Complexity and the Economy*, p. 109.

以合法"避税"之名,行非法偷税漏税之事,应该属于这类剥削行为。

对此,决策者需要制定一个适度的防范剥削行为的政策,而且不能一劳永逸,因为一旦进入实施的动态和开放过程,剥削行为还会持续发生,需要决策者和监管者不断地适度跟进和改进,及时纠偏和纠正。例如,2020年美国应对新冠疫情,尽管划定了逐渐放开的四大阶段,发布了各阶段"万全"的防疫指南,但由于有人大量从事剥削行为,包括不戴口罩、不保持社交距离、不勤洗手,最后导致疫情几度反复。同时,有人故意不回去工作,因为他们看到了美国一些救济和失业补助等政策的激励机制,不工作却有失业救济的收益,且大于回去辛苦工作所得到的报酬;也有人利用政府给小企业的贷款,涉嫌欺诈冒领。①

所以,正确的适度政策的设计,既要提前预测可能的过度和不及,又要准备好预案,一旦疫情反弹,需要及时纠偏,回归适度。在此过程中,要防止政客、资本和民众共同的投机和剥削行为。必须指出,剥削行为不是资本和权力的专属,一般民众也会参与,而且更难被及时辨别和有效防止,因为他们代表选票、民意或政治正确,而且法难责众,对此需要"提前预见或者预先提出警告"。②

阿瑟据此提出预见和预警剥削行为的"失败模式分析"。③ 这是一种评估政策体系,需要遵守以下三大步骤:第一步,必须掌握

---

① 哥谭派:《在美华裔涉嫌欺诈冒领280万企业舒困款被捕》(2020年8月19日),洛杉矶华人信息网,https://www.chineseinla.com/hotnews/1942129.html。
② Arthur, *Complexity and the Economy*, p. 105.
③ Arthur, *Complexity and the Economy*, p. 106.

过去失败的经验、教训和信息,这也是一种路径依赖。第二步,微观考察导致结构崩溃的细节,因为细节决定成败,一条堤坝的倒塌,有时来自一群蚂蚁的捣乱。类似地,许多剥削行为来自个别的小团伙,所以必须对那些个别人的行为进行预测和预警。第三步,需要在系统中找到一个"高压地带",它们往往能够强烈激励行为主体越位,诱惑他们从事损人利己的剥削行为,例如逃税和漏税等,就属于高发、频发的剥削领域。然后决策者需要根据自己过往的经验与想象,合理设计一个模块,"注入"系统之中,由此就可以及时跟踪剥削者的行为,并设计相关的阻止他们剥削的工作模型。[1] 其实,早在1970年代,阿克塞尔罗德(Robert Axelrod)就举办过类似于囚徒困境的博弈锦标赛:让"囚徒们"进行连续和重复博弈,促使博弈双方将无数个"激励""剥削行为"或"阴谋诡计"识别出来,然后建立相应的应对模型。[2]

所以,适度经济学也可以借鉴复杂经济学模型的"失败模式分析"和压力测试,预测何种激励会导致行为主体的不及、过度或者适度的行为,逼迫参与者在三种选择面前,只能选择适度。类似于设计一种防止腐败的机制,逼迫官员一不敢腐,因为存在严厉、现实、即时的惩罚机制,导致贪官得不偿失;二不愿腐,也不值得腐,因为建立了诱人和难以舍弃的高薪养廉机制,现成的收益大于不确定的风险;三是不想腐,因为建立了对廉洁者的名誉奖励和道德认同的制度,并由此规范和重构了官员的日常行为,廉洁的习惯成了正常的自然,建构了一种固有的生活方式。

---

[1] Arthur, *Complexity and the Economy*, p. 110.
[2] Arthur, *Complexity and the Economy*, p. 111.

自从"二战"以来,世界各国已经在各类安全系统的设计与实施方面取得重大进展,包括航空安全、核武器安全、建筑安全、地质安全、食品安全、医药安全、网络安全等,唯独在金融安全和经济安全上,没有取得显著进展,各类经济泡沫和金融欺诈层出不穷。其中一大原因是经济学家对那只"看不见的手"的过度信任,以为这只"万能的手"一定能够或迟或早地将失序、失灵和失德的市场经济,导向均衡与适度的结局。但更重要的原因是缺乏一种适度经济的机制,在适度经济政策实施之前,就能帮助经济主体、客体和导体三者,找到可能的失败模式,[①]创造适宜的元条件。[②]

除了剥削行为,经济行为里还存在类似于剥削行为的机会主义、非理性、免费搭车、弯道超车等行为,也就是孔子所诟病的"小人"、亚里士多德所反对的罪恶,以及阿伦特(Hannah Arendt, 1906—1975)笔下的"平庸之恶"等。这些行为的共同特点就是过度贪婪、过度利己和过度损人。

四、量化标准

尽管适度经济学的量化指标很难确定,但可以根据几大流行的常识与标准,为适度经济和政策设定一个大致的边界。

根据本书第一章提到的"金发女孩经济",经济增长达到适度

[①] Arthur, *Complexity and the Economy*, p. 117.
[②] D. Colander and R. Kupers, *Laissez-Faire Activism: The Complexity Frame for Public Policy* (Princeton, New York: Princeton University Press, 2014). 转引自 Arthur, *Complexity and the Economy*, p. 24.

和"伟大的温和"的标准,应该可以有五大经济指标的"黄金"表现作为参照,包括国内生产总值(GDP)、工业产值、失业率、工资和价格。① 这五大指标将显示经济增长是否进入"黄金"时期,而这种"黄金"时期的基本标准包括:经济既不过热,也不过冷;既没有过度通胀,也没有过多失业,属于一种潮起潮落、不断波动的经济周期中最为美妙的阶段。有点类似于 1990 年代和 2017—2019 年的美国、1985—1990 年的日本,它们大多出现了高增长、低通胀的"黄金"组合。②

同时,借鉴适度经济增长率的概念,适度经济需要有符合实际、合理和正常速度的增长率,主要有五大表现:充分就业、产业协调、运行稳定、效益显著、福利最大。有意思的是,它与"金发女孩经济"的"伟大的温和"存在一个直接的交集:失业率。很显然,充分就业与否代表着经济增长是否有助于吸收闲置资源,它与资本、劳动力、技术管理等生产要素密切相关。所以,就业率在某种意义上是经济增长率的重要指标,如果投资增长,有效需求提升,企业对劳工的需求就会相应增加,就业率就会提高,经济就会取得增长。但是这种增长必须是适度和可持续的,如果有效需求不足,产能不足,经济增长率过低,失业率就会增加;相反,经济增长率过高,超出生产潜能的限度,就会导致需求膨胀,经济出现停滞,反过来又会限制就业,并导致就业率和经济增长率出现充满水分的名

---

① Ben Bernanke, "The Great Moderation," *Federal Reserve History*, November 22, 2013. (https://www.federalreservehistory.org/essays/great_moderation)
② D. Buttonwood, "Economic Optimism Drives Stockmarket Highs," *The Economist*, October 17, 2017.

义增长。①

基于此,萨缪尔森认为,5%的失业率应该是经济发展的节点,因为这是充分就业的标准。也就是说,一旦失业率从高于5%降到5%以下,市场就进入有序与有机状态,政府就应该退出行政干预,鼓励市场自发地发挥资源的配置作用。② 所以,适度经济的充分就业指标,应该也是在失业率5%左右。如果失业率高于5%,可能表明经济过冷,政府的财政和金融政策之干预就成为必要;而失业率一旦低于3%,通胀的危险也许有可能来临,经济可能出现过热,劳工成本加大,于是,政府需要再度出手,推出防止通货膨胀的经济政策。

根据充分就业的类似原理,美国经济历史发展的一般经验也大致要求通货膨胀率需要控制在 2%—3% 之间,才算适度;类似地,衡量收入分配的基尼系数应该控制在 0.3—0.4 之间,银行利率应该在 2%—5% 之间,财政赤字则需要控制在 GDP 的 3% 之内,而且最适度的 GDP 年增长率也应在 2%—3% 之间。有意思的是,多数国家所认定的各大经济增长的适度指标,大多在 2%—5% 这个区间。

当然,各大适度经济指标是相互影响的,必须综合分析,系统比较,才能确定经济发展适度与否的标准。合理与适度的经济增

---

① 李华、刘瑞主编:《国民经济管理学》,北京:高等教育出版社,2001 年;王积业:《关于确定适度经济增长率的几个问题》,《投资研究》1990 年第 7 期,第 1—3 页;刘春泉:《关于经济适度增长的几个理论问题》,《经济师》2003 年第 11 期,第 252—253 页;山琳琳:《关于我国经济增长的几个问题的探讨》,《企业家天地》2012 年第 6 期,第 7 页。

② Paul Samuelson, *Economics: An Introductory Analysis*, 19th ed. (New York: McGraw-Hill Book Co., 2009), p. 212.

长率,还应体现需要与可能的统一,生产与生活的统一,速度、比例与效益的统一,短期与长期的统一,由此才能形成良性循环的有效和可持续增长。更重要的是,通过对各类定量指标的观察和各类要素的综合分析,才能决定政府干预政策的三种基本对策:1)是否有必要出台？2)需要在哪些领域和类别,适度出台？3)出台政策的力度多大、时间多久,才是适度？

所以,适度就是为经济增长提供具有边界意义的经济哲学,而建立边界的决定因素是经济要素本身所具备的弹性或张力,如分工的程度决定规模和生产率的弹性,而弹性是指各要素所能达到的最优极限,在这个弹性极限的区域内,根据自身的张力达到适度的均衡点。

总之,适度经济的政策原则是在回答如何做到适度,它既要求决策者具备适度的德性、习性、胆识和魄力,也要求建立评价适度政策的原则,包括评价要点、政策要素、基本措施和量化标准,为适度经济学的有效运用,提供可证实、可证伪和可操作的工具。

第九章 适度经济学宏观案例研究

在讨论了适度经济学的哲学渊源、三元理论与研究主题、研究方法和政策原则之后,需要结合具体的宏观经济案例,观察和分析适度经济学的效用。由于笔者主要从事美国经济史的学习与研究,所以,希望运用适度经济学的一些要素,考察美国宏观经济的发展进程。[①] 其实,适度经济学的平衡性、共享性、演化性等原则,都能从美国和中国经济发展的案例中找到依据。

第一节 美国早期工业化困境的适度平衡

研究美国早期工业化,需要借助适度经济学的平衡思想和理论,旨在深化对美国发展困境和两难的理解。美国在19世纪上半

---

① 此章的第一至第三小节,主要源自洪朝辉:《社会经济变迁的主题——美国现代化进程新论》,杭州:杭州大学出版社,1994年,第82—139、224—267页。

期,开始了经济起飞和早期工业化的进程,但由此也带来了正反两面的社会经济影响:经济发展与社会动荡,由此迫使美国各界不得不在急剧的历史变动中,平衡发展与稳定的两难,并以社会经济改革的方式,做出美国式的适度回应。

一、美国早期工业化的经济主题

美国早期工业化的经济主题主要由技术革命、交通革命和工厂制度革命构成。首先,技术革命是美国工业化的灵魂和根本动力,而技术革命的核心是美国人的创新精神。总体而言,美国人比之于英国人更大胆、更开放,且更富于创新精神,一大原因与长子继承制有关。英国法律规定,长子继承家族所有财产。于是,17世纪之时,大批英国非长子到弗吉尼亚和马里兰探险,次子天生比长子更愿意冒险,因为"一穷二白",没有财产包袱,也没有坐享父辈遗产的资格。同时,大批清教徒来到新英格兰,他们为了追求宗教自由,逃避追杀,有很强的抗风险能力,而且整体处于被迫害的心理恐惧之中,居安思危,如履薄冰。加上19世纪西部牛仔的出现,更是把冒险、创新当作生活的必需和习惯。所以,理解美国的创新精神,必须追溯这些人文历史的传统,了解他们"不创新、毋宁死"的心境。

美国技术革命的主题首先是机器生产,据保守估计,1838年的美国已拥有 1600 台新型的高压蒸汽机。① 而且固定资产更新率惊人,19 世纪上半期新英格兰地区的厂房也普遍装备着机龄 5 年、10 年和 15 年的先进机器。② 另外,美国电报业也呈跳跃式发展,到 1860 年电报线长达 5 万英里,并在 1861 年首次贯通东西两岸。③ 美国技术革命还涉及消费市场的变革,主要体现在当时的三大消费产品:冰、枪、钟。1850 年,家庭冰箱成为城市的普遍消费产品,为现代人的食品享用与享乐提供了便利。④ 枪的普及主要由狩猎业和娱乐业推动,也为个人自由与安全提供保障,19 世纪上半叶,联邦政府在弗吉尼亚和马萨诸塞两州建立了全国性的军工厂。⑤ 钟表的普及是现代人将时间视为金钱的观念之体现,⑥1840 年,在偏僻的肯塔基、印第安纳、伊利诺伊、密苏里和阿肯色等州的小木屋里,常见康涅狄格州制造的闹钟。⑦

除了技术革命,美国交通革命也构成了另一早期工业化的主

---

① Peter Temin, "Steam and Waterpower in the Early Nineteenth Century," in Robert Fogel and Stanley Eugerman, ed., *The Reinterpretation of American Economic History* (New York: Harper & Row, 1971), pp. 229-231.
② H. J. Habakkuk, *American and British Technology in the Nineteenth Century* (Cambridge: Cambridge University Press, 1982), pp. 56-57.
③ Mary Norton, *A People and A Nation* (Boston: Houghton Mifflin School, 1990), vol. 1, pp. 248-249.
④ Richard Cummings, *The American Ice Harvests: A Historical Study in Technology, 1800-1918* (Berkeley: University of California Press, 1989), p. 130.
⑤ Richard Brown, *Modernization: The Transformation of American Life, 1600-1865* (New York: Waveland Pr Inc., 1986), pp. 133-134.
⑥ Dirk Struik, *Yankee Science in the Making: Sicence and Engineering in New England from Colonial Times to the Civil War* (New York: Dover Publications, 1992), p. 312.
⑦ George Featherstonbaugh, *Excursion Through the Slave States, from Washington on the Potomac, to the Frontier of Mexico* (New York: Harper & brothers, 1844), p. 91.

题与动力。短短50年,美国的交通业经历了三大时代:公路①、运河②和铁路③。美国公路兴盛不过40年(1790—1830),运河不过35年(1825—1860),但铁路的兴盛期长达125年(1825—1950),直到1950年,高速公路成为主导。由此表明,公路和运河代表农业国向工业国的过渡,而火车头才真正代表工业社会的精神与脊梁。

同时,美国工厂制度的革命在更深层次改造了美国社会的传统性格。美国早期工厂制度起源于1760年代马萨诸塞的林恩(Lynn)。美国工厂起源于制鞋工业,而不是欧洲国家所流行的纺织业。制鞋工业直接与传统的手工纺织业相连接,是农业社会向工业社会演进的"跳板产业",是一种积极的"跳板",不仅仅是一个消极的"过渡"。而且,自1799年起,美国的康涅狄格制枪厂首次应用生产流水线。④ 工厂制度的出现使得现代工人取代了封建色彩的行会学徒,资本家代替了行会业主,而且一纸合同代替了旧日主仆关系,现代工厂取代了旧时的家庭作坊。这样,工厂制度就对人的自由产生了双重影响。第一,人们开始摆脱土地束缚,自由支配自己的人身,而且机器的应用,降低了对劳工技术的要求和入职的门槛,给人以最大的择业自由,教育不再绝对必要,赚钱不仅仅依靠学位和地位。第二,尽管工厂制度使人得到更多自由,但自由不等于平等,而不平等势必制约更多自由的获取,也影响自由的可

---

① Peter McClelland, "Transportation," Glenn Potter, ed., *Encyclopedia of American Economic History*(New York: Scribner's, 1980), vol. 1, p. 310.
② McClelland, "Transportation," pp. 310-311.
③ McClelland, "Transportation," pp. 314-326.
④ H. J. Habakkuk, *American and British Technology in the Nineteenth Century* (Cambridge: Cambridge University Press, 1982), pp. 104-105.

持续发展。在流水线下工作的工人,必须抹去个人意志,也没有自由行为。

工厂制度不仅对自由产生双重影响,也对人的独立产生双重影响。一方面,机器生产促使各部门必须紧密配合,互相依存,从事各部门生产的工人被连接成一个整体,你中有我,我中有你,独立个性和主观能动性变得微不足道。另一方面,生产的专业化又使各部门相互独立,一台机器由各种零件独立组成,如果一个零件坏了,不需要更换全部机器。① 这种"零件互换原理"导致各个部门的个人作用对整个工厂的运作难有决定性意义,甚至一个部门的工人罢工,或者几个生产骨干的生老病死,也无足轻重。这就深刻表明,工厂制度的发展导致工业社会的人际关系出现既互相依存又互相独立的特点,②与前述的适度经济学的"三角形思维"和三角功能类似。

二、美国早期工业化的双重影响

美国早期工业化留下了令人困惑与困扰的两大影响:自由与动荡,而且这是一对怪物,相生相克,互为因果。工业化带来了人的解放与自由,但自由也带来了动荡与危机,并为自由的进一步维持与拓展制造了最大的敌人。对此,美国民众的三观也出现了裂变,有人喜欢自由;有人喜欢稳定;有人有时喜欢自由,有时热爱稳

---

① Daniel Boorstin, *The Americans: The National Experience* (New York: Vintage Books, 1965), p. 34.
② 洪朝辉:《社会经济变迁的主题》,第 95—96 页。

定;有人这次投票给偏好自由的民主党,下次却投给偏好稳定的共和党。

显然,多数美国民众肯定工业化的正面成果,拥抱自由与民主,其中的一大原因是工业化带来了新机会,包括发财机会、获得土地机会、就业机会、迁徙和移民机会。于是,就孕育了一种美国式的三观:拥抱机会,拥抱自由。强者的标志是创造机会、利用机会,而不是等待机会和失去机会。

但是,当人人都拥有机会之时,也意味着个个都有可能失去机会;当人人都充满希望时,也意味着失望和绝望会伴随而来。就像狄更斯在《双城记》所说,这是最好的时代,这是最坏的时代。更重要的是,那些发财、工作、占地、移民的机会大多伴随着鲜血、暴力、死亡和灾难。这是一个刺激人们的希望、欲望和奢望的年代,必然同时孕育着动荡、危机和恐怖。

具体而言,19世纪上半叶,美国民众对早期工业化悲观和负面的反应,主要来源于下列几大因素。一是周期性的经济危机,1819年出现了第一次经济危机,随后又是1837年和1857年危机。① 二是严重的贫富分化。② 三是西进运动破坏了西部社会的秩序与法制,先到先得,占水为王、占地为王,这是典型的丛林法则,而且大肆屠杀印第安人,西部牛仔成为无法无天、武侠暴力的代名词。③ 四是宗教信仰出现全面危机。宗教信仰向来具有稳定社会、

---

① Geoffrey Moore, "Business Cycles, Panics, and Depressions, " Glenn Potter, ed., *Encyclopedia of American Economic History*, vol. 1, pp. 151–156.
② Edward Pessen, "Social Mobility, " Glenn Potter, ed., *Encyclopedia of American Economic History*, vol. 2, pp. 1127–1128.
③ Boorstin, *The Americans*, p. 78.

维护传统、坚守行为底线的功能,但美国革命后以人为本的精神,开始逐渐取代以神为本的基督教传统,世俗化倾向进一步加剧物欲横流,为各种道德犯罪与社会动荡提供条件。五是酗酒现象严重,威胁稳定秩序,其基本原因在于酗酒是个人主义、自由主义的象征,也是排解工业社会所带来的紧张、压抑的手段,加上19世纪初爱酒的爱尔兰人大量涌入,导致酒的需求刺激供应,价格下降,激励更多人嗜酒如命。[1] 六是教育危机,上学不再是发财的必要条件,导致大批学生退学、旷课。1800年,5至19岁的学生,平均一年在校念书的时间是14天。[2] 于是,无知者往往非理性,而非理性的文盲比较容易接受暴力和无政府主义。七是精神病人大量出现。在殖民地时期,精神病是贵族病,主因是感情纠纷和财务危机。富有的病人往往可以得到家庭的严密看管,不会导致社会危机。但到了19世纪初,大批平民患上了这个"文明病",既无钱就医,又没有家庭照顾,因为家庭在工业文明的冲击下,已经出现断裂和解体。这样,大批精神病患者流落街头,从事各种有意无意的犯罪活动,包括持枪杀人,威胁社会稳定。

三、美国社会经济改革的适度努力

面对工业化带来的负面影响,在19世纪上半叶,美国社会的有识之士和社区领袖,既不是过度地发动暴力革命,也不是不及地

---

[1] Richard Current, *American History* (New York: Knopf, 1983), pp. 333-334.
[2] Albert Fishlow, "The Common School Revival: Fact or Fancy?" in Henry Rosovsky, ed., *Industrialization in Two Systems* (New York: Wiley, 1966), pp. 63-65.

视而不见,而是走了一条平衡、适度的中道之路,推动了具有历史意义的社会改革。这次社会改革的实质旨在平衡个人主义与社会秩序、协调个人自由与社会责任。基于这个理念,19世纪上半叶的社会改革确立了两大适度原则与目标:一是通过改革,最大限度地鼓励个人的自由和自由的个人,并清除阻碍自由意志、自由精神、自由行为的传统体制和集权观念;二是适度重建社会秩序,增强个人的社会责任,强调人有权利拥抱自由,但也必须守住法律的底线,遵守道德的上限。

美国社会改革的主题包括宗教体制改革、妇女解放运动、废奴主义运动、教育体制改革、戒酒运动和救济体制改革。限于篇幅,笔者只侧重于论述与社会经济直接相关的美国救济体制改革。

贫困、流浪者和精神病深深困扰着美国的早期工业社会。解决这些问题的两极选项是要么暴力强制、限时消灭,要么自由放任、听之任之。但美国主流社会既不选择激进管制,也不选择无为默认。

首先,19世纪上半叶的美国社会竭力实施社会救济组织的改造,完善救济功能。当时,大批精神病人、流民和痴呆患者被铐上镣铐,关进牢房。自1820年起,社会改革者极力推动各类救济院、孤儿院和精神病院的建立,著名的加劳德特(Thomas Gallaudet, 1787—1851)建立了一种训练中心,帮助聋哑人重建对人生的信心。多萝西娅·迪克斯(Dorothea Dix, 1802—1887)远行4000英里,调查了600座监狱与救济院,提出了轰动一时的改革请愿书,迫使20个州采纳了她的建议,建立了32座新医院。① 到1860年,全美33州,已有28州为精神病人建立了公共设施。②

同时,救济体制改革注重改革扶贫的理念与管理方式。改革者认为:救心重于救人,消极的关押与救济不足以挽救人心。于是,他们在新建的救济机构中提出道德教育,严格纪律。而且,在救济机构大力加强教育的功能,大批义工到这些救济机构义务传教、治病,一起生活、娱乐。医治、乐治、法治和德治四管齐下。

最具美国特色的救济体制改革是政府不介入救济体系的建立与完善。由此必然产生两种后果:一是促使社会改革而不是政治运动,形成自下而上的草根、社区运动;二是资金严重不足,救济努力难以持续,救济设施的数量与质量难以保证。最后,在1850年代初,救济体系改革遭遇重大挫折,导致救济机构人满为患,拥挤的住宿条件反而催化了犯罪活动。而且,由于缺医少药,许多老弱病残在救济院中死亡。还有,管理人员素质不佳,经常采取可怕而又严厉的手段对付民众,导致改造灵魂的初衷与暴力的不人道手段形成讽刺性的对比。这种情况的改变只能等到1930年代的罗斯福新政引入社会主义的经济元素,运用社会保险体系,实行抽肥补瘦、保护穷人和病人的新政措施。其中的一大历史教训是,适度的标准需要不断调整,过度适度又是一种不适度。其实,面对社会问题,美国的经验与教训为适度程序的有效实施提供了启示:应该先由社会、社区、基层发动救济,再由政府实质介入,并提供法律制度保障,这样才能达到事半功倍、标本兼治的目的。

---

① John Cary, *The Social Fabric* (Boston: Little, Brown & Co., 1989), vol. 1, p. 195.
② Current, *American History*, p. 363.

显然,当时美国实施的适度的社会经济改革,产生了许多积极的效应。第一,平衡了个人主义与社会秩序的双重价值观。这场草根运动成功地成为连接秩序与自由、责任与权利、法律与道德的中介点。其实,守住法律的底线对多数人的要求过低,遵守道德的上限对多数人的要求又过高,在这两条线内,需要提倡古典经济学派所主张的一条理性经济人的中线,也就是自利不自私,利己不损人,主观为己、客观为人。亚当·斯密认为,如果"利己"没有对他人造成伤害,就不是"恶",当然也不是善。善恶之间,还有第三种"非善非恶""半善半恶""似善似恶"的情况。

第二,节省社会成本,减少社会风险。如果把社会改革放在政治改革与经济改革的三角范式之中考察,就会发现社会改革更有效、更可持续,更有助于促进社会内部深层结构的演进,尽管不够快速。而且,由于它的非政治、非暴力性质,社会成本较低。尽管社会改革过程充满激情,但少有暴力;难免激进,但不见革命。由此,能够最大限度地动员最多数民众的长期参与。

第三,促进人权意识觉醒,推动美国走向人的现代化。从逻辑上说,工业化使人脱离自然界,获得解放,但摆脱自然界控制,并不意味着获得了精神自由,也不意味着摆脱了社会的束缚,人还需要经历第二次解放,从自然与社会的双重束缚中都得到解放。而且,美国的经验是人权不应该带上政治和政党色彩,将人还原为自然人,只要是人,不管是民主党还是共和党,不管是穷人还是富人,也不管是男人还是女人,所有人都需要人权。这一共识是推动人权去政治化、降低人权政治成本的重要原则,并能促进最大范围、最长时期的人权建设,推动最多民众积极参与。

第四,促进中产阶级力量壮大。首先,有钱、有闲、有意且有能力推动社会改革的主力一定是中产阶级,他们是早期工业化的产物,由学者、科学家、教育学家、律师、医生等组成。他们拥有财产,所以希望稳定,有恒产者必有恒心;他们受过教育,所以向往自由。他们既不像无产阶级,希望暴力革命,也不像上层既得利益团体守成、保守,他们希望在稳定中求改革、在改革中求稳定,是平衡自由与秩序两难的中道力量。①

总之,如何面对和解决工业文明所带来的社会危机,是对美国社会上下适度平衡能力的重大考验,如果反应过度将扼杀自由,但反应不及则将加剧动荡。于是,早期工业化所带来的自由与动荡,迫使美国民众选择善恶同体的措施:拥抱自由必须接受动荡;创造机会必然制造危机;追求功利,则伴随着人心不古、人性堕落、人伦灭绝。它为所有转型社会与经济带来启示与反思。

首先,物质文明与精神文明的演进往往出现两对正负面的因果关系:一是工业化与自由化互为正面因果,即工业化释放了自由的能量,使人最大限度地摆脱自然与社会的束缚,同时自由社会又为工业化的起步与发展提供催化与保证;二是自由与动荡互为负面因果,即过度自由导致社会动荡,社会动荡又限制了个人自由。但是,既然社会动荡是历史发展的逻辑,所以不能奢望彻底避免,只能力争减少和减缓。彻底消灭社会动荡的最后也是最有效的办法,就是重回闭关锁国、刀耕火种的时代。同时,工业文明的病灶具有普遍性,包括经济危机、功利主义、失业、流浪、酗酒、妓女、精

---

① 洪朝辉:《社会经济变迁的主题》,第 136—138 页。

神病、投机、教育危机、信仰危机、贫富不均等。所以,既然这些消极、负面现象是文明社会的必然,那么,绝不能因为社会动荡而废弃经济工业化、社会多元化和个人自由化,导致因噎废食。

同时,自由与秩序是人性的双重需要,社会的责任是最大限度地适度协调两者的关系。人性对自由与秩序的需要犹如一只看不见的手,无时无刻不在调整着社会生态的均衡机制。过度自由将破坏秩序,最终自由也将失去,于是民众和社会就会被迫限制自由的幅度与改变自由的方向;过度强调秩序,必然导致专制,扼杀自由,并迫使被压迫的民众举行暴动,摧毁过度的秩序或专制,如美国革命后,最终引入了自由制度。这种钟摆式的社会演进表明:任何一个社会都不可能长期处在绝对秩序或绝对自由中。人性的双重性与由此形成的社会力量的双重性,最终在宏观层面和长远方面制约着整个社会走向两个极端:自由多了想秩序,秩序久了念自由。这就是为什么美国早期工业社会时有危机发生,却没有被毁灭的基本道理。

另外,工业化的双重遗产是一个有机的统一体,也是一种典型的心理现象。自由代表着可能性的空间,自由越多,可能性空间越大,机会也越多;动荡则是令多数人感到不习惯的变动。也就是说,令人感到习惯的变动是秩序,不习惯的变动是混乱,少见才多怪。如果消灭多数人感到不习惯的变动,会威胁少数人的自由;而废除少数人的自由、减少机会的数量,不一定就能带来多数人想要的秩序和稳定。所以,利与害是相对的,也彼此消长,更重要的是,利与害可以相互转化。于是,次优是我们的最大公约数,有限理性与比较正确的选择是牺牲一定的个人自由,换取相对的社会稳定;

容忍一定的社会动荡,保证相对的个人自由。这就是适度经济学所推崇的中道哲学之精髓。其实,自由与动荡共同推动了美国工业化的演进,不管是动力还是阻力,都是一种合力的变量,形成美国工业化的底色和特色。① 合力平衡与合理适度,就是硬道理。

第二节　美国政府干预经济的共享原则(1783—1920)

如果说,美国19世纪前半期的社会改革体现了适度经济学的平衡原则的话,那么自美国革命以来,美国政府干预经济的角色主要体现了适度经济学的共享原则,因为美国政府侧重于保护相对弱势的利益集团,扶弱抑强、促新抑旧,而且与时俱进,不断变换助推的对象。这样的适度共享原则,有助于促进美国社会的相对稳定、经济的不断繁荣。

美国政府干预美国经济是典型的美国政治经济学,存在两大历史逻辑的演化:一是干预经济的政府部门不断变化、层层递进,包括州政府、司法部门、立法部门和联邦政府,轮流出手;二是不同阶段存在不同的干预主体,交叉互动、主次分明。从1783年到1920年,美国政府干预经济的进程大致可分为三大阶段:一是州权主导阶段(1783—1860);二是联邦与立法共同促进和干预阶段(1860—1900);三是联邦行政干预阶段(1900—1920)。

---

① 洪朝辉:《社会经济变迁的主题》,第105—106页。

一、美国州权与司法权的经济功能

美国独立以后,以政府直接干预经济为主要特征的英国重商主义开始退出历史舞台,古典经济学派的自由放任理念逐渐输入美国。但是,依赖政府发展经济的"殖民地经济效应"具有长期的滞后性,自由放任经济的起步需要政府的保驾护航。必须指出,美国内战前,美国政府的角色不是经济的负面干预者,而是经济的正面促进者。当时美国政府的主要功能是帮助经济走上去政府化和自由放任的道路,而自由放任又离不开政府的助推与促进。所以,美国早期工业资本基本上乐见政府介入市场。①

这样,美国内战前,州政府与司法部门(最高法院)成了促进经济发展的主角。由于美国独立后的"自由政治效应",联邦政府以及国会被视为中央集权的象征,美国多数民众信奉州权至上、司法独立,并希望通过州政府和司法部门的合作,建立自由放任经济体系。所以,依赖型的殖民经济与独立型的自由政治产生了双重效应,深刻影响了美国自由放任经济的成型,也为州政府和司法权力的相对膨胀、联邦权力的相对萎缩,提供了特殊的历史背景。②

在州政府层面,美国各州的经济功能主要体现在以下三大领域。第一是交通建设。美国宪法明令禁止联邦政府在军事与邮政用途以外,插手全国范围的交通建设,这样就迫使麦迪逊总统在

---

① Gerald Nash, "States and Local Governments," Glenn Potter, ed., *Encyclopedia of American Economic History*, vol. 2, p. 515.
② 洪朝辉:《社会经济变迁的主题》,第 245 页。

1817年否决了联邦政府干预州际交通运输的法令。① 尽管美国的民族主义推动了第二国家银行的建立和保护性关税的实施,但全国性的交通建设却胎死腹中。但是,联邦权力的弱化给了州政府插手支持公路、运河和铁路建设的良机。纽约建造了著名的伊利运河,南方铁路的55%投资来自州政府。② 而且,州政府免费赠予公共土地,1781年以来,各州政府共向铁路企业提供了4660万英亩土地。③ 第二个领域是工农业,轻工业企业大多得到州政府的免税待遇和免费土地。而且,州政府提供大量优惠贷款,扶持农业,如在缅因州大量实施政府补贴。④ 第三个领域是金融业,以第七任总统杰克逊为首的地方主义、州权主义,在1836年成功摧毁了象征着民族主义金融的第二国家银行,并大面积催生了以各州为基地的州银行和地方银行。而且,州政府直接介入州银行的资金周转和人事任命。在西北部,州政府为州银行提供至少50%的银行资本,并主导各银行董事长以及一半经理人员的任命权。⑤

除了州政府介入经济发展以外,美国司法部门的经济功能也非常强大。首先,美国司法机构全面改革传统的合同法,刺激经济发展。18世纪传统的合同法以公平为主要特征,但是自19世纪开

---

① Current, *American History*, vol. 1, p. 241.
② Nash, "States and Local Governments," vol. 2, p. 515.
③ U.S. Bureau of Land Management, *Public Land Statistics* (Washington, D.C., 1974), p. 6, table 3.
④ Douglass North, *Growth and Welfare in the American Past: A New Economic History* (New Jersey: Prentice-Hall, Inc., 1982), p. 92.
⑤ Edward Kirkland, *A History of American Economic Life* (New York: Appleton-Century-Crofts, 1969), pp. 206-207.

始,公平原则逐渐被货物出门概不退换原则(caveat emptor)取代。这一原则主张,双方在交易过程中,应该鼓励买方自行负责识别卖方货物的好坏真假,如果事后发现有问题,法庭一般不受理吃亏买方的上诉。这种新法显然维护了新兴资本家的利益,不利于顾客,尤其是在期货市场,买方无法到现场一一查验所有货物,一旦事后发现以次充好、缺斤短两,只能自认倒霉。在现实中,这个新合同法是在用法律保障业者的发财自由、冒险欺诈,并减少投资者的法律风险和法律成本,变相赋予那些早期资本家一种法律特权,减轻他们生产经营的社会责任,这就是运用法律来保护"转型正义"的案例。①

其次,美国的财产法也开始成为保护新兴资本主义经济的法律工具。18世纪的财产法与合同法一样,旨在保护公平。进入19世纪,财产法的"公平法则"开始被削弱,取而代之的是国家对财产拥有"支配权"和"征用权"(eminent domain)。这一新财产法允许政府为了公共设施、交通运输以及各种产业建设,变相损害个人财产;同时政府可以合法帮助甲方发展私人产业,并以损害乙方的某些合法权益为代价。②

美国历史上的两大案例,有助于理解新财产法的法则。例一,1803年,一家纽约硫黄厂计划在住宅区建厂,于是居民状告工厂侵犯私人财产权,但化工厂强调,这属于他们的征用权和财产权。结

---

① Lawrence Friedman, *A History of American Law* (New York: A Touchstone Book, 1973), p. 233.
② Harry Scheiber, "Law and Political Institutions," Glenn Potter, ed., *Encyclopedia of American Economic History*, vol. 2, p. 499.

果,法庭判定化工厂胜诉。① 这个案例很有名,因为它第一次将财产性质分为两种:一是富有活力的财产(dynamic property),一是静止不变的财产(static property)。企业财产代表活力,居民房产则代表静止,所以企业自然拥有优先发展权。② 由此表明,在工业经济的早期发展阶段,国家法律往往优先考虑发展经济,保护环境次之。类似案件也在1936年发生,结果正好相反,因为环保优先。

例二,1837年发生了著名的查理斯河桥梁案,它从另一角度反映了新财产法保护资本的本质。此案涉及马萨诸塞州两家公司在查理斯河建桥的争议,甲方代表传统的特权利益,已在查理斯河上建了一座桥,为了垄断,甲方反对乙方在河上再建新桥。结果,最高法院首席大法官罗杰·托尼(Roger Taney,1777—1864)判定乙方胜诉。理由是必须打破甲方的垄断,特权必须受到抑制。③ 这是早期工业化时期,运用法律手段打击旧特权、扶持新资本的典型案例,但也为新特权的出现打下了基础。

最后,司法的另一经济功能是法律工具主义与法律形式主义,它们首先促使法官与陪审团的关系迅速变化。殖民地时期,外行的陪审团是最高仲裁者,有时往往凌驾于法官之上。但19世纪以来,法官在法庭的权威与权力日益提升,这样就有助于专业的法官运用专业的法律武器,更自如、更自由地保护经济发展。而且,法律工具主义与形式主义还促使法律与政治分离,推动法院独立于

---

① Scheiber, "Law and Political Institutions, " vol. 2, pp. 487-488.
② James Hurst, *Law and the Conditions of Freedom in the Nineteenth Century United States* (Madison: The University of Wisconsin Press, 1956), p. 283.
③ Current, *American History*, vol. 1, p. 300.

行政,以法官为主导的法律体系,具有高度专业化、规范化的特点,这在根本上排除了外行领导内行、行政官员干预法律制度的可能,使法律与法庭成为一批专业法官的工具与独立王国。① 对此,1801—1835 年在任的最高法院首席大法官约翰·马歇尔(John Marshall,1755—1835)做出了重大贡献。他主持通过了一系列案件的判决,建立了一个广为接受的司法准则:只有最高法院才有权力评论与推翻立法机构通过的法案,并有权力仲裁州际纠纷。1850 年后,这种要求法律和司法机构的权威性、独立性和专业性的理念,开始主导美国社会。法律被认为是客观、中立、独立与正义的象征,而且,法律也成了一门科学和精深的学问,为司法机构保护与促进经济发展的独断专行打下了基础。②

二、美国联邦、立法与经济干预

1860—1900 年,面对急剧发展的社会经济,州政府与地方政府开始陷入有心无力的困境。首先,工业化、城市化的发展,跨越了一州一县,州际经济和全国市场迅速发展,地方政府显然无力也无权干预全国经济;其次,强大的新兴资本集团已基本控制了地方政府的运作,对于这些新的特权阶层的胡作非为,地方政府只有纵容、默许,无力干预与制止;最后,地方政府官员普遍存在素质问

---

① Morton Horwitz, *The Transformation of American Law, 1780-1860: The Crises of Legal Orthodoxy* (Cambridge: Harvard University Press: 1979), p. 28.
② Scheiber, "Law and Political Institutions," vol. 2, p. 497.

题,专业的经济知识和法律知识不够,无法承担分析与决策的重任。①

于是,变动中的社会经济对美国联邦国会介入经济运作提出了迫切的要求,而变动中的政治环境也为这种历史性的介入提供了可能,因为1861年内战爆发以后,主张州权的南部议员退出国会,共和党主导的美国国会得到了干预经济的天赐良机。秉承联邦主义经济理念的共和党,主张强化联邦政府的力量,发挥联邦政府干预经济的功能。而且,美国内战后至1900年,基本上由共和党主控参议院和白宫。②

这样,内战期间和内战后,美国国会在四大方面做出了一些适度的努力,既促进了经济的正面发展,又干预和导正了经济发展过程中的负面现象。当然,也留下了许多后遗症,为美国社会提供了新一轮改造和改革的机会。

第一是土地立法。1862年的《宅地法》是美国国会干预联邦公共土地发展的显著例子。它规定,每个美国公民只要支付10美元的登记费,就可获得160英亩的西部土地。随后,国会连续颁行了10多条法律,试图导正《宅地法》实行过程中的弊端,并在1860—1900年,出售了7200万英亩土地。③ 但是,到了19世纪末,《宅地法》根本无法防止土地投机,制止土地垄断,更无法保证广大小农得到一块自主的宅地。1871—1974年,美国国会出售给小农的宅

---

① Nash, "States and Local Governments, " vol. 2, p. 517.
② 洪朝辉:《社会经济变迁的主题》,第252页。
③ Allan Bogue, "Land Policies and Sales, " Glenn Potter, ed., *Encyclopedia of American Economic History*, vol. 2, p. 594.

地,只占所处理的公共土地的 25.1%,而且大批小农到手的宅地,还不断被吞并和没收。① 于是,一批自由派人士开始企图改变美国传统的土地自由化战略,努力推动土地国有化。1891 年,美国国会通过了划时代的《1891 年修正法案》,决定停止现金出售及公开拍卖公共土地,鼓励在公共土地上建设国家所有的森林保留地,限制公有土地进一步私有化。② 国会的努力开始促使美国的公共土地由自由化的出售与赠送,转向政府控制下的土地国有。

第二是银行金融政策。共和党主控的国会,大力扶持联邦银行,干预金融事业。面对美国内战前后巨额的政府支出和财政赤字,现有的地方银行已经无法应付,财政危机呼唤统一的国家银行的再度诞生。③ 1863 年,国会通过著名的《国家银行法》,重建国家银行,并从 1866 年开始,对州银行发行的纸币实施惩罚性税收,逐渐控制与垄断全国纸币的发行。1873 年,国会开始强迫民众把手中的纸币兑换成硬通货,阻止货币贬值。到 1900 年,国会颁行金本位法案,建立强势货币,④其正面的一大效果是债务下降,债务占国民总收入的比例也降到 3.7%。⑤

第三是税收与关税政策。内战以来,战争开支庞大,税收自然大增。内战结束后,代表富人的共和党主政,逐渐减少税收,刺激

---

① U.S. Bureau of Land Management, *Public Land Statistics*, 1974, p. 6.
② Paul Gates, "The Homestead Law in an Incongruous Land System," *American Historical Review* 41 (1936): 681.
③ Kirkland, *A History of American Economic Life*, pp. 347–350.
④ Paul Trescott, "Central Banking," Glenn Potter, ed., *Encyclopedia of American Economic History*, vol. 2, p. 743.
⑤ Kirkland, *A History of American Economic Life*, p. 350.

投资。1872年,国会取消个人所得税,后在工农运动的压力下,到1894年,对年收入在4000美元以上的个人征收2%的所得税,几乎可以忽略不计。① 同时,美国国会极力主导进出口关税政策的制定,至内战结束的1865年,美国平均关税高达47%,比1857年增加一倍以上,成为美国历史上关税税率最高的时期。② 其实,当时国会的高关税政策,对美国民族经济的健康成长是一大正面推动,但在1870年代以后,美国工业化走向成熟,农业经济逐渐让位于工业经济,开放市场、倾销产品、降低关税成为普遍呼声。1894年,国会通过以低关税为特征的"威尔逊—戈尔曼关税案",使羊毛成为免税商品,煤、钢轨、马口铁、陶器和铁矿物等,平均降低40%—50%的关税,使平均关税从1865年的47%降到1894年的21%。③ 随着国家经济实力的消长,国会的经济功能已具备有效调节的能力,政治与经济发生良性互动。

第四是铁路建设政策。美国内战成为一个历史界点,自此以后的美国国会,开始公开、全面而且合法地推动州际的铁路建设。1862年,国会通过"太平洋铁路法案",旨在通过土地免费赠予铁路公司,激励私人资本对铁路的投资。在1872年前,国会免费送给铁路公司的土地高达1.7亿英亩之多,④帮助铁路公司成为当时最大

---

① Sidney Ratner, "Taxation," Glenn Potter, ed., *Encyclopedia of American Economic History*, vol. 1, pp. 455–456.

② Mary Norton, *A People and A Nation: A History of the United States* (Boston: Cengage, 1990), vol. 1, pp. 412–413.

③ J. J. Pincus, "Tariffs," Glenn Potter, ed., *Encyclopedia of American Economic History*, vol. 1, pp. 440–445.

④ Paul Boyer, *The Enduring Vision* (Boston: Wadsworth, 1993), vol. 2, p. 564.

的西部地主。1862年和1864年,国会立法建立两个联邦铁路机构——联合太平洋铁路公司和中央太平洋铁路公司,直接促成了1869年第一条横跨美国东西的铁路建设。① 但随着垄断集团更多地侵犯工农利益,1890年,来自俄亥俄州的联邦参议员约翰·谢尔曼(John Sherman,1823—1900)提出《反托拉斯法》,并在同年通过。此法规定托拉斯和任何组织对于贸易的限制行为皆为非法,并可处以5000美元的罚款及一年的监禁。②

但是,国会干预垄断也逐渐力不从心。因为美国具有悠久的自由主义传统,干预垄断有时也有干预自由之嫌;而且,国会的效率不彰,立法过程很慢;更重要的是,当时的最高法院与国会直接对抗,极力为垄断保驾护航。例如,1887—1905年间,有关铁路公司违反州际商业法的案件,共有16件送达高院,其中15件的处理结果,都是法官开释铁路公司。③ 而且,《反托拉斯法》有意无意地对"托拉斯"和"限制贸易"两词的定义界定得不清不楚,也就是将垄断与限制相混淆,导致1890—1904年间,政府只惩罚了18个托拉斯组织。④ 这样,美国垄断经济的野蛮生长,开始呼唤更强大的联邦行政部门和铁腕总统出面干预。

三、联邦行政权力与经济干预

美国联邦政府与大企业为敌的历史,起源于民主党人克利夫

---

① Current, *American History*, vol. 1, p. 422.
② Boyer, *The Enduring Vision*, vol. 2, p. 596.
③ Boyer, *The Enduring Vision*, vol. 2, p. 591.
④ Boyer, *The Enduring Vision*, vol. 2, p. 598.

兰总统（Grover Cleveland,1885—1889、1893—1897 年在任），到1920 年的威尔逊任总统达到顶峰为止。在 19 世纪末 20 世纪初，代表美国联邦政府强力干预垄断经济的主角是共和党老罗斯福总统（Theodore Roosevelt,1901—1909 年在任）和民主党威尔逊总统（Woodrow Wilson,1913—1921 年在任）。他们不分党派，共同反对垄断，可见垄断已成为过街老鼠：要选票，必须反垄断；支持垄断，就会失去选票。老罗斯福和威尔逊经过 16 年的不懈努力，构成了美国进步主义运动的精彩篇章。笔者以为，老罗斯福"新民族主义"改革和威尔逊"新自由主义"政策最重要的核心是社会公正，围绕这个核心，他们共同推动了三大主题的改革：公平、关怀、分享。

以社会公正为核心的进步主义运动具有适度的最大公约数功能。在 19 世纪末的美国各类党派和团体中，无论是激进的还是保守的，无论抱有什么样的政治动机及目的，他们都钟情于一个共同的口号：社会公正，并争相以社会公正为政治变革的旗帜。1787 年制定的美国联邦宪法就开宗明义地将成立完美国家的一大目的定位在"建立公正"，从而给"公正"二字烙上了历史的合法性和政治的正确性，得到自然法与成文法的共同追捧。[1] 共和党的老罗斯福和民主党的威尔逊，也都始终抓住社会公正这面大旗不放，将比较激进的"平民党"（People's Party）有关社会公正的纲领，[2]照单全收

---

[1] "Preamble," *Constitution of the United States of America and Amendments*. See Boyer, *The Enduring Vision*, vol. 2, pp. A-9.

[2] Henry Ralph Gabriel, *The Course of American Democratic Thought* (New York: Ronal Press Co., 1956), p. 205.

并充分消化。① 当时美国共和、民主两大党推动社会公正的直接动力是争取选票,因为在当时垄断盛行、政治腐败、贫富分化、物欲横流的社会环境中,多数美国选民急切呼唤社会公正。除了争取选票的现实需要,拉起社会公正的大旗实际上还具有"一石三鸟"的适度和中道效用。其一是"左右逢源",既能顺应工农大众反对特权集团的要求,又可满足特权集团维护其根本利益的愿望,化解他们对"改朝换代"的恐惧。但如果特权阶层拒绝和平的社会公正,就只能面对暴力的财产革命。其二是"欺上瞒下",运用社会公正的口号既能弱化权势集团对暴力革命和社会动荡的戒心,说服他们主动参与和积极配合政治变革,又能说服下层民众(尤其是知识分子)放弃暴力抗争,加入和平理性的议会斗争,从而得以将体制外的激进势力转化为体制内渐进变革的动力。其三是"左右开弓",既打击右翼的垄断财团、政府内的腐败势力和国家政治中的独裁倾向,又压制左翼的激进力量,制止社会主义运动的蔓延,成功瓦解有组织的暴力行为和破坏活动。②

　　进步主义运动以公平、关怀、分享为三大主题和原则,体现了适度经济学的共享价值。公平原则旨在强调公平的经济竞争和公平的政治参与,它包括三大措施。一是组织制度的安排。如在老罗斯福总统的主导下,美国于1901年设立了商业与劳工部,威尔逊总统于1914年建立了联邦贸易委员会,目的都是调查垄断企业,强

---

① George Mowry, *The Progressive Movement, 1900-1920* (American Historical Association, 1972), p. 5.
② 洪朝辉:《中国特殊论:中国发展的困惑和路径》,纽约:柯捷出版社,2004年,第22页。

制起诉和解散垄断组织。① 老罗斯福还强化司法部的功能,绕过最高法院,让司法部紧密配合总统,代行部分司法职责。② 这也许开了一个坏的先例,因为从此以后,美国的司法不再完全独立,尽管法院始终独立。二是法律制定,两位美国总统颁行了一系列反垄断的法令,强化反托拉斯法,限制垄断财团的无限发展,干预铁路公司的垄断价格等。如1906年颁布《洁净食物和药物法案》和《肉类检查法》,宣布禁止出售丧尽天良的假药和腐烂食品。老罗斯福任内共起诉43家垄断企业。③ 三是新民主措施,提出大众政府的新民主措施,如推动全国范围的创制权、复决权、罢免权、直接预选、民选参议员和妇女参选权等,旨在革除选举舞弊,鼓励大众参与,还政于民。并成功地在第17和第19宪法修正案中,明确规定各州选民有权直接选举联邦参议员,全体妇女有权参与选举。④ 所以,公平原则主要是指竞争起点的公正和竞争机会的公平。与此直接相关的,就是法律的公平、公正,这是国民安全感的来源。培根曾指出,不公正的司法判决比其他不公正的行为危害更大,因为不公正的行为只是弄脏了水流,而不公正的司法则把水源污染了。

除了公平原则,进步主义运动还实施了分享原则,主要强调结果公正和补偿原则,要求建立财富分享和财产二次分配的法律和制度,对在竞争过程中的弱者和败者进行制度性补偿,保证社会的连续性公平。例如,在所得税、遗产税、社会福利、医疗保险和房屋

---

① Ratner, "Taxation, " vol. 1, p. 456.
② Boyer, *The Enduring Vision*, vol. 2, p. 748.
③ Boyer, *The Enduring Vision*, vol. 2, pp. 749–756.
④ 洪朝辉:《中国特殊论》,第23页。

政策上，就不能实行贫富一视同仁、"平等对待"的政策，而应当使穷人能合法、合理而又和平地分享富人的一部分财产和收入。传统的杰斐逊式的自由主义只侧重于机会开放和机会平等，而社会公正则强调"结果平等"和机会倾斜，建立共同富裕的均富社会。例如在税法方面，威尔逊总统于1913年颁行累进所得税法，对年收入50万美元以上的个人征收7%的所得税，该法后来成为美国宪法第16修正案。① 这是美国法制史上实施抽肥补瘦、"劫富济贫"政策的首次胜利。另外就是建立国家公园，老罗斯福和威尔逊总统采取措施保护和保存自然资源。老罗斯福对近2亿英亩的公共土地予以保护，建立国家公园，不许垄断资本插手。② 还有，允许联邦政府控制公共土地，所以今天美国三分之一的土地仍属于国有或公有，联邦政府拥有7亿英亩的土地，其中包括阿拉斯加州96%的土地和内华达州86%的土地。③ 从这个意义上说，美国并不是一个典型的资本主义制度和土地私有化国家，而是一个比较"适度"的土地私有制国家。

公平与分享原则并不能代替关怀原则。关怀原则主要表现在照顾社会中的弱势群体，属于道义的公正，运用道义和宗教的力量影响立法者，促使财富分配的法律机制体现"不公平"的关怀。首先是公平交易。1901年10月18日，老罗斯福总统冒着种族冲突的风险，邀请著名黑人领袖华盛顿（Booker T. Washington, 1856—1915）到白宫做客，共进晚餐。1902年10月，老罗斯福第一次邀请

---

① Ratner, "Taxation," vol. 1, p. 456.
② Boyer, *The Enduring Vision*, vol. 2, pp. 750–752.
③ Bogue, "Land Policies and Sales," vol. 2, p. 588.

"美国矿工联盟"(the United Mine Workers)罢工的工人领袖和企业代表到白宫,亲自调解,遭到业主坚决反对,但老罗斯福提出动用联邦军队予以威胁,强迫业主接受调解,最后劳资双方各让一步,达成了历史性的"公平交易"(Square Deal)。① 他的这一关怀弱势社会族群的象征性做法,以及其他一系列施政措施,促使美国政府在处理贫富、劳资和种族对立的社会摩擦中,逐渐显现公正、中立和适度。威尔逊总统则划时代地颁行了三大"关怀"法令,其一是禁止州际工商企业使用童工;其二是规定州际铁路工人每天工作时间不超过八小时;其三是在联邦政府及机构员工发生工伤事故后,提供劳动保护及抚恤金。② 另外,这两位总统特别关心、支持工会组织的发展,因此在进步主义运动时期(1900—1917年),美国工会会员的人数增长了2.5倍以上,达到306.1万人。③

很显然,绝对的公平不符合适度经济学原则,这其实是对弱势群体的不公平,因为贫富、强弱的竞争起点和结果不一样。为了缩小贫富鸿沟,美国在1965年推出了"平权法案"(Affirmative Action),推动"不公平"的关怀政策,即所谓的逆向公平,否则,社会永远无法趋向共同富裕。

四、美国政府适度干预经济的效应

经过这次适度的进步主义运动,美国行政与司法部门干预经

---

① Boyer, *The Enduring Vision*, vol. 2, p. 747.
② Boyer, *The Enduring Vision*, vol. 2, pp. 756-757.
③ U.S. Bureau of the Census, *Historical Statistics of the United States, from Colonial Period to 1957* (Washington, D.C., 1960), p. 67.

济的效应是正面大于负面的。首先,1870年代以前的州政府有助于摧毁传统特权,帮助新兴业者发财致富。但是,新政策保护下的新权贵一旦建立了自己的经济基础,就开始排斥自由竞争。这些新权贵建立的新垄断、新特权,比旧特权的强度和广度大得多。

1870年后,联邦立法和行政权力联合干预垄断,导正了经济发展的方向。如果1870年前,政府对经济的发展所扮演的角色是"护航员"的话,那么1870年后,政府则演变为"导航员"。其实,美国的特权经济经历了三大阶段,一是殖民地时期重商主义所加持的特权制度;二是独立后自由资本主义所倡导的自由放任经济,对传统特权进行全面挑战;三是当自由资本经济发展到垄断资本主义经济时,新形式的特权再度泛滥,于是联邦政府强力出手。

19世纪末20世纪初美国联邦政府及时而又适度的干预经济举措,实际上拯救了美国,缓解了资本主义经济危机,避免了暴力革命,并促使美国社会走上良性改革的道路。面对世界性的经济危机,德、意、日逐渐走上了法西斯道路;而美国选择了适度的中道之路:由政府理性干预垄断,而不是摧毁垄断的现代化道路,促使整个社会平稳过渡。所以,对负面的经济现象,如垄断,不要奢望彻底消除,消除了垄断,非垄断就会处于一种非平衡、无制约的社会生态中,新的社会危机必然由此再生。

美国政府的干预经济引进了许多非资本主义和社会主义的元素,适度平衡了效率与公平的两难,形成了一个开放系统,促使两大元素交流、融合和结合。例如,美国的公有土地制度、国家公园体制、累进所得税制和工人劳保制度,1930年代罗斯福新政的社会保险制度和福利制度,都促进了资本主义和社会主义两大制度的耦合。所以,世界应该多多强调两大价值、制度、理念可以互补互利的工具性。工具理性强调的不是是非、好坏,而是有效、无效。① 所以,面对两大制度和两种文明,我们需要追求共享价值,更需要寻求、培育和发展第三种价值的可能。这就是适度经济学的应有之义。

第三节　美国治理贫困路径的理性演化(1933—2000)

美国社会改革具有平衡效用,政府干预经济存在共享机制,而治理贫困路径则体现了适度经济学的理性演化。利用适度经济学的研究理念与范式,分析美国自罗斯福新政以来的贫困治理路径,能够获得许多有益的启示。② 美国自1930年代以来的治理贫困政策,大致经历了从解决物质贫困到治理能力贫困、权利贫困和动力贫困这四大阶段的适度演化过程。

一、治理物质贫困阶段

罗斯福新政以来,美国治理贫困优先考虑的是解决物质贫困。作为美国现代福利国家的标志性起点,罗斯福政府在1935年颁布了《社会保障法》(*The Social Security Act*),实行了双轨的救济政策。一是社会保险,即将雇主和雇工的部分所得税收入强行纳入退休基金、失业基金、伤残基金和医疗福利;二是公共资助,即由政府财

---

① 洪朝辉:《社会经济变迁的主题》,第264—267页。
② 此节主要来自洪朝辉:《中国特殊论》,第67—74页。

政资助那些无力工作的群体,如未成年人、贫穷老人和残疾人。同时,面对25%以上的失业率,美国在1933年成立了工作进步总署(The Works Progress Administration),它通过以工代赈的方法,由国家在1933年到1943年共出资110亿美元,在公共工程领域提供了800万个工作机会。另外,罗斯福新政在1938年建立了每小时25美分的最低工资制度,这是对在职职工实行的美国式"低保"制度。与美国传统的济贫法(the poor laws)相比,罗斯福新政的最大贡献是将反贫困资源由地方向州和联邦政府转移,对城市贫困现象不再采用传统的自由放任政策,而且将救济对象从所有穷人转到贫穷家庭的家长个人,以家庭而不是以个人为单位发放救济,并将救济款的来源由传统的财产税变为雇主和雇员的所得税,最后将传统的实物和现金救济转为支票支付。①

罗斯福新政的扶贫济贫成就已经成为无可争辩的事实,因为从新政前的1929年到新政后的1940年,美国社会福利的支出从占全国GNP的3.9%(39亿美元)猛增到9.2%(88亿美元)。但是,罗斯福新政也充满了不公正和不平等的局限,包括对妇女的歧视、对穷人进入工作领域的歧视、对现有经济秩序的维护和对既得利益集团的保护等,而且对新政的反贫困政策是否真有"新意",美国学者仍有争议。②

---

① Edward D. Berkowitz, *America's Welfare State: From Roosevelt to Reagan* (Baltimore: The Johns Hopkins University Press, 1991), p. 5.
② Neil Gilbert, *Capitalism and the Welfare State* (New Haven, CT: Yale University Press, 1983).

二、治理能力贫困阶段

美国治理贫困的第二阶段开始于 1961 年因应社会大众的能力贫困。时至 1960 年代,由于快速的经济增长,美国已经被"分裂"为"两个国家",即富人国和穷人国。① 在肯尼迪总统执政期间(1961—1963),美国治理贫困的重点开始侧重于贫民的能力提高,也就是说联邦政府的干预由物质和金钱的资助,开始演变为服务和技能的提供,希望对贫民的帮助由消极的"输血"转向积极的"造血"。这一重大转变的主要标志是 1962 年颁布的《公共福利修正案》(The Public Welfare Amendments),其主要精神涵盖四大方面:一是服务,旨在帮助每个贫困家庭提高独立和自助的能力;二是预防,帮助无助和无依者预防可能再度发生的贫困危机;三是激励,旨在鼓励救济和福利的受益者,逐渐摆脱政府的资助;四是培训,提供足够的培训机会和选择,促使贫困者自立、自强。②

同时,为了配合贫民能力的培养,美国的救济政策开始从集权走向分权,发动地方政府,尤其是社区的力量,提供服务和培训。③ 还发动私人基金会,如福特基金会,资助著名的青年动员项

---

① Michael Harrington, *The Other America: Poverty in the United States* (New York: Penguin Books, 1968), p. 167.
② E. W. Kelley, *Policy and Politics in the United States: The Limits of Localism* (Philadelphia: Temple University Press, 1987), p. 240.
③ Lillian B. Rubin, "Maximum Feasible Participation: The Origins, Implications, and Present Status," *The Annals of the American Academy of Political and Social Science*, 385 (September 1969): 20.

目(The Mobilization for Youth),这一项目旨在鼓励当地非专业的年轻人成为义务教员,帮助贫困者解决疑难问题,完善贫民应对贫困的技能和知识,借此减少代价昂贵的专业社会工作者的培训费用。① 尤其是,肯尼迪政府分别在 1961 年和 1962 年颁布了《地区再发展法》(The Area Redevelopment Act) 和《人力发展和培训法》(The Manpower Development and Training Act),旨在向贫弱群体提供职业培训,推动教育普及,帮助城市贫民在根本上增强抵御贫困的能力。

三、治理权利贫困阶段

美国治理贫困的第三阶段始于 1964 年,以治理权利贫困为优先。1960 年代以来,以马丁·路德·金为首的非裔美国人发起了卓有成效的民权运动,由此极大地推动了治理贫困的政策走向深化。约翰逊总统在 1964 年 1 月 8 日发出了著名的口号:"向贫困宣战"("War on Poverty")!② 对此,约翰逊总统一方面继续加大治理贫困的资金投入,在 1965 年到 1969 年期间,美国联邦政府用于社会福利的资金从占 GNP 的 11%(771 亿美元),猛增到占 15.2%(1450 亿美元)。③ 同时,约翰逊政府推出许多具有历史里程碑意

---

① Rubin, "Maximum Feasible Participation," p. 20.
② 不过,首次将反贫困事业提升到战争高度者,不是约翰逊,而是英国的国会议员 David Lloyd George,他早在 1909 年就提出"反贫困战争"("warfare against poverty"),但影响显然不如约翰逊大。参见 Robert J. Lampman, *Ends and Means of Reducing Income Poverty* (Chicago: Markham, 1971), p. 7.
③ Gilbert, *Capitalism and the Welfare State*, p. 142.

义的福利和扶贫项目,包括著名的医疗福利项目(Medicare and Medicaid)、食物券项目(the Food Stamp Act),也推出了许多旨在提高贫民能力的培训项目,包括工作队(the Job Corps)和刺激工作项目(the Work Incentive Program)等。

但更重要的是,约翰逊总统开始关注权利贫困的问题,其中最富有指标意义的反权利贫困法案是1964年颁布的《经济机会法》(The Economic Opportunity Act)。它的宗旨是最大限度地增加穷人享用救济和福利项目的机会,尤其是那些严重受到歧视的非裔。与此相配合,约翰逊总统分别在1964年、1965年和1968年连续颁布了三大著名的《民权法》(The Civil Rights Act),划时代地推动和落实了公民权利的平等和普及。

所以,如果将罗斯福新政与约翰逊的"伟大社会"(the Great Society)相比较,不难发现罗斯福新政"物化"了众多的穷人,把治理贫困当作改革整个经济体制的一部分来进行,关注的核心是"物本"而不是"人本"。所以,新政往往难以顾及每一个穷人的人格尊严。而约翰逊开始注重贫民的个体权利,尤其是美国非裔的权利,并富有人情味地将穷人视为不幸的一群,极力推动穷人参与和享受美国经济繁荣的梦想。总之,约翰逊开始推动"以人为本"而不是"以物为本"的反贫困政策,不仅意义深远,而且效果显著。例如,1973年与1960年相比,美国贫困人口从4000万锐减到2300万。[1]

---

[1] Joel A. Devine and James D. Wright, *The Greatest of Evils: Urban Poverty and the American Underclass* (New York: Aldine Dr Gruyter, 1993), pp. 27–28.

四、治理动力贫困阶段

美国治理贫困的第四阶段开始于 1970 年代,侧重于治理贫民们积极性不足、动力贫困的问题。由于福利支出日益巨大,美国社会出现了与欧洲社会相类似的"福利病"。有学者认为,贫困问题的根源不是金钱、能力和权利不足,而是动力和动机不足,因为在相当可观的免费福利面前,穷人失去了寻找工作的动力和意愿,加上一些贫困家庭的解体,直接导致他们的贫困问题日益严重。有人则直接指责穷人的惰性,认为许多身强力壮的年轻男性长期依赖救济和福利,拒绝工作,长此以往,这种依赖将导致"西方传统的终结"。[①]

与共和党的一贯政策一致,尼克松和福特总统日益注重利用投资的强化和所得税的减少,鼓励富人投资产业,增加就业,实行"投资扶贫"和"就业扶贫",而不是消极地用现金扶贫。尤其是,他们主张减少联邦政府在扶贫领域的介入,发动各州和地方政府的力量积极扶贫。1975 年,福特总统提出投资 45 亿美元的刺激经济方案,其中的 25 亿美元专门用于帮助各州和地方政府雇用失业工人,而且给在职的低工资工人以所得税奖励,实际上是一种对在职工人的额外奖金,鼓励穷人放弃免费救济,争取就业,自食其力。在 1975 年,联邦政府共发放 12.5 亿美元的所得税奖励,到 1993 年猛增到 119.14 亿美元。但这种治理穷人脱贫动力不足的措施,往

---

① Lawrence M. Mead, "Social Programs and Social Obligations," *The Public Interest* 69 (Fall 1982): 17-32.

往门槛很高,许多单亲家庭只能望"钱"兴叹。① 作为民主党人的卡特总统,似乎仍然延续共和党人的理念,着力解决市民脱贫动力不足的问题。不过,他的重点是由创造公共工程领域的工作,发展到创造公共服务领域的工作,②因为长期不曾就业的穷人,更乐意在轻松的服务业工作,而不是十分辛苦的公共工程。

但真正强有力解决贫民动力不足的措施,大都是在最保守的里根政府时期(1980—1988年)实施的。里根首先实施了美国历史上最大幅度的减税,以刺激投资,增加就业。短短三年竟然减税2800亿美元,个人所得税率减少25%。但是,贫民的福利开支和扶贫项目却成了解决动力贫困的牺牲品,因为里根政府大幅度减少政府的福利和救济开支,40.8万个未成年孩子的家庭失去了政府资助的资格,29.9万个家庭的福利待遇遭到削减,而联邦和州政府因此在1983年一年就节省了11亿美元。③ 尤其是,从卡特时期的1978年到里根执政时期的1987年,美国联邦政府福利开支的绝对数尽管增长了2.9%(1162亿美元:1196亿美元),但如果根据人均比例,则减少了22.5%(4744美元:3675美元)。④

事实上,里根的"新联邦主义"(The New Federalism)推动了美国在治理贫困方面的四大改革。一是迫使和鼓励受救济的穷人参

---

① Harrell R. Rodgers, Jr., *Poor Women, Poor Family: The Economic Plight of America's Female-Headed Households* (Armonk, New York: M. E. Sharpe, 1990).
② James Jennings, *Understanding the Nature of Poverty in Urban America* (Westport, CT: Praeger, 1994), pp. 40–41.
③ David Stoesz, "Poor Policy: The Legacy of the Kerner Commission for Social Welfare," *North Carolina Law Review* 71 (1993): 1680.
④ Jennings, *Understanding the Nature of Poverty in Urban America*, p. 116, table 13.

加工作,即不给福利(welfare)给"工利"(workfare),甚至"学利"(learnfare),即享受社会福利的条件必须是接受就业和培训;二是尽可能减少或取消现有的福利项目;三是要求州和地方政府承担更多的救济穷人的责任;[1]四是将一些与救济和福利有关的项目,尽可能地实行私有化,包括就业培训项目、福利服务项目和就业投资项目等。[2] 1988年,里根政府通过了一个具有历史意义的法案——《扶持家庭法》(The Family Support Act),它要求家中有一个三岁以上小孩的年轻父母,必须接受强制职业培训和基本教育,不然其小孩就无法领到政府救济。但事实上,很少有人参与这一培训和工作项目,因为年轻的单身母亲必须在家照顾小孩,而且她们往往缺乏交通工具,身体不佳,面临家庭危机,以及早期求学期间对学校教育产生了负面恐惧心理,这些都影响了她们接受培训的意愿。其实,里根政府的本意不是终止贫困,而是终止依赖。[3]

随后的老布什总统(1989—1993年在任)和克林顿总统(1993—2001年在任)大都沿袭了里根终止穷人过度依赖、刺激穷人致富动机的政策。尽管老布什与克林顿分属不同党派,但两者都主张治理"福利混乱"(welfare mess),尤其是民主党的克林顿更乐于强化政府的行政监督功能和机制,迫使一批享受福利的无业穷人进入工作市场。他们认为,贫困只是一个不好的经济现象,不难解决,但依赖则是一个不良的文化行为,必须从严、从快、从重解

---

[1] Rodgers, *Poor Women, Poor Family*, p. 120.
[2] Jennings, *Understanding the Nature of Poverty in Urban America*, p. 36.
[3] Laurie Udesky, "Welfare Reform and Its Victims," *The Nations*, September 24, 1990.

决,必须通过行政强制和经济激励的双重努力,提升贫民的个人责任心。① 很显然,动机和动力不足的实质是行为不良、责任心不强。所以,当时主导美国政府治理贫困的政策思路是导正贫民的行为、增强贫民的责任,最终改造福利文化,重振美国自由竞争、适者生存的主流价值和传统精神。

令人震惊和值得深思的是,历史的循环开始在1990年代的美国贫困治理中显现。由于里根以来过度保守的反贫困政策,导致治理穷人动机和动力不足的政策超过了社会价值和贫困文化所能承受的负荷,最终再度出现了大批新旧贫困人口,返贫现象普遍出现。② 在里根鼎盛时期的1983年,美国的经济繁荣与贫困人口出现了正相关关系,两者皆达到了自1965年以来的历史新高,导致1983年的贫困人口突破3500万。③ 尤其是,各族裔的贫困率在后里根时代全面上扬,1989—1990年,白人贫困率从8.3%增加到8.8%(2001年更高达9.9%),④非裔人口贫困率从30.7%增加到31.9%,而西裔的贫困率则从26.2%增加到28.1%。⑤ 而且,在

---

① Michael Abramowitz, "Doledrums," *The New Republic*, 206 (March 30, 1992): 16-18.
② K. Sue Jewell, *Survival of the Black Family: The Institutional Impact of U.S. Social Policy* (Westport, CT: Praeger, 1988), p. 57.
③ Devine and Wright, *The Greatest of Evils*, p. 28.
④ U.S. Bureau of the Census, Current Population Reports, "Poverty in the United States: 2002," *Series*, P-60, No.219. (Washington, DC: U.S. Government Printing Office, 2002), p. 11.
⑤ U.S. Bureau of the Census, Current Population Reports, "Poverty in the United States: 1990," *Series*, P-60, No.175 (Washington, DC: U.S. Government Printing Office, 1991), table A.

1988—1991年,18岁以下的贫困人口新增190万之多,①到2001年底,儿童贫困率则高达16.3%,远远高于11.7%的总人口贫困率。② 总体而言,美国的贫困率在1969年到1979年期间,一直控制在10%以下,到里根时代的1984年再度突破10%,达到11.6%,此后就一直高于10%。③ 到2001年底,美国的贫困率为11.7%,贫困人口高达3290万。④

这样,美国社会再度出现要求政府以治理物质贫困为主的需求,罗斯福新政时期的物质救济再度成为优先选择。这似乎带给众多治理贫困的先行者们相当的挫折和无奈。历史开始出现恶性循环。这就是美国过度而不适度地治理贫困危机的历史教训。

五、美国治理贫困的启示

1930年代到21世纪初,美国治理贫困的渐进、循环进程,既给适度治理贫困政策提供了经验,也留下许多教训。

第一,治理贫困需要辩证、动态和平衡地处理物质、能力、权利和动力贫困四者之间的关系。美国治理贫困所经历的四大历史阶段,存在一定的历史逻辑性、内在合理性和应用普遍性。因为尽管

---

① Corbett, "Child Poverty and Welfare Reform: Progress or Paralyses?" p. 4.
② U.S. Bureau of the Census, Current Population Reports, "Poverty in the United States: 2002, " p. 7.
③ U.S. Bureau of the Census, Current Population Reports, "Poverty in the United States: 1990, "table 16.
④ U.S. Bureau of the Census, Current Population Reports, "Poverty in the United States: 2002, "p. 7.

各国的国情不同,但贫困的发生和发展具有相当的内在规律,不会轻易超越或跨越。例如,当赤地千里、饿莩遍野之时,政府首先考虑的当然是物质救济;但当大多数穷人的基本温饱能够解决之后,政府的扶贫重点就应是帮助穷人提升自救的能力;但有能力不等于有机会,于是政府就应建立公平、公正的制度机制,维护和保障穷人的社会权利;但当过度福利成为主流,穷人依赖福利和救济成为一种固定的生活方式和文化基因时,政府就需要帮助穷人提升改变现状的动力,激励穷人走向工作市场,矫正不良的惰性行为。由此可见,四大阶段的演变与当时当地的经济发展水平和政治文化环境密切相关。但是,美国的教训是在不同阶段施行头痛医头、脚痛医脚的扶贫政策,最后导致贫困人口越来越多、扶贫政策出现回归历史原点的悲剧。

其实,对于贫困现状的不同解释和认识,直接影响了治理贫困政策的不同选择。如果认定贫困主要是经济贫困,那么,反贫困的主要手段将是以"输血"为主的物质救济;如果认定贫困是由于穷人的能力不足,那么决策者应致力于以"造血"为目标的技术培训和知识灌输;但如果认定贫困的深层原因是社会权利的贫困和不足,那么决策者不得不侧重于以"保血"为核心的制度建设和结构重组,以保证输进去的"血"和造出来的"血"既不至于流失,又能健康有力和长期有效;同样,一旦"福利病"成为社会的"癌症",那么,政府的扶贫政策只能以加快"活血"为目的的血液循环,促使社会规律中的"血"流动起来,不致病变。所以,针对物质、能力、权利和动力贫困的现象,政府需要推动"输血""造血""保血"和"活血"等不同的政策措施和功能建设,交替使用、不断权变。

第二,治理贫困政策需要理性应对"贫求富""富求安"的不同需求,努力寻求贫富双赢。许多国家在具体实施反贫困的步骤时往往出现两难,因为社会政策理论中存在一个著名悖论:一方面,为了减少社会矛盾,防止穷人造反,国家必须对现有的经济资源和社会资源进行再分配;但另一方面,所有形式的再分配,不论规模与幅度有多小,都必然引起利益冲突。① 也就是说,如果说维护贫富分化的现状是"等死"的话,那么实施二次分配则有可能是"找死"。但为了减少贫困,决策者不得不实施资源的再分配,因为这是避免流血的根本之道。既然再分配是为了帮助弱势团体,那么反贫困的政策也只能且必须比较有利于穷人,由此也必然对现有的等级格局和贫富分化产生挑战,既得利益集团也将受到侵害。②

但是,双赢的适度经济学理论能否在财富的分配和再分配过程中成为可能,贫富两极能否在社会公正的平台上找到共享的利益,是极大的现实挑战。美国的经验和教训表明,一般而言,富人绝不会轻易或自愿允许穷人分享自己的财富,只有面对风起云涌的工人罢工、农民运动和种族暴动之时,富人们才会在"敬酒不吃吃罚酒"的无奈之下,被迫同意政府征收累进所得税和高额遗产税。所以,富人们需要吸取类似的历史教训,尽快在穷人暴力反抗之前,就与政府合作,争取吃"敬酒",而不吃"罚酒"。同样,在二次分配中,政府和富人需要按照关怀和分享的原则,遵守适度经济学中的共享准则,通过资源的分享与共享,来换取社会的稳定和投资

---

① 艾泽尔·厄延:《减少贫困的政治》,《国际社会科学杂志(中文版)》2000年第4期,第44页。
② 艾泽尔·厄延:《减少贫困的政治》,第44页。

环境的完善。也可以通过"第三次分配",富人们主动和自愿地从事慈善与捐献事业,达致相同的效果。在这方面,贫富之间需要在穷人求富和富人求安的交接点上找到共赢的可能,尤其是富人们需要了解各国的经验和教训,不能逼穷人太甚,不能敛财富太贪,并意识到富人与穷人其实同乘一条船,人溺已溺。尤其需要意识到富人投资扶贫的最大收益就是减少犯罪率,减少社会动荡,为富人投资兴业提供最根本和最基本的前提。而且,社会舆论需要防止宣传"劫富济贫""抑富救贫"等零和游戏,而应提倡"安富济贫""贫富互利"等双赢之道。

其实,美国的经验教训告诉世人,经济贫困本身并不可怕,可怕的是穷人追求脱贫过程和机会的不平等,"没有收入通常是因为没有资产或没有进入劳动力市场的渠道"。[1] 所以,社会和政府需要对脱贫机制增加一个加速器,尤其是需要形成一个贫者变富、富者变穷的社会机制,而不是让富者越富、贫者越贫。如果政党政治的常态是不同政党都有轮流执政、能上能下的机会的话,那么社会经济的常态也应该是贫富都有可能起起落落,这应该是民主政治与市场经济的共通之处。很显然,促使贫者致富,有助于对贫民阶层产生一个示范效应,鼓励他们的奋斗精神,而出现富人也有破产、变穷的可能,有助于强化富人的危机意识,而且也能给众多穷人一个公平竞争的符号启示。所以,如今的世界,"富者变穷"比"穷者变富"更有意义,它将更有助于稀释穷人对富人的嫉妒和仇恨,缓和社会阶层的对立和社会动荡。对此,媒体更有必要宣传社

---

[1] 克莱尔:《消除贫困与社会整合:英国的立场》,《国际社会科学杂志(中文版)》,2000年第4期,第53页。

会阶层的向下流动、富人变穷,而不仅仅是穷人致富的向上流动。新富和新贫阶层的不断出现,是市场经济的题中之义,只有以垄断为特征的权力资本经济,才导致"赢家通吃"。①

第三,正确因应"以人为本"和"以物为本"之间的两难,突出济贫事业的"人本"原则。为了经济发展,必须减少贫困,但减少贫困,却不仅仅是为了经济发展、财富增长。扶贫不能作为一项盈利的投资来经营,也不能过度强调所谓的"开发性扶贫"。尤其是,衡量扶贫事业的成功与否,不能仅仅以物资投入的数量多少和金钱注入的多寡作为唯一标准。扶贫的出发点是人,扶贫的聚焦点是人,扶贫的落脚点还是人。而且,只有人成为主体,人的贫困才能受到抑制,社会的变化和发展才能产生。② 必须看到,市场的力量难以消除贫困,因为市场主要注重效率优先和利润回报,而且市场和私人资本一般不愿进入公共福利领域。

所以,在治理贫困的过程中,世界各国不仅需要物质扶贫,更重要的是人文关怀和感情投资。任何政府都必须以人民的社会权利和基本福祉为最高原则。按照1976年通过的联合国《经济、社会与文化权利公约》的规定,国家有义务采取措施,最大限度地提供可资利用的资源,使公民的权利得以加速实现。这样,一旦确立以人为本的原则,民众不仅不必惧怕政府,而且应该理直气壮地要求他们的"公仆"履行其义务。"权利使得最为边缘化、最没有势力

---

① 康晓光:《未来3—5年中国大陆政治稳定性分析》,《战略与管理》2002年第3期,第11页。
② 克莱尔:《消除贫困与社会整合》,第49页。

的人或群体也能借助国家的或国际的法律框架向政府提出权利要求。"①缺乏关怀和关爱的扶贫投入,其社会效益和人文效益只能事倍功半,因为充满怨气和怒气的贫民哪怕得到再多的救济和福利,也仍然对政府和社会充满不满,无助于社会矛盾的缓和。相反,如果政府的物质投入有限,但扶贫的过程处处充满人道和人性的关怀,其效果则必然是事半功倍。这就是感情投资重于物质投资的文化功能,尤其是在充满人文传统和礼仪传统的东方社会,更需要强调这种无价的文化价值。所以,鼓励社会和民间共同扶贫,大力扶持私人基金会的成立,发展社会的慈善事业,并容许金融机构共同参与贫民的小额贷款计划,是扶贫人本化、人文化的题中之义,更是适度经济学共享原则的真谛。

与人本原则相联系,作为贫民赖以生存的载体——家庭,更应发挥必要的救济和关怀功能。如上所述,美国贫困的一大因素是贫困家庭的解体,家庭解体的直接后果就是制造了一大批无家可归或有家不归的流浪汉。有意思的是,在美国庞大的流浪汉队伍中,较少发现亚裔流浪汉,这并不是因为亚裔中没有穷人(亚裔的贫困率在2001年底为10.2%,比白人的9.9%略高),②而是凝聚在亚裔血液中的东方文化基因和传统家庭观念发生了作用。同样,在亚裔中有人酗酒,但亚裔酗酒很少像美国人或俄国人那样成为严重的社会问题,因为家庭发挥了巨大的内化、柔化和淡化危机与灾难的独特功能,使得贫穷和酗酒等现象局限在家庭之内。所以,

---

① 克莱尔:《消除贫困与社会整合》,第54页。
② U.S. Bureau of the Census, Current Population Reports, "Poverty in the United States: 2002," p. 9.

政府有责任将扶贫工程与现代家庭结构、观念的重建相结合,资助和鼓励家庭成为扶贫、安贫和爱贫的重要组成部分。

第四,正确处理公平的机会和"不公平"的关怀、分享之间的两难。这体现在美国的"反歧视法案"(Affirmative Action)中。美国总统肯尼迪在1961年最早将Affirmative Action变成总统的行政命令。在1964年,约翰逊总统首次促使Affirmative Action构成《民权法》的一部分,成为联邦法律。这一著名的《反歧视法案》旨在通过联邦法律的强制规定,促使和鼓励联邦政府部门、受到联邦政府资助的教育机构,以及与联邦政府有商业合同的企业,必须达到一定的招收、雇用妇女和少数族群的比例,并要求违反规定的部门,限期改善,不然的话,违规的大学或企业将随时失去联邦政府的资助或合同。联邦政府还设立平等工作机会委员会(Equal Employment Opportunity Commission)和联邦合同政策办公室(Office of Federal Contract Compliance),作为《反歧视法案》的执行单位。这一划时代的《反歧视法案》,极大推动了美国社会男女平等和种族平等的进程,尤其是作为弱势和贫困主体的美国非裔、西裔、亚裔、印第安人和妇女,由于参加工作、入学、晋升的机会大大改善,他们脱贫的进程也大大加快。[①]

《反歧视法案》的基本理念不仅是建立一个人人平等的社会,

[①] 有关美国《反歧视法案》的历史、主题、进程、障碍和前景,参见 Christopher Edley, Jr., *Not All Black and White: Affirmative Action and American Values* (New York: Hill and Wang, 1996)。

更重要的是建立一个"不公平"的关怀和分享机制。① 为了避免矫枉过正,政府在实践过程中只能对那些长年处于弱势的团体实行"不公平"的关怀和"不公正"的分享,不然的话,他们永远无法赶上既得利益集团。所以,许多美国州立大学对那些少数族裔的学生降低录取标准,旨在满足联邦政府的要求。其实,政府的行政干预存在恶性与良性之分,为了维护社会公正、保护公民权利、消除各种歧视的行政干预,不仅是政府的天然义务和责任,更是大得民心和国际认同的良性干预。更重要的是,《反歧视法案》并不违背自由市场经济的基本原则,因为政府作为一个"出资"单位,完全有权利对受益人提出有关社会公益和公民权利方面的条件,这是供需之间一种基本的交易模式和规范。尤其是,《反歧视法案》的经济成本较低,社会收益很大,它是推动贫困治理的一个"拳头产品",既有助于张扬社会公正、落实社会权利、完善政府形象,又能够抑制权力资本、社会不公,为未来利益格局的合理化、人性化重组,提供历史的起点和发展的平台。②

因此,适度经济学所推崇的演化理性对扶贫的历史进程具有指导作用。它要求在有限理性和历史动态的前提下,根据社会经济的现状,制定符合当时当地状况的扶贫政策,而且需要不断转变扶贫优先项与重点,随时调整扶贫的政策。只有实践这种演化理性,才会促使政府的扶贫决策更加理性、客观和全面,有助于在美

---

① 有关公平、关怀和分享的具体措施,在美国进步主义运动时期已经开始试验,参见洪朝辉:《社会公正与中国的政治改革》,(美国)《当代中国研究》1999 年第 1 期,第 13—33 页。
② 洪朝辉:《社会经济转型的主题》,第 74—80 页。

国贫富社会的二元结构中,寻求第三元和中道的贫富命运共同体,凸显这一共同体在贫富之间相互制约、相互作用的中和功能。

第四节　中国早期经济改革的适度路径

在某种意义上,20世纪七八十年代中国经济发展的路径也走了一条比较适度的发展道路。适度与否取决于特定时间、地点和经济主体,更取决于一个系统内的三个参照系(不及、过度和适度)的比较。所以,适度特征的界定具有鲜明的相对性、历史性和动态性。

一、中国经济体制的适度选择

如果将中国经济改革道路置于苏联计划经济与西方自由市场经济的两极参照系统之中,那么,中国的道路就是比较中道的适度选择,因为它既是计划经济与市场经济的适度混合,也是计划经济与市场经济之间的适度妥协。

1949—1978年的计划经济体制,不可能在1978年后立即改变。同时,中国固有的经济体制也难以完全吸收和彻底消化西方世界的自由市场经济。于是,在1980年代,中国经济体制有一个渐进的过程,经历了"计划为主、商品为辅""商品为主、计划为辅""市场与计划并举""市场经济为主、计划经济为辅"的演变,最后才是"社会主义市场经济"。

在1992年邓小平南方谈话之前,中国经济体制再度面临两种选择:一是重回计划经济,强化国有经济,停止或拒绝继续改革开放;二是仿效俄罗斯的"震荡疗法",一夜进入纯粹的西方市场经济。前一个选择是"倒车",有可能遭到改革开放受益群体的反对;而后一个选择是"翻车",有可能导致中国社会的剧烈震荡,改革开放有可能前功尽弃。于是,中国再度选择了第三条道路:继续深化改革开放。

这样,历经长期的适度"权变",中国经济体制通过"混合",取其"中道",初步形成了中国经济的一大特色:政治与经济、国家与民间、权力与资本、国际与国内、计划与市场的独特耦合,难分彼此。这种经过"两害相权取其轻,两端相对取其中"所摸到的"石头",也许有助于转型中国避免极端自由和极端保守所可能导致的剧烈动荡,因为这块"石头"既尊重了历史的遗产,又回应了时代变革的要求;既为经济发展设置相对自由的"鸟笼",也为民营经济发展"保驾护航";既鼓励少数人先富,也考虑到众人不能如愿共富的后果。

所以,中国经济体制改革其实就是发明了一只"方形的轮子",看似是不可能成功的奇怪轮子,其实适应了中国社会的"羊肠小道"。如果中国一开始就模仿西方市场经济的模式,做了一个圆而又圆、极其规范的自由市场经济的轮子,那么,这只缺少摩擦力的轮子,很可能在中国翻车。但正因为有了一只充满棱角、不很规范的"方形轮子",导致它在曲折的道路上不断磨合,最后,逐渐将四边形的方形轮子,摩擦、变形、磨合成六边形、多边形,最后变成一只不规则,但适应中国政治文化和社会传统的圆形轮子。

二、中国经济制度安排的适度案例

在经济体制改革的初期阶段,中国经济各个层次的改革都在设计、制作和运行各类"方形的轮子",印证了中国改革的特殊性。

例一,1980年代的家庭联产承包责任制既不是西方特有的土地私有制,也不是社会主义固有的土地公有制,它是在不触动土地集体所有制的前提下,对土地的使用权和承包权做了一些不彻底的变动。按照西方经典理论和实践标准,这是一次不易被理解的土地改革,因为经济学的常识告诉人们,没有稳定的所有权,就不可能有理性而又长期的投资土地行为和保护土地行为,而且理论上,土地产权必须清晰,责权利必须分明。但在土地集体所有制下,1978年以后中国的土地制度安排,却走了一条介于人民公社制度与土地私有制度的"中道"。尽管这只"方形的轮子"带来了一些经济和社会方面的不良后果,但这里自有中国经济的演化逻辑。中国农村从1978至1990年代中期的发展表明,这些不合西方规范的土地改革不仅可行,而且有效。①

例二,乡镇企业的产权改革,也是一种比较适度的制度安排。乡镇企业是中国企业的一大特色,它既不是完全意义上的私营企业,因为它脱胎于人民公社时期,存在相当多的集体经营痕迹,但也不是真正意义上的公有或国有企业,因为它是自负盈亏、自主独立的经济实体。1990年代开始推行的乡镇企业产权改革形式,既

---

① Zhaohui Hong, "Comparative Studies on Land Reform Advancement between Mainland China and Taiwan," *Asian Profile*, (October 1997): 1-23.

不是纯粹的股份制,也不是人民公社式的集体合作制,而是将西方的股份制引进到中国传统的农民合作模式中,构成混合而又中道的股份合作制。这种股份合作制企业是中国农民的一大发明,旨在逐步淡化政府对企业的干预与控制,适度明确政府、企业和工人之间的产权与股权,达到筹集资金、转换机制、提高效益、刺激干部职工生产积极性的多重目的。①

例三,中国的国有企业改革也是沿着"方形轮子"的模式运作的。面对国有企业的经营危机,中国的改革方向既不是资本主义的股份制,也不是社会主义的合作制,而是奇特的股份合作制。西方股份制的产权明晰但充满刚性,而中国经济体制则富有弹性。西方的人事制度和决策制度是由董事会民主决定的,但效率低下,而中国国企的决策过程集中,快速有效;西方主张资本控制劳动,强调一股一票、多股多票,而中国则不得不考虑劳动影响资本,习惯于一人一票;西方强调资合,认资不认人,而中国则注重人合、人和,减少了转型过程中的社会和经济成本;西方习惯于用法治管理企业,中国则更愿意通过中和来解决争端,由此也就缓解了劳资之间的张力,有效因应了下岗工人对公共秩序和企业治理的严重挑战。② 最后,中国实施了厂长负责制的企业产权改革,在政府与国

---

① 洪朝辉:《中国乡镇企业改革与中央—地方权力的互动》,(美国)《当代中国研究》1995 年第 2 期,第 23—41 页;洪朝辉:《股份合作制改革与中国大陆乡镇企业》,《中国大陆研究》1996 年第 4 期,第 6—17 页。

② Zhaohui Hong, "Reform of Township-Village Enterprises and Local-Central Relations in China—A Case Study of Zhejiang Province," *Asian Thought & Society: An International Review* 23 (September-December 1998): 198-211; Zhaohui Hong and Hong Liang, "Cultural Dimensions of China's Corporate Government Reform," *Asian Thought and Society* XXV (75) (September-December 2000): 304-321.

企之间,引进外资和民营资金这些"第三者",打破了国企长期形成的对称和超稳定结构,给企业带来了活力和动力,这种现象也被"鲶鱼效应"(Catfish Effect)证明:一条外部引进的小小鲶鱼,能够激活其他惰性的沙丁鱼,促使整体生存环境出现竞争、活力和优化。① 所以,面对两极的对峙,选择外来的"第三者"并不一定是保守的稳定,而是一种创新和一种非同质的新选择。而选择是对适度的考验,其张力大小、弹性强弱、转换升降(维度),显示了多种选择的优势。

例四,中国的城市化也走了一条奇特但中道的路径。中国城市化道路的一大特点是城镇化(townization)。一方面,中国既不能将农民完全束缚在土地上,阻碍城市化和工业化的道路,但另一方面,中国的城市又难以接纳大量的进城农民。于是,中国就在城乡之间,广泛建立乡镇,适度转移农民的居住空间。这样,既推动了农民走向脱贫的现代化道路,又避免了大城市出现贫民窟,人满为患。为了促使城市化平稳实现,中国选择了适度增长城市化速度和适度解决城市市民权利贫困的路径,循序渐进地解决中国的城市贫困问题。②

所以,上述代表第三元的中国经济,既难以回到计划经济,因

---

① Bingxin Hu, *Breaking Grounds—The Journal of a Top Chinese Woman Manager in Retail*. translated from the Chinese by Chengchi Wang. (Paramus, NJ: Homa & Sekey Books, 2004);朱树民、杨骅、王海林:《"鲶鱼效应"与现代图书馆人力资源管理》,《湖南工业大学学报(社会科学版)》2004年第10期,第89—90页。
② Cheng He Guan and Peter Rowe, "The Concept of Urban Intensity and China's Townization Policy: Cases from Zhejiang Province," *Cities*, 55 (2016): 22;洪朝辉:《论中国农民工的社会权利贫困》,(美国)《当代中国研究》2007年第4期,第56—76页。

为"鸡"已经做成了"鸡汤",很难将"鸡汤"再还原为"鸡";同时,中国经济也难以与西方自由市场经济完全一致,而是一个相对独立而又可持续的经济形态,因为它植根于中国特有的政治文化、社会形态和民众心理。所以,中国的经济形态可以看作一种可长可久的适度安排。

其实,本章的案例和第八章的政策原则都在试图解决一大难题:如何有效地实施适度经济。对此,适度经济学需要进一步强化具体案例的研究,不仅需要本章所提的宏观经济案例,更需要微观和中观经济的案例;不仅需要个别国家的案例,也需要国与国之间的比较,更需要三个国家、三种时期和三种经济体制之间的比较,从而促使适度经济学研究不断走向深入与完善。

第十章 结语

作为本书的结语,本章试图从历史的视野,总结西方经济思想的发展历程,定位适度经济学在经济思想史中的独特贡献,概括介于新古典主义和现代经济学两端之间的适度经济学特点。同时,探讨未来经济学发展的可能走向与选择,分析适度经济学在未来经济学研究中的可能定位与作用。

回望2500年来人类适度哲学和适度经济学思想的跨学科演化可以发现,在"轴心时代",东西方先贤为人性的中庸和适度提出了道德哲学意义上的定义与方向;受此影响,西方经济学家对经济学的适度思想提出了研究要素与指南;一些社会科学与自然科学的理论内核,为适度经济学思想的三元理论和法则提供了文理相通的跨学科共识;西方经济学中的一些曲线描述,为适度经济学寻觅独特的研究方法提供了可能;适度经济学为适度经济政策的设计与实施,拟定了原则、规则和标准;最后,中美两国宏观经济的案例印证和丰富了适度经济学研究。

第一节　西方经济思想史的视野

将适度经济学放在更宏观的西方经济思想史的框架下考察,有助于思考适度经济学的独特性,以及经济学未来发展的方向与可能选择。

对西方经济思想史的不同分期,反映了不同学者对经济思想史的特有理解。笔者更喜欢运用起、承、转、合的四段论,来理解和梳理 2500 年以来,西方经济思想史的发展脉络。

起承转合出自元朝范梈的说法:"作诗成法有起承转合四字。……大抵起处要平直,承处要舂容,转处要变化,合处要渊永。"①基本的意思是,起是开头;承是承接上文,但要加以申述;转是转折、变化;合是结束和归纳。这种起承转合的文学解释是一种线性描述,由始至终,环环相扣。

但笔者以为,起承转合更可作为一种持续循环的哲学思想来解释:起是开端,是基点;承是阐述和发展,承前启后;转是思想的转变,包括正转、反转和逆转;合则不是结束,而是组合、综合与融合,甚至出现对某些起点的回归,出现否定之否定的扬弃效应,为新一轮的再度起始,创造学理和思想的基础。正如庞朴所指出的,"运动是在圆周上进行的,或作圆周状实现的。如果作直线运动,前往就是前往,一去不可复返;即使折回头来逆反,运动的轨迹也完全颠倒,不可能有重复的现象发生。必须是在圆周线上运动,前

---

① 傅与砺:《诗法正论》,收入王用章辑:《诗法源流》,《四库全书存目丛书》集部第 415 册,齐鲁书社,1997 年,第 61—62 页。

进才会显现为往反而来复"。① 这种起承转合的哲学思考,可以作为理解和界定 2500 年来西方经济思想史分期的一个参照。

有关西方经济思想史的起点,许多学者倾向于以亚当·斯密在 1776 年发表的《国富论》为标志,因为斯密是真正意义上的经济学理论之鼻祖。不过,笔者则比较倾向于将经济学思想追溯到古希腊,而且后来的基督教《旧约》和伊斯兰教的《古兰经》等宗教经典,也蕴含了不可忽视的经济学思想。尽管在 1776 年之前少有现代意义上的经济科学理论,但理论必须植根于思想和哲学,不然理论就是无源之水、无本之木。论及西方经济思想的起源和精髓,无法也不应绕过自古希腊以来的传世经典和原创哲学。

一、起:前古典经济学(公元前 5 世纪—1776 年)

大致而言,西方经济思想史的第一阶段,应该起源于公元前 5 世纪至 1776 年的前古典经济学时期。虽然色诺芬(Xenophon,前 440 年左右—前 355 年)的《经济论》在古希腊被认为是一门家庭管理规范的学问,也就是"管家"学,但仍可作为第一部西方经济学著作,因为它在其中设立了人类经济思想的起点。色诺芬借用苏格拉底和他人的对话,不仅提出"经济"这个词,还阐述了农工商的关系、人类物质幸福的内涵、拥有和增加财富的途径与手段、人才对经济发展的动力,以及货币的作用等。② 随后,柏拉图、亚里士多德

---

① 庞朴:《庞朴文集·第四卷·一分为三》,济南:山东大学出版社,2005 年,第 109—110 页。
② Xenophon, *Oeconomicus* (Oxford: Oxford University Press, 1995).

等先贤都对经济思想做出了奠基性的贡献。

色诺芬、柏拉图、亚里士多德都生活在轴心时代,这时期的东方则出现了孔子、老子、释迦牟尼等先贤。学术界经常面对一大困惑:为何在轴心时代,人类的精神资源迅速丰富、思想大师突然辈出?其实,轴心时代思想的突变,不可能是什么神示和天启的结果,主要是因为当时人类文明已有2000年左右的历史进程,人类的需求开始远远超过社会的供应,人性的贪欲膨胀,导致贫富分化、社会动荡,如雅典出现伯罗奔尼撒战争(Peloponnesian War,公元前431年—前404年),而中国的春秋战国时期,血缘氏族逐渐解体、群雄争霸,仅在春秋时期,就发生了近300场战争。对此,先贤们敏锐地看到了人类的致命弱点,把哲学思考从宇宙和自然转到了人和社会的存在。

很显然,轴心时代的先贤们知道自己只是一介书生,难以直接贡献生产力、发展科技和增加物质供应,但他们能够通过思想启蒙和宗教启迪,提升道德、修为和情操,宣扬廉洁、节欲、中庸、适度,张扬道德德性和忠孝礼义廉耻。一旦人类贪婪的欲念受到宗教和道德的控制而减少,其客观后果就是减少了需求、增加了供应,有助于社会经济走向供需适度平衡,为社会和谐、避免战争提供治本之道。所以,轴心时代的先贤们不是经济学家,却是胜似经济学家的思想家。

在前古典主义时期,12—14世纪的经院学派大致继承了古希腊传统,促使中世纪的经济学大多由神学和哲学主导,并形成了两大经济学原则:一是伦理性,由神学对经济原理做出了三大界定和规范:禁欲、利他、节俭;二是自然法则,给道德穿上理性的外衣,在自然法基础上开拓思想。随后的重商主义和重农主义也都对经济思想史做出了重大贡献。

所以,大致而言,前古典主义时期的经济学思想可以归纳为三大主题:宗教主导、道德主导、政府主导,它们共同奠定了西方经济思想的起点与基点。

二、承:古典和新古典经济学(1776—1936 年)

如果第一阶段的前古典主义时期代表"起",那么 1776—1936 年的古典和新古典主义时期则代表"承",它既有继承的一面,更有发展的一面。多数学者习惯将古典与新古典分成两大阶段,但笔者以为,尽管古典与新古典经济学在方法、理论、手段和政策方面存在不同,但他们的主体思想是一脉相承的,因为他们共同信奉经济学的三大要义:自由开放、市场主导、理性利己。其中主要人物和学派包括古典经济学大家亚当·斯密、李嘉图、马尔萨斯(Thomas Malthus,1766—1834),以及提出功利主义的边沁(Jeremy Bentham,1748—1832)和萨伊(Jean-Baptiste Say,1767—1832)等。对于 1870 年后的新古典经济学,必须高度肯定杰文斯(William Jevons,1835—1882)、门格尔(Carl Menger,1840—1921)和瓦尔拉斯创立的边际学派,尤其是马歇尔创立的剑桥学派和提出的均衡价格理论等,他们在思想上继续坚持市场主导、自由放任,但具有更多的科学元素和数理色彩。

三、转：凯恩斯经济学派(1936年—1970年代)

西方经济思想史的第三阶段出现了大转向，因为1936年凯恩斯发表了《就业、利息和货币通论》，建立了凯恩斯主义经济学。面对1930年代全世界的经济大萧条，主张政府干预、强调市场失灵的凯恩斯主义应运而生。在哲学意义上，这是对前古典或重商主义的部分重复或扬弃。显然，凯恩斯开始挑战古典和新古典主义的市场均衡理论，提出市场不均衡观点，强调资本主义的需求不足是天生和必然的，所以必须通过政府的货币政策和财政政策来维持社会经济的稳定。他还在就业、收入、价格、货币等领域提出自己全新的见解。凯恩斯因此被称为"现代宏观经济学之父"，此后建立在凯恩斯理论基础上的经济学理论都被称为宏观经济学。

必须指出，尽管凯恩斯主义的观点鲜明，少有适度与平衡的思想元素，但是在当时全世界经济大危机时期，欧美各国面临着要么走德国法西斯主义，要么走苏联共产主义道路的两极选择之时，凯恩斯主义指出了资本主义改良的第三条道路，通过政府干预、刺激总需求、推动充分就业来缓解社会与阶级矛盾。美国的罗斯福新政就是因为采纳了许多凯恩斯主义的经济政策，才成功摆脱了经济危机，挽救了资本主义。从这个意义上说，凯恩斯主义及其政策在当时情境下，也是一种适度的努力、折中的成果。所以，尽管凯恩斯主义代表了经济学思想史上的"转"，但不是"急转"或"逆转"，而是具有平稳、综合、渐进意义的"转"。

四、合:现代经济学派(1970年代—2023年)

进入1970年代以后,西方经济出现滞胀危机,凯恩斯主义逐渐失灵,经济学主流思想再度出现转折,以货币主义、理性预期主义、公共选择学派等为首的现代经济学派,强烈反对凯恩斯主义,并以反政府干预为主要使命,全面复兴古典和新古典经济学的自由市场思想。但是,与此同时,西方现代经济学也开始走向整合与回归,出现复兴部分前古典主义思想的趋势。

例如,新制度经济学开始挑战和修正数学化的主流经济学,侧重于动态的经济历史、软性的制度变迁、特殊的具体案例。2015年罗默(Paul Romer)发表论文,挑战自己的恩师卢卡斯(Robert Lucas,1937—2023),因为卢卡斯在2009年和2014年的两篇论文中,出现了数学模型的推断错误,于是,罗默就强调如今的经济学已经过度使用数学。① 同时,行为经济学、文化经济学和复杂经济学开始淡化数学崇拜,推动经济学出现弱化数学、模型的倾向,开始强调适度发展、相对价值、道德经济和宗教规范,并出现了三大特点:反制凯恩斯,提倡有限理性,强调适度综合。

其实,整合不一定是倒退,回归也是一种创新,复兴更是一种演化进程中的改进。《道德经·第四十章》言道:"反者道之动,弱者道之用。"此处"反"通"返",老子的思想是主张事物发展到了极限,就要走向反面,这是道的运动规律。所以,为了使那个神圣的

---

① Paul Romer, "Mathiness in the Theory of Economic Growth," *American Economic Review* 105 (2015): 89-93.

"道"充满动能,人类需要不断地回归,到前古典经济学思想中汲取新的营养,老子的"道返"思想正是反映了西方经济思想史起、承、转、合的循环走向。同时,柏拉图提倡的"回忆理论"(theory of recollection)也是在暗示,我们今生所学习到的东西,其实在生前就有了,只是出生后被遗忘了,所以,我们要通过持续不断地回忆、追溯、复原等方法,重新获得我们失去的知识,追忆和回忆我们的传统与历史。[1] 欧洲文艺复兴,复兴了1000多年前的古希腊文明。当然这种回归,不是简单的重复,而是另一种创新。人类需要经常唤醒记忆、道返初心、复兴经典,追求往日的历史精华与人文精神。

西方经济思想的四大发展阶段,部分反映了哲学意义上的起(前古典)、承(古典和新古典)、转(凯恩斯主义)、合(现代经济学)。尽管这种合的趋势尚未进入主流,但适度经济学的逐渐成型,有效强化了这种复合与综合的动能与可能。显然,这种起承转合不是线性发展,而是具有思辨意义的循环,它在经济思想史的发展进程中,存在许多哲理性的启示。

总之,过去2500年,保守与自由的经济思想激荡正好完成了两大轮回,一是保守的凯恩斯主义与保守的前古典经济学(如重商主义)的重合;二是自由的现代经济学与自由的古典和新古典主义经济学的交叉。但是面对这种钟摆式的左右思想变迁,面对21世纪更为微妙复杂的经济环境,是不是该到了突显适度理论、中道思想和一分为三哲学的时代?基于此,西方战后出现的新制度经济学、行为经济学、文化经济学和复杂经济学等学派所展示的思想、理论

---

[1] Norman Gulley, "Plato's Theory of Recollection," *The Classical Quarterly* 4 (July—October 1954): 194.

和方法,值得深度关注。

第二节 适度经济学的特点与研究方法

置身于 1970 年代后出现的西方现代经济学集群之中,适度经济学既有强化西方经济学走向"合"的第四阶段的意义,与前古典、古典、新古典和凯恩斯学派保持区隔,更与"同道"的现代经济学派存在不同,具有自己独特的经济学思想地位和贡献。根据适度经济学的原则要求,适度经济学需要通过三个变量或学派的比较,才能较为清晰地发现其中一个学派的基本特色。基于此,笔者将把适度经济学与新古典经济学和复杂经济学的主要理论和观点,进行简单明了的分析对照,来凸显适度经济学的独特性。

一、确定与不确定

关于确定与不确定问题,新古典经济学推崇静态和数学建模,所以对经济学的不确定问题,新古典经济学基本不当作核心问题来考虑,因为其基本宗旨是强调确定性,推崇秩序、理性与完美。这种思想主要是受 18 世纪启蒙运动的影响,认为混乱无序只是表面现象,其背后有一只"看不见的手",能够富有神性地维持秩序与和谐。这种美好的哲学理念应用到经济学的研究方法中,就出现了运用机械而简单的数理方程和定律,来解释经济学理论的复杂内核,对千变万化的经济现象实行有序化、规律化与简约化处理,并将它们发展成放之四海而皆准的公理。这种公理具有强大的排他性,抑制了多元性,导致许多不同于这些公理的经济学理论和方法难以发展,经济学成了"一个无法接纳其他思想的封闭体系"。[1]

作为对比,复杂经济学认同奈特(Frank Knight,1963—2015)所发现的"不确定性"理论,认为风险是一种能被预先计算和预期的"不确定性",而不能被预先计算与评估的风险则是不确定性,包括提出利润是来自不确定性的论点,以此强调风险与不确定性既相互联系,又相对独立。[2] 复杂经济学鼻祖布莱恩·阿瑟对不确定性的新解是,经济主体不仅不清楚经济客体如何反应,更不知道其他经济主体将如何对你的反应做出反应,这就出现了不确定中的不确定,可谓双重或者多重的不确定,对人类的经济行为和对策提出了更大的挑战。例如,2020年新冠疫情以来的美国经济主体,不仅要因应疫情这个客体,还要面对其他经济主体和国家怎么对美国主体的防疫做出反应,而世界有近200个国家的经济主体,所以,美国需要面对的不确定的经济主体难以计数,不确定性的广度、深度与程度急剧增加。

对此,适度经济学大体认同不确定性理论,认为不确定性与适度的复杂性观点密切相关。因为现实中存在太多的不确定性,经济主体就很难做到适度,找到不偏不倚、恰到好处的区间。这种"奈特"式的不确定性,要求每个经济主体的重中之重是正确和精确地"认知"和"理解"问题,促使经济学研究必须与认知经济学和

---

[1] W. Brian Arthur, *Complexity and the Economy* (New York: Oxford University Press, 2015), p. xx.

[2] Frank Knight, *Risk, Uncertainty, and Profit: The Economic Theory of Uncertainty in Business Enterprises, and Its Connection to Profit and Prosperity in Society* [1921] (New York: Adansonia Press, 2018), pp. 7–33; pp. 347–376.

行为经济学产生密切关联。①

但是,正因为不确定性的存在、短期行为的普遍,所以更加需要运用适度政策,对付摇摆的认知,运用长期的平衡行为,对付短期的忽冷忽热。在充满不确定的年代,经济主体尤为需要适度的决策者、适度的自我理念与言行、适度的历史案例参考,形成"定海神针"般的理性、稳定和长期的效应,为制定相对稳定和适度的经济政策提供保障。

二、均衡与非均衡

在均衡与非均衡问题上,新古典经济学推崇一般均衡,萨缪尔森认为:"不稳定的非均衡状态即使真的存在,也必定只是暂时的、非持久的状态……读者们,你们几时见过竖起来的鸡蛋呢?"②新古典学者瓦尔斯在1909年与熊彼特讨论时,也曾表达了类似观点,"生命的本质是消极的……,因此,平稳过程(stationary process)的理论,实际上构成了理论经济学的全部",③这种"消极"有助于"平稳"的说法,与中国道家的消极无为、秩序恒常思想有点类似。所以,新古典经济学家坚持均衡就是经济运行的自然状态。

而复杂经济学强烈批判均衡,他们认为经济学"是均衡经济学

---

① [美]布莱恩·阿瑟:《布莱恩·阿瑟访谈录》,见布莱恩·阿瑟著,贾拥民译:《复杂经济学》,杭州:浙江人民出版社,2018年,第 xvi 页。
② Paul Samuelson, *Foundations of Economic Analysis* [1947] (Cambridge, MA: Harvard University Press, 1983). 转引自 Arthur, *Complexity and the Economy*, pp. 4-5.
③ W. Tabb, *Reconstructing Political Economy* (New York: Routledge, 1999). 转引自 Arthur, *Complexity and the Economy*, p. 5, footnote 5.

向非均衡情况下自然的延伸",[1]所以复杂经济学与非均衡经济学密切相关。复杂经济学强调经济始终处于变化之中,所以,非均衡状态才是经济的自然状态,而且这种状态来自经济内部,而非外界影响。他们批判新古典经济学的均衡理论,因为它"假设了一个理想化和理性化的世界,过于纯粹、过于脆弱",导致"新古典经济学生活在一个有序、静态、可知、完美的柏拉图式的世界当中",[2]既不现实,也不自然。对此,复杂经济学坚持经济学的主流应该是非均衡,而非均衡才能代表社会经济的活力、动态、内生、自然和现实。

其实,适度经济学与复杂经济学既有不同,又存在互补。首先,复杂经济学所推崇的非均衡现象,也可以从均衡视角予以理解。非均衡的本质是技术进步,促使制度和技术不断自我更新(self-creating)、内生性更新(self-producing)、自创性更新(autopoietic),[3]如果截取其中破坏和毁灭的一段,也可以理解为非均衡,但一旦技术和制度更新与转型成功,就会出现均衡。至于从时间长度而言,是创造期长于毁灭期,还是均衡期长于非均衡期,需要具体问题具体分析。至于适度与不适度(包括不及与过度),何者存在的时间更长这类问题,就需要以具体时间、地点和人群作为参照。例如,经济危机的出现就表明供需失衡,出现负反馈、收益递减,但历史事实证明,1980年代以来,美国的经济危机与此前所发生的频率和时长相比,显然正在降低和缩短。

同时,适度经济学承认非均衡是经常发生的事实,因为人类经

---

[1] 阿瑟:《布莱恩·阿瑟访谈录》,第 xviii 页。
[2] Arthur, *Complexity and the Economy*, p. 4.
[3] Arthur, *Complexity and the Economy*, p. 20.

济行为常常出现不适度,要么不及,要么过度,而适度与均衡都属于一种理想状态,现实中能够达到完美的供需平衡、恰到好处的"金发女孩经济",应该是非常态和小概率事件。但不同的是,复杂经济学放弃和否定了均衡状态或适度状态的理想,认为即使偶然、刹那间出现的一些均衡与适度,也没有意义;而适度经济学强调适度的理想虽然很难实现,但并不意味着可以放弃理想。二者的本质区别是所蕴含的经济哲学的乐观与悲观。复杂经济学是悲观的,因为它认为,正因为理想难以达到,就应该全盘放弃,甚至否定;而适度经济学认为,正因为目标难以达到,更显目标的珍贵,所以,更应该积极努力,坚持理想,实现理想。

这种悲观与乐观之争,类似于美国《宪法》与《独立宣言》所展现的不同哲学。美国《宪法》对人性和官员的自觉德性充满悲观,所以希望通过建立三权分立的制度,将权力关在制度的笼子里;而《独立宣言》则对人性充满乐观,信奉人人都有追求平等、自由和幸福的权利,而且坚信这种"人人平等"的理想必须高扬,因为它完全可能实现。

另外,随着人类心智的进步、制度的完善、技术的进步、政策工具的充沛、历史案例的丰富,非常态的适度经济现象日趋频繁出现,经济泡沫破灭和经济体系崩溃的频率越来越低,即使出现大的危机,如2008年金融危机和2020年新冠疫情危机,都能在一定时期内得到遏制,避免世界经济出现像1929年大萧条和1970年代大滞胀那样的长期恶化。

最后,适度经济学认为,均衡与非均衡和静态与动态问题直接相关。新古典经济学强调经济学研究的静态,轻视具有动态意义的时间,这也是新古典经济学思想的一大根基。例如,罗宾逊(Joan Robinson)就认为,"一旦承认经济存在于时间之中,承认历史是从一个不可逆转的过去向不可预知的未来的一个方向发展,那么,均衡概念就难以立足,而且所有传统经济学都需要重新考虑"。① 所以,新古典经济学必须将经济学的均衡作为底线,因为只有在均衡状态下,一个结果才会一直延续,时间与演化就没有意义。所以,经济学其实就是一个名词性(a noun-based)的静态,而不是动词性的科学(verb-based science)或动态。② 作为对比,复杂经济学和其他一些现代经济学派,都假定经济运行的前提必须是动态的,时间、历史和演化皆为动态的关键因素,时间将决定结构、功能、制度、技术,而且以往的经验与教训所形成的路径依赖,对今日和明日经济的纠错与改进意义重大。

对此,适度经济学认为,经济研究和经济运行不能与静态和动态发生截然的对立,犹如历史既要继承(静态),又要发展(动态)一样,有动有静、似动似静、半动半静才是经济运行的正常状态。而且,经济运行的静态与动态是互为因果、互相依赖的,犹如日出与日落,今天的静(日落)是为了明天的动(日出),没有昨天的静,何谈今天的动?这种基本的思辨意识,应该成为经济学家的一个常识。经济学应该既是名词,也是动词,有时还是一个形容词,成为其他主题的点缀,如经济的哲学,就是旨在研究影响哲学这个主题的经济因素。

---

① J. Robinson, "Time in Economic Theory," *Kyklos* 33(1980): 219–229.转引自 Arthur, *Complexity and the Economy*, p. 23.

② Arthur, *Complexity and the Economy*, p. 23.

其实，适度经济学不仅强调经济学的时间性，也强调空间性。纵向的时间很重要，但也不能忽略影响时间的空间性。即使在同一个时间点，不同地点的经济现象也存在明显的不同。经济发展不是一个简单的时间系统，它随着空间、国家的不同，存在截然不同的结构与功能。经济学理论可以指导 A 空间，不等于可以完全适用于 B 和 C 空间，放之四海而皆准的经济理论日益受到挑战。

三、收益递增与递减

新古典主义的一大标签和基石是边际主义理论，它主张收益递减，也就是说当投入超过一定程度之后，所获得的边际效益不断递减。相反，复杂经济学的领军人物阿瑟在 1980 年代提出收益递增（increasing return）理论，与新古典收益递减和价格均衡理论发生严重冲突，这也是对马歇尔静态均衡理论的严重挑战。众所周知，这一收益递增理论已经在市场分配理论、国际贸易理论、技术选择进化理论、经济地理学，以及贫困化和族群隔离模式的研究中，得到广泛的"杀手级应用"。[1] 此理论认为，在不均衡的经济运行中，经济系统将出现负反馈和收益递增现象。所以，表面上，复杂经济学推崇收益递增和负反馈，但它同时又强调负反馈与正反馈需要交互作用，激活经济系统。

---

[1] Brian Arthur, *Increasing Returns and Path Dependence in the Economy* (Ann Arbor: University of Michigan Press, 1994); E. Helpman and P. R. Krugman, *Market Structure and Foreign Trade* (Cambridge, MA: MIT Press, 1985); Brian Arthur, "Competing Technologies, Increasing Returns, and Lock-in by Historical Events," *The Economic Journal* 99 (1989): 116-131.

这种通过二元互动产生新的"第三元"能量,正是适度经济学三元理论所坚持的。适度哲学强调相对性思想,为了达到适度,需要通过不及和过度的两端,不断试错,才能慢慢找到适度的区间。其实,适度经济学承认收益递增,但递增必须有极限,一旦过了极限,一定会出现收益递减。例如,在一些发展中国家经济的初期发展中,短缺经济是常态,不断地投入一般都能够带来收益递增,如1980年代的中国;但是,一旦经济转型起步,短缺有可能开始转变为过剩,如果继续不顾结构、地区和产业的不同,盲目和过度地投入,就可能产生收益递减。同时,有时对待收益递减需要有耐心,并不是一旦出现收益递减,就是不适度的,经济收益增减的显现需要时间,需要进行理性和耐心的观察和比较。毕竟,适度也是一种有序和完美的理想,但它往往不是经济发展的常态。

对此,适度经济学坚持认为,收益递减和收益递增的现象经常出现,递增与递减是两位一体的系统,缺一不可;并认为负反馈与正反馈也常常发生交互作用,两者经常相互叠加。如果一个系统只存在负反馈或收益递减,那么系统很快就会收敛到均衡状态,行为出现静态;但如果一个系统只存在正反馈,那么系统就会偏离均衡,表现出爆炸性行为(explosive behavior)。只有同时包含正反馈和负反馈,系统才有可能出现适度行为,并由此激活经济系统。这种通过正负反馈的二元互动产生新的"第三元"能量,是适度经济学三元理论一再强调的。

而且,适度哲学强调相对性,为了达到适度,需要不断试错。当一群人收益递增的同时,往往意味着另一群人的收益递减,如身处同一个教学环境中的教授与学生,在新冠疫情期间,教授的收入也许不增不减,但网上教学节省了教授们的交通等各种成本,所以,疫情期间隔离的时间越久,也许意味着部分教授的收益在相对递增;但对学生或者学生家长而言,他们所付的学费不变或变动不大,而他们所得到的教学质量和享受校园生活的机会大大受损,这种保持社交距离、实施"电大"式网上教学的模式实施的时间越长,也许就意味着部分学生的收益在递减。

所以,适度经济学强调演化、系统、有机和相对,因为今天的收益递增有可能成为明天递减的原因,而昨天的递减正是今天递增的动力。因此,对待收益递减或递增的评价,需要辩证看待。

四、三元研究视角

关于如何运用多重视角分析经济行为的问题,新古典经济学注重一般静态的一元或二元,如影响市场价格供需的二元要素。而复杂经济学则坚持反对以一元或二元的观点来分析复杂的经济现象,认为一元、二元甚至三元视角都是不够的,应该推崇计算机系统,进行多元观察与设计。但是,适度经济学主张三元,因为一元太简单,二元太对立,多元则太庞杂,而三元是寻找、权衡、发现适度的良好和稳定视角。不过,复杂经济学在多元论问题上的观点,对适度经济学的三元论有着三方面启示。

一是帮助适度经济学认识政府作用的适度边界。适度经济学主张当市场失灵,如2008年金融危机,政府必须有所作为,既要避免"无为"的道家风格,也要防止"强为"的法家作风,政府的"手"应该定位在自由主义家长式的"推手"这一区间。面对重大的经济危机,政府不能不推,但也不能强推,更不能乱推。

二是要以理性和平常的心态来面对经济的崩溃和市场的泡沫。崩溃与泡沫意味着经济的过冷或过热,通货紧缩或通货膨胀。面对2020年以来新冠疫情的暴发和持续袭击,我们更要防止非理性,因为这是一个无常、无奈、不确定的新状态。但是,市场的起落和进退始终存在一个临界点,物极必反、否极泰来,类似于"钟摆理论"所揭示的,最后有可能走向适度的中道。

三是从经济发展的前后"垂直依赖"(路径依赖、历史进化)和左右"平行依赖"(组合进化、共时合作)来看,复杂经济学比较侧重于平行依赖,否定和批判达尔文式的垂直依赖。而适度经济学希望在这种垂直依赖和平行依赖之间,在均衡与非均衡、线性和非线性、静态和动态的两极变动之间,寻找执两用中的可能。正是经济现象的复杂性,决定了经济运作的不确定性,也决定了得到最优和最佳结果的难度,所以我们的行为和预期只能适度,寻求中道。

上述确定与不确定、均衡与不均衡、收益递增与递减,以及视角的一元、二元、多元或三元等经济学理念的异同,促使我们反思未来的经济学是否需要重回亚里士多德的"适度"德性和亚当·斯密的"适度"情操,构建真正超越新古典和复杂经济学的两极研究框架,并吸取古典经济学的平衡性、新古典经济学的均衡性、制度经济学的演化性、行为经济学的有限性、文化经济学的共享性,以及复杂经济学的不确定性等学术营养,完善适度经济学的研究主题。

五、独特研究方法

适度经济学不仅在经济学思想和理论方面有别于其他经济学派,还在研究方法上存在一定的独特性。

其一,适度经济学主张对定性和定量两种方法进行适度结合,并对定性与定量研究相结合的混合方法进行优先。首先,可以将这种混合方法的顺序适度颠倒,既可以先定量、后定性、再定量,也可以先定性、后定量、再定性,更可以先连续定量,再连续定性。其次,也可以将混合研究方法加入更多回合的定量与定性循环,也就是说,如果第一轮的定性/定量/定性研究结果不能完整和精确地理解研究的对象,就需要进行第二轮的定性/定量/定性研究,甚至第三轮,直至研究成果更令人信服。

其二,将现场实验、生理实验与计算机实验进行组合,本书第七章所提到的辛格、格莱瑟、扎克、阿克塞尔罗德和阿瑟等人所使用的三种不同的实验方法,大多没有使用数学的计量方法,也拒绝数学建模,而是使用脑电图、滴鼻式、计算机和统计学等方法。适度经济学强调研究方法的兼容并包,根据不同的研究对象,选择最为有效的方法组合。它表明,不能轻视和无视简单的研究方法,它们有可能成为组合进化的一块宝贵的"垫脚石"和"积木"。而且,单向、单维的实验方法是不够的,需要多种实验方法的组合与综合,才能发现它们之间的互补和互动效应。但是,实验方法的组合需要适度,多种实验和方法的组合并不是越多越好,因为这有可能导致系统的混乱和紊乱,增加研究操作的难度。

其三,将归纳、演绎和溯因等研究方法实行有机复合。当新古典经济学与复杂经济学执着于演绎和归纳方法谁优谁劣之时,适度经济学认为研究方法只是一种工具,具有天然的工具理性,不存在好坏之分,只有有效无效之别,完全取决于它们所服务的研究对象与课题。而且,面对这种两极之争,适度经济学的三元理论有助于启发学者跳出两端,寻求第三种方法。如溯因法,它是对各种已经发生的经济现象之原因进行追溯的方法,具有独特的追溯性、创造性、试错性、随机性。

笔者很赞赏阿瑟在阐述自己研究复杂经济学过程中的一则故事:有物理学家曾经提出,经济学家为什么一定要研究均衡?没有均衡的经济学,会怎样?而阿瑟也提出,没有重力的物理学,又怎样?[①] 与此相对应,笔者的问题是:没有"假设"的经济学,又怎样、会怎样?这就是"思想实验"(thought experiment)、"思想市场"和学术想象的魅力!大胆挑战与设问,往往是学术创新的起点。

第三节　对未来经济学走向的思考

对 2500 年来西方经济学思想史的回顾,以及对适度经济学特点的总结,有助于我们温故知新,推陈出新,思考未来经济学的可能走向和选择。

[①] Arthur, *Complexity and the Economy*, p. xii.

一、回归"初心"的可能

面对当今世界极端的不确定、不稳定、不理性的焦虑和躁动，也面对经济学思想的忽左忽右、研究方法的忽"硬"忽"软"，未来的经济学研究需要适度重温西方经济思想的"初心"和重返经济思想史的"起点"，探寻前古典主义所蕴含的信仰基因、道德经济、宗教关怀三大要旨。尽管理性是主流经济学的本质，科学是现代经济学的基石，但前古典经济学所追求的精神秩序、适度哲学、宗教情怀，并没有在漫长的经济学思想史中消亡。相反，它们应该被赋予新的价值，得到进一步的创造性转换和时代性发展。

其一，经济学与人类的主观偏好密不可分。现代经济学中出现的许多"不可能性定理"和无数"悖论"，其本质就是如何解决经济学的科学性和经济行为的主观性之间的矛盾。只要经济学仍然坚持研究人的主观偏好，就无法回避人的信仰，而不同信仰一定存在不同偏好与优先选择。信奉节俭和追求奢靡的消费人群，一定会有不同的消费行为产生不同的市场效应。随着全球不同宗教和不同文明张力的扩大，这种不同和对立将更加明显、尖锐，甚至难以调和。此外，任何一个经济主体都不存在单一不变的偏好，而有可能出现具有互相竞争与冲突的偏好，包括肉体和精神、意识和无意识、善和恶，以及快和慢等差异。

其二，离不开偏好与信仰的经济学，也绕不开人的非理性、半理性、有限理性或者适度理性。信仰有理性的一面，但更有感性与率性的一面。只要理性与情境相遇，与具体的时间、地点和人群相撞,就一定逃不过主观的"情"。有情之理与有理之情都无法避免。情理与情境交错,不仅会发生物理反应,还会产生化学和生物反应。同样,只要理性与个人的历史背景不可分割,理性就具有特殊性和历史性,也就难以达成理性的普遍性、一致性和科学性。这样,如果经济学研究离不开主观偏好,撇不掉感性选择,那么经济学就难以成为一门纯而又纯的理性科学。

休谟曾认为,理性是而且只应当是激情的奴隶,除了服从激情和为激情服务之外,不能扮演其他角色。① 既然理性是激情的奴隶,那理性就成了服务于激情的工具。休谟思想的商业意义在于,承认人根本就是感情动物。当人与人沟通之时,很多时候不动之以情,就难以指望晓之以理。同样一份产品、同样的顾客和同样的推销商,为什么交易的结果常出现不同? 答案就是因为情与理的运用方法、时机和顺序的不同。尼采(Friedrich Nietzsche,1844—1900)在《悲剧的诞生》中说,人有两种精神气质:一是酒神精神(Dionysian),二是太阳神精神(Apollonian)。酒神精神代表感性激情,推崇热烈、乐观、浪漫和理想,并有强烈的宗教情怀,超越个体生命的局限,追求终极关怀与终极目的;而太阳神精神则代表理性,遵守道德律令,强调自知之明,追求清晰、宁静、规则支配下的个人自由和社会秩序。② 表面上,坚持太阳神精神是理性的表现,但知易行难,所以,如果过度强求常人严格仿效太阳神,就成了另

---

① David Hume, *A Treatise of Human Nature* (London: Longmans, Green, and Co., 1890), pp. 472-477.
② [德]弗里德里希·尼采:《悲剧的诞生》,上海:上海三联书店,1986年,第6、15页。转引自李同路:《周作人:中国现代解构批评的先驱》,王宁主编:《文学理论前沿(第三辑)》,北京:北京大学出版社,2006年。

一种理想主义,并演变为太阳神自己所反对的酒神,导致两极相遇、复归为一的现象。所以,在面对酒神和太阳神之间的纠结时,经济主体的内心最好能够自设一个第三神:"适度神",不偏不倚,执两用中。

其三,经济学难以逃避道德规范的束缚。早在1215年,前古典经济学的中世纪学院派大师托马斯就创立了道德经济学。另外,尽管斯密是古典主义经济学的鼻祖,但他却是道德哲学教授出身,平生最看重的不是自己1776年出版的"优术"之书《国富论》,而是发表于1759年的"明道"之作《道德情操论》。然而道德与经济的关系始终充满争议,其中一大难点是:经济理性是否存在价值判断?是否需要追问道德的理性和不道德的理性?欧洲殖民者残杀印第安人,是不是理性?大饥荒时期,人吃人是否理性?如果是"理性",这样的"理性"应该张扬、鼓励,还是禁止和反对?而且,讲道德的经济学很难定量分析,更无法数学建模,也就很难被定义为纯科学。

其四,既然经济学不能回避偏好、信仰、感性和道德,那么经济学就绕不过宗教。作为坚定主张经济学是一门科学的新古典主义大师马歇尔,竟然提出经济学存在两个最长期、最根本的因素:第一是经济因素,第二是宗教因素。他认为,这是社会理论的两项公理,所以他把宗教的力量写在名著的序言里。[①] 马克斯·韦伯也认为,经济决定制度演进的起点,但文化和宗教决定制度演进的方向,宗教不仅仅是一种信仰,它还具有一种重大的制度效应,如宗

[①] Alfred Marshall, *Principles of Economics: Unabridged Eighth Edition* [1890] (New York: Cosimo, Inc., 2009), pp. 1–11.

教仪式和程序,就是用来规范信徒的行为;①宗教教义就是指引信徒的行为准则,如伊斯兰教规定教徒不能从事高利贷活动,而且《旧约》和《古兰经》还存在惩罚机制,具有宗教法典的效用。另外,著名的"罗伯特议事规则",就是由作者罗伯特(Henry Robert, 1837—1923)在美国教会中首先使用。一些著名的科学家也是虔诚的教徒,爱因斯坦曾说:没有宗教的科学是跛子,没有科学的宗教是瞎子。② 同时,美国相当数量的大选投票所也设在教会之中,因为教会不仅具有高度组织性,更能增加选民对选举程序公正、公平、公开的信任。历史上能够长久的制度与规则,大多来自宗教与意识形态。对此,以研究人类行为和制度为一大使命的经济学,不应该也不可能对宗教置若罔闻。而且,"落后"的宗教不一定阻碍社会文明的进步,例如,在黑暗中世纪天主教主导下的欧洲,14世纪的文艺复兴和16世纪的宗教改革却顺利展开;也正是在"愚昧、禁欲、封闭"的罗马教皇的巨额资助下,米开朗基罗(Michelangelo Buonarroti,1475—1564)、达·芬奇(Leonardo da Vinci,1452—1519)等文艺复兴大师,成功完成了传世之作。

如今,宗教经济学(religious economy or economics of religion)和宗教市场学(religious marketing)正方兴未艾的事实,也许正表明了这种趋势。只要人的理性有限,宗教就有存在的机会。科学与宗教的关系也是如此,只要科学不是万能的,宗教就有存在的空间;

---

① Max Weber, *General Economic History* (New York: Cosimo, Inc., 2007), p. 271.
② Abraham Pais, *Subtle is the Lord: The Science and the Life of Albert Einstein* (Oxford: Oxford University Press, 2005), p. vi; Max Jammer, *Einstein and Religion: Physics and Theology* (Princeton: Princeton University Press, 2011), p. 94.

只要宗教不是万能的,科学就必须发展。面对物欲横流、急功近利的社会,我们是否需要多一点节制？疯狂和野蛮发展,是否需要多一点德性？身处信仰迷失的时代,是否需要多一点灵性资本(spiritual capital)和社会资本(social capital)？①

其五,复兴经济学的人文精神和人本思想。除了神本、物本、资本和"科本"(以科学为本)以外,未来人类更需要的是人本。经济学的主要使命是研究人类资源的稀缺,但不同时期存在不同的人力、资本和资源的稀缺。鉴于人工智能将有助于人类缓和人力数量和资金管理的不足,也鉴于人类既越来越理性、冷酷,又越来越激情、撕裂、对立,所以,未来经济最稀缺的资源应该是以人为本的人性、感性和德性。具体而言,未来经济最缺乏的资源可能是适度的言行、信任、同情和恕道。谁能掌握这些稀缺资源,包括人力资本、社会资本和灵性资本,谁就有可能具有经济学思想的敏锐,并可能主导和影响未来经济学的发展。

很显然,2020年美国总统大选所出现的危机与混乱,已导致美国民主选举制度出现了信任危机。可以说,美国国父们所设计的选举制度已相当完备,在过去250年间经受了严峻考验,包括最撕裂的美国内战时期(1861—1864)。但是,这些民主制度的成功运作需要建立在一个基本的政治文明和人文精神之上,包括遵守规则、服从法律、面对现实、理性和平、愿选服输。一旦候选人和选民丢失了上述底线,再完美的制度也会失灵,再先进的文化都会显得苍白无力。毕竟,制定制度和执行制度的主力是人,而这些人的人

---

① Samuel Rima, *Spiritual Capital: A Moral Core for Social and Economic Justice* (London and New York: Routledge, 2016), pp. 109–130.

性、人本精神和人道主义直接决定了所有制度和文化的成败。尽管优良制度、先进文化可以将坏人变好人,但坏人也可以将好制度变坏,将优质文化蜕变为劣质文化。

所以,经济学界在强调制度经济学、文化经济学的同时,需要复兴人文经济学(Humanist Economics)的精髓,提倡尊重道德、价值和生命,保障人的幸福和尊严,维护弱势群体和地区的权利与公平,平衡神本、物本、科本、资本和人本,推动经济与社会、人类与自然、物质与精神的和谐发展。① 而适度经济学正是体现了人文、人本和人道的精神本质。尽管适度是一种理想,但理想一旦与人性结合,就能提升经济学的以术、算、计等为特征的浅层产品(shallow goods),并将这些产品提升到道、恕、仁等深层产品(deep goods),赋予经济学以厚重深沉的精神生命。

总之,我们需要回归与不忘经济思想史的"初心",重温前人关于德性、德政、德行、德治的论述,吸取前古典经济学思想中的信仰、道德与宗教三大精华,由此张扬和创新精神秩序、适度哲学和宗教情怀。其实,对于不完美的人性,宗教希望改善人性,而经济学一般认为人性自利,难以改变,只能通过改变制度来改善和制约人的行为。问题是,通过内生的宗教信仰和外生的法律制度的合力,从法治和德治两个维度来限制人的贪欲,是否更能有效张扬人性的美德? 尤其是当一个社会丰衣足食、进入小康之余,人们是否

---

① Mark Lutz, *Economics for the Common Good: Two Centuries of Social Economic Thought in the Humanistic Tradition* (London and New York: Routledge, 1999), pp. 15-18; Howard Bowen, "Toward a Humanist Economics," *Nebraska Journal of Economic and Business* 11(1972): 9-24.

更需要关心形而上的哲学,注重"无用之用方为大用"的精神秩序、道德情操和终极关怀?

所有这些前古典经济学思想所揭示的经济主体行为的意识性、相对性、道德性,都是适度哲学的基本元素,也与适度经济学完全契合与异曲同工,更有可能为未来经济学的发展方向提供一些启示。

二、未来趋势与方向

阿瑟在其《复杂经济学》附录中提出"未来的经济学原则",将古典和新古典经济学定义为旧经济学,战后的现代经济学或他自己创立的复杂经济学定义为"新经济学"。笔者在阿瑟的新旧经济学思想对比的列表中,加上作为第三类的适度经济学——也可称为"未来经济学"或"新新经济学",进行三种经济学思想的比较。

三大经济学思想理论与研究方法对比[①]

旧经济学	新经济学	适度经济学
收益递减	收益递增	收益递减与递增交互纠缠
最大化原则	秩序原则	满意最大化
偏好给定	偏好形成是核心	偏好是竞争、相对与不断变动

[①] 左边和中间两道表格的内容,整理自 Arthur, *Complexity and the Economy*, pp. 189-191.

续表

旧经济学	新经济学	适度经济学
个体自利	个体不一定自利	个体的利己与利他交互产生
技术给定	技术可变	技术只是工具
决定论、可预测	非决定论、不可预测	非决定论,但可适度预测
建立在19世纪物理学（均衡、稳定）之上	建立在生物学（结构、模式、自组织、周期）之上	建立在历史学（演化、动态、三元影响论）之上
不考虑时间(静态)	时间是核心	动态的时间和地理的空间都是核心
强调数量、价格、均衡	强调结构、模式和功能	强调信仰、意识、价值、道德
计量为主(19世纪的数量、博弈、拓扑)	比较定性,突出博弈论和计算机等工具	突出"软性"的非数学,强调定性与定量的适度组合
关注宏观的社会；大量使用统计指标	关注微观的特殊制度和个体；粗略的计量	关注中观的群体与地区,定性为主
强调均衡	强调不均衡、不稳定	承认不均衡、不适度,但追求均衡和适度的理想
假设、定律可检验	假设必要,但真正的定律不存在	假设不是充分和必要条件
将研究对象简单化	将研究对象复杂化	将研究对象适度化
将经济学视为"软"的物理学	将经济学视为复杂科学	将经济学视为经济哲学、非数学

续表

旧经济学	新经济学	适度经济学
交换、资源驱动经济	收益递增、外部性、差异驱动制度、社会和经济	适度的理性、发展、交换、竞争驱动经济

基于上述区别,笔者以为,未来经济学的发展需要完成西方经济思想史的第四阶段,促进经济学思想在起、承、转的基础上,完成"合"的历史和学术使命。自1970年代以来,现代经济学家已经开始了"合"的努力,但尚未完成。适度经济学的使命之一,就是要完成这一"合"的过程,其中主要有三大内涵。

第一是方法"组合"(combination)。当代经济学研究方法层出不穷,令人眼花缭乱,但经济学家的主要任务也许不是创造更多、更新的研究方法、技术和工具,而是对现有的方法实行进化式、演化式和创新式的组合。阿瑟和复杂经济学家们在过去近40年的努力中,为经济学方法的进化组合,提供了理念准备与现实成果,树立了经济学方法组合的榜样。

但是,经过近半个世纪的努力,现代经济学方法的组合仍然没有成为主导趋势。古典和新古典经济学依旧占据着公认的主流,它们所推动的完备理性假设和完美均衡假设,日益将资源配置问题转化为一个数学问题。然而,经济的形成和发展难以用这种简单、划一的数学来解决,因为它们既不能被简化和限制为"静态",也不能被局限在完备理性范畴内。[①]

[①] Arthur, *Complexity and the Economy*, pp. 22-23.

所以,适度经济学和未来经济学所主张的研究方法是包容、组合所有合理、有效的研究工具,不能唯数学独尊,也不能视数学为洪水猛兽;不能鄙视定量,也不能歧视定性;更不能在演绎与归纳方法之间,搞非此即彼的二分。数字化、空间化、大数据、机器学习、人工智能、元宇宙、Web3.0等先进技术的迅猛发展,正在给经济学方法和技术的整合与组合,提供巨大的可能与契机。这些新的科学技术将很有可能与传统的实证研究、数学建模、计算机模拟、生理学、生物学、脑神经等实行创造性组合,将现有的各种方法兼容并包,置放在一个云端或算法之中,进行有机生成。同时,也可以建立空间智能数据分析系统,将前台分析流程简化,并通过机器学习,进行动态更新、推荐常用报告、合成图标与地图;还可以通过模式识别,选择合宜的时间与空间,借鉴生态链的模型,分析数据之间的关系;更可以实行大数据嵌入,根据各种文献与网络资源的数据,提供更加精细和清晰的指标与关系分析;最后,根据每个学者研究主题的需要,择宜、择优、择效选用,融会贯通。人工智能的出现,既是对经济学研究方法的挑战,更为经济学组合方法焕发青春、走向未来提供机会。未来经济学的研究方法不仅需要组合传统经济学的静态、复杂经济学的时态,将它们组合为时空互动的系统,更需要将传统的线性、平面和立体思维,继续升维至四维状态,实施升维思考、降维行动的思想实验。

第二是学派"综合"(synthesis)。未来的经济学不仅需要方法的组合,更需要学派的综合。美国首位诺贝尔经济学奖得主萨缪尔森就是学派综合的典范,因为他曾经创立"新古典综合学派"(Neoclassical Synthesis),试图综合马歇尔的微观和凯恩斯的宏观,旨在将相对激进的新古典经济学与相对保守的凯恩斯经济学进行适度妥协、杂交和综合,更希望把凯恩斯主张的政府干预论与新古典经济学派信奉的市场调节论予以综合,建议在不同时间与地点,适度使用不同政策。①

例如,萨缪尔森认为,当需求不足、失业严重时,政府需要干预经济,旨在刺激总需求,促使充分就业;但在达到充分就业以后,如5%左右失业率之时,就应该让市场发挥更多的配置资源的作用。新古典综合学派不认为自由放任可能导致充分就业,但相信通过适度的政府政策调控和资源倾斜,充分就业是可能的。第二次世界大战后,由于美国的充分就业已经出现,所以萨缪尔森主张回归马歇尔的新古典主义。萨缪尔森还认为,这个适度、妥协、中道和综合的理论,应该为95%的经济学家所接受,"除了大约5%的极左和极右的经济学家"。② 所以,未来经济学需要减少单一或僵化的决定论立场,包括市场决定论、政府决定论、制度决定论、文化决定论、行为决定论等,也要逐渐削弱实证主义思想,减少机械性、绝对性、普适性,增加权变性、相对性、有机性和适度性。③

其实,这类学派综合的努力,与适度经济学的精髓和未来经济学的发展方向高度吻合。未来的经济学既需要微观,也需要宏观,但更需要微观、宏观与中观互相综合,共同提高经济学研究的有效性和精确性;同时,未来的经济学既需要政府助推,也需要市场主

---

① Paul Samuelson, *Economics: An Introductory Analysis*, 19th ed. (New York: McGraw-Hill Book Co., 2009).
② Samuelson, *Economics*, p. 212.
③ Arthur, *Complexity and the Economy*, p.172.

导,更需要政府与企业、社区等合作,形成经济学研究的合力。另外,未来的经济学需要逻辑,但不应该是新古典所执迷的纯逻辑;需要理性,但不可能达到完备理性;需要社会秩序,但不需要"纯粹秩序"(pure order);需要寻求一般性原理,但不能奢望举世公认的公理性的规律大量涌现。[①] 其核心就是,我们需要交流、妥协、综合,但更需要适度,包括适度市场、适度政府、适度逻辑、适度理性、适度秩序、适度规律,以及适度综合。

第三是思想的"和合"(integration)。鉴于世界日益对立,尤其是 2020 年新冠病毒带来的"意识病毒""种族病毒"和"偏见病毒",导致世界更加对立、撕裂,甚至孤立,以意识形态为主导的新冷战有可能重启。所以,未来经济学研究的一大使命是以适度哲学和适度经济学为指导,促使主张各大经济思想的学者加强对话、交流,促进互补、合作,追求中道、建构和谐。为了"合",先要"和";而为了"和",则需要发现"中",共同探讨在左右两极、内外两端、上下两面之间的第三条中间道路。最后,从"和"走向"合",在和而不同、合而不一的学术环境中,共同面对新挑战。

旧制度经济学派的代表康芒斯在经济思想和现实政治的"和合"方面,已经为我们建立了范例。他推崇法律和法院的"和合"功能,强调集体和组织对个人不同意见的"和合"效应,坚持理性沟通是解决政府与民众对立、资本与劳工斗争的基本准则,更主张制度是调解冲突和矛盾最有效的载体。所以说,如果方法"组合"是第一层次的"合",学派"综合"是第二层次的"合",那么思想"和合"

---

① Arthur, *Complexity and the Economy*, pp. xx–xxi.

或"融合",则是更高层次的经济学思想的"合"。

美国经济历史的发展进程已经揭示了不同党派、路线、意识和思想的"和合"意义。正如本书第九章所论述的,自19世纪末20世纪初老罗斯福推动的进步主义运动、1930年代小罗斯福主导的罗斯福新政以来,美国的资本主义经济政策不断与社会主义经济政策组合、综合与"和合",包括公平、公正、关怀、分享等具有社会主义色彩的经济原则,已经深入美国社会的各个方面,导致自由与保守、政府与市场、资本与劳工的意识对立日益弱化与模糊,尽管近年出现了逆向回潮的负面之势。[①]

所以,未来经济学不仅需要方法的"组合"、学派的"综合",更要努力实现思想的"和合",共同完成2500年来西方经济学思想史的大开大"合",并与前古典经济学的合理与合宜的思想要素结合,实现更高阶段的辩证回归、扬弃和转型,为新一轮的"起承转合"提供契机。

在结束本书之前,笔者想最后总结和强调三大问题。第一,有关适度经济学的定义。本书在2021年香港城市大学出版社出版时,使用的题目是《适度经济学思想导论》,因为一个独立而又成熟的经济学科和学派,需要严格、精致的数学建模予以支撑。鉴于适度经济学的主观性和演化性,很难提出数学建模,而且没有数学建模的经济学派也是可以独立存在的,包括制度经济学、文化经济学、行为经济学和复杂经济学等。于是,在广西师范大学出版社出

[①] Thomas Piketty, *Capital in the Twenty-First Century* (Cambridge: The Belknap Press of Harvard University Press, 2014); Thomas Piketty, *Capital and Ideology* (Cambridge: The Belknap Press of Harvard University Press, 2020).

版简体版之时,笔者决定将题目改为《适度经济学导论》,并大胆界定了适度经济学的定义,指出适度经济学是以适度哲学思想为指导、三元理论为框架、三角思维为范式、第三变量为主要研究对象(见第六章),以适度曲线为基本依据、以组合和混合方法为特征(见第七章)的经济学,并提出设计和实施适度经济政策的原则与标准(第八章),还结合中美经济史发展的宏观案例(第九章),进一步证实适度经济学的现实性、合理性和可操作性。笔者希望借此小书,抛砖引玉,激发更多的学者思考"适度经济学"。如果我们能够清晰、系统、深入地定义和构建"适度经济学",那就有可能为未来的"适度经济学"的数理模型奠定思想基础、提供发展方向,这也是行为经济学正在努力的方向。对此,真诚期待各位专家学者能够不断关注、尝试、完善和创新适度经济学,共同催生一门富有潜力和魅力的新学派。

第二,关于思想在经济学中的地位。适度经济学的重中之重,是张扬思想在经济研究和经济发展中的重要意义,试图在数学主导经济学的当下,引入哲学,重新恢复经济哲学的魅力。似乎,科技是经济发展的第一生产力,但科技只能将1变成N,难以将0变成1,更无法使科技的发展可持续;于是,创新就变成第一生产力,旨在提升和保证将0变成1的能力,将科技发明转型到科学发现。但是,没有好的制度激励创新和保护创新,创新将成空谈,类似于没有对知识产权的严格保护制度,抄袭剽窃一定横行,创新只会导致劣币驱逐良币,创新者不愿、不敢、也不能创新,这样,制度就变得尤为重要。然而,好的制度还需要健康文明的文化土壤予以支持,旨在为制度创新提供深厚的文化、文明和精神的软性支撑。因为如果社会有一把"坏文化"的软刀子,就可能导致全社会嫉妒创新、打击创新、仇恨创新,而且,尽管有一个惩罚偷盗知识产权的严苛立法和完善制度,似乎能够做到"有法可依",但如果罪犯"有法不依",社会主流不信法治文化,只信权力文化,加上社会大众缺乏知识产权的保护意识,容忍"山寨"行为,认为"窃书不算偷",那么所有的高科技、大创新、好制度,都会被"坏文化"打败。

于是,我们需要继续追问,如果有了优良科技、创新、制度、文化,就一定会有高速、稳定、可持续的经济发展吗?不一定!当今世界经济发展最重要却更稀缺的一个资源是思想,因为人的思想决定科技发明、创新实践、制度安排与文化进步。如果没有科斯所提倡的"思想的市场",怎能形成一个可长久的经济市场、科技市场、创新市场、制度市场、文化市场?所以,笔者以为,当今世界,思想是第一生产力,涵盖醒、悟、理、道四大元素(见本书导论),文化、制度、创新和科技则根据不同时间与地点显示各自的意义而已。

第三,关于适度经济学可能超越经济学意义的问题。尽管本书侧重于适度经济学,但它的适用范围也许远远超过经济学。例如,马歇尔提出的价格均衡,其实能够启发人们将均衡的原则延伸到制度均衡和人性均衡,即通过制度安排,实现人的均衡与全面发展,倡导主观为他人、客观为你我的风气,实现利己人性与利他人性的均衡发展。同时,旧制度经济学派所提倡的相对价值理论,也为经济学和非经济学的发展提出了可能路径:相对或适度的理性、相对或适度的自由,以及相对或适度的干预等。另外,面对一些意识形态的左右纷争,经济学界和非经济学界更需要寻找介于自由与干预、市场与政府、微观与宏观之间或者之外的第三条道路。还有,有限理性也有助于启发非经济学者的更多想象:现实中是否存在有限市场、有限自由、有限之"手"的可能?包括一半看得见、一半看不见的"手"?有时看得见、有时看不见的"手"?有人看得见、有人看不见的"手"?而且,鉴于完全适度的高难度,适度经济学所提倡和包容的有限适度、局部适度、相对适度、短暂适度,都为各类非经济学科提供了启示,也就是说,是否需要追求"先有后好"的渐进,而不是完备、完美的立竿见影?有意思的是,适度经济学源自适度哲学,但又对哲学和其他人文科学、社会科学和自然科学产生启示,这就是多学科和跨学科交叉和交流的魅力。

总之,身处今日两极对立、左右撕裂的时代,适度经济学的三元理论、三角范式、适度曲线和宏观案例,有助于我们制定与实施求稳、求新、求变、求适度的经济政策。适度是一种极为复杂的哲学、理论和操作系统,一方面,适度是多数常人所认同的常识与习惯;另一方面,适度又是常人言行难以达到的目标。这种悖论,既表明知易行难的千古困境,又说明适度所固有的复杂、变异、高难特性。这不仅需要开启民智的教育启蒙和文化改造,也需要提升决策者的心智和心力,更需要将思想、文化、制度、创新、科技五种生产力合力推动,促进未来经济学的方法组合、学派综合和思想和合,共同完善和提升人类经济行为的适度和中道,促进适度自利、适度理性、适度发展。

参考文献

一、中文资料

艾泽尔·厄延:《减少贫困的政治》,《国际社会科学杂志(中文版)》,2000年第4期。

[美]布莱恩·阿瑟著,贾拥民译:《复杂经济学:经济思想的新框架》,杭州:浙江人民出版社,2018年。

程颐:《周易程氏传》,北京:中华书局,2016年。

[美]福山著,郭华译:《信任:社会美德与创造经济繁荣》,桂林:广西师范大学出版社,2016年。

甘筱青、袁柯镇:《从轴心时代的中和思想到现代文明对话》,《深圳大学学报》2017年第3期。

高连奎:《反误导:一个经济学家的醒悟》,北京:东方出版社,2014年。

韩星:《徐复观形而中学探微》,《黑龙江社会科学》2018年第

3 期。

[德]赫伯特·西蒙著,黄涛译:《西蒙选集》,北京:首都经济贸易大学出版社,2002年。

洪汉鼎:《诠释学:它的历史和当代发展》,北京:人民出版社,2001年。

洪朝辉:《社会经济变迁的主题——美国现代化进程新论》,杭州:杭州大学出版社,1994年。

洪朝辉:《中国特殊论:中国发展的困惑和路径》,纽约:柯捷出版社,2004年。

洪朝辉:《美中社会异象透视》,纽约:博登书屋,2021年。

洪朝辉:《中观史学导论》,《光明日报·史学》1988年1月6日。

洪朝辉:《中国乡镇企业产权改革与中央—地方权力的互动》,(美国)《当代中国研究》1995年第2期。

洪朝辉:《股份合作制改革与中国大陆乡镇集体企业》,《中国大陆研究》1996年第4期。

洪朝辉:《社会公正与中国的政治改革》,(美国)《当代中国研究》1999年第1期。

洪朝辉:《论中国农民工的社会权利贫困》,(美国)《当代中国研究》2007年第4期。

洪朝辉:《适度经济学思想的跨学科演化》,《南国学术》2020年第3期。

洪朝辉:《谁弄丢了美国?——中美关系急剧恶化新解》,(美国)《当代中国评论》2020年第2期。

洪朝辉:《"一只看不见手"的百年误读——文献还原亚当·斯密的隐喻》,《南国学术》2021年第1期。

洪朝辉:《文献还原亚当·斯密的"市场"真意》,《南国学术》2022年第1期。

黄朴民:《感受儒家思想方法论的永恒魅力》,《国际儒学》2022年第2期。

贾根良:《溯因法和回溯法:演化经济学的科学创造方法》,《演化与创新经济学评论》2014年第1辑。

康晓光:《未来3—5年中国大陆政治稳定性分析》,《战略与管理》2002年第3期。

柯汉琳:《中和美的哲学定位》,《华南师范大学学报(社会科学版)》1995年第4期。

克莱尔:《消除贫困与社会整合:英国的立场》,《国际社会科学杂志(中文版)》2000年第4期。

赖世刚:《复杂:被忽略的事实》,《复杂学》2022年第1期。

老子:《道德经》,北京:中华书局,2019年。

李刚、王斌、刘筱慧:《国民幸福指数测算方法研究》,《东北大学学报(社会科学版)》2015年第4期。

李华、刘瑞主编:《国民经济管理学》,北京:高等教育出版社,2001年。

李京:《从中、庸到〈中庸〉》,《孔子研究》2007年第5期。

李龙新:《从企业到企业文化的经济学解释》,《商业研究》2013年第2期。

李同路:《周作人:中国现代解构批评的先驱》,见王宁主编《文学理论前沿(第三辑)》,北京:北京大学出版社,2006年。

[英]李约瑟:《中国科学技术史》,北京:科学出版社,2016年。

厉以宁:《文化经济学》,北京:商务印书馆,2018年。

梁培宽编:《梁漱溟文稿手迹选》,上海:上海人民出版社,2013年。

林金忠:《从"看不见的手"到"市场神话"》,《经济学家》2011年第7期。

刘春成、侯汉坡:《城市的崛起——城市系统学与中国城市化》,北京:中央文献出版社,2012年。

刘春泉:《关于经济适度增长的几个理论问题》,《经济师论坛》2003年第11期。

罗豪才:《软法的理论与实践》,北京:北京大学出版社,2010年。

罗卫东:《情感、秩序、美德:亚当·斯密的伦理学世界》,北京:中国人民大学出版社,2006年。

罗卫东、刘璐:《基于亚当·斯密"合宜性"理论的人类个体行为模型》,《社会科学战线》2016年第7期。

鲁迅:《鲁迅全集》第3卷,北京:人民文学出版社,2005年。

[德]尼采著,周国平译:《悲剧的诞生:尼采美学文选》,北京:生活·读书·新知三联书店,1986年。

庞朴:《庞朴文集·第四卷·一分为三》,济南:山东大学出版社,2005年。

山琳琳:《关于我国经济增长的几个问题的探讨》,《宏观管理》2012年第6期。

司马迁著,吴树平主持校注:《今注本二十四史·史记》,北京:中国社会科学院,2018年。

唐翼明编:《颜氏家训解读》,北京:国家图书馆出版社,2017年。

田国强:《高级微观经济学》,北京:中国人民大学出版社,2018年。

汪丁丁:《行为经济学要义》,上海:上海人民出版社,2015年。

王夫之:《船山全书》,长沙:岳麓书社,1996年。

王积业:《关于确定适度经济增长率的几个问题》,《投资研究》1990年第7期。

王礼强:《亼源论与亼源易经》,南京:东南大学出版社,2014年。

王世舜、王翠叶译注:《尚书》,北京:中华书局,2012年。

王维嘉:《暗知识——机器认知如何颠覆商业和社会》,北京:中信出版社,2019年。

王先谦:《荀子集解》,北京:中华书局,1988年。

王岳川:《中西思想史上的中庸之道——〈中庸〉思想的发生与本体构成》,《湖南社会科学》2007年第6期。

王岳川:《"中庸"的超越性思想与普世性价值》,《社会科学战线》2009年第5期。

武学文:《三元理论基础和应用举例》,《中外医疗》2008年第9期。

萧高彦:《西塞罗与马基雅维利论政治道德》,《政治科学论丛》2012年第16期。

谢灵运著,李运富编注:《谢灵运集》,长沙:岳麓书社,1999年。

许慎:《说文解字》,杭州:浙江古籍出版社,2016年。

徐复观:《中国思想史论集续编》,上海:上海书店出版社,2004年。

徐复观:《中国人性论史》,上海:华东师范大学出版社,2005年。

徐复观:《徐复观全集》,北京:九州出版社,2014年。

徐弢:《倪柝声的三元论思想探究》,《中国神学研究院期刊》2013年第1期。

徐远:《从工业化到城市化》,北京:中信出版社,2019年。

杨天才、张善文译注:《周易》,北京:中华书局,2011年。

叶鹰:《建立在三元逻辑基础上的三元科学》,《浙江大学学报(农业与生命科学版)》2000年第3期。

余胜海:《任正非:管理上的灰色是我们的生命之树》,新浪财经,2020年10月2日,https://finance.sina.cn/chanjing/gsxw/2020-10-04/detail-iivhvpwz0329634.d.html。

[美]约翰·霍兰:《隐秩序:适应性造就复杂性》,上海:上海科技教育出版社,2019年。

曾国藩:《曾国藩家书家训》,天津:天津古籍书店,1991年。

张林:《新制度主义》,北京:经济出版社,2005年。

郑起东:《试论清政府镇压太平天国后的让步政策》,《清史研究》2008年第3期。

《中华大典》工作委员会:《中华大典》,昆明:云南教育出版社,2007年。

钟祥财:《中国古代能产生市场机制吗?——兼与盛洪先生商榷》,《探索与争鸣》2004 年第 2 期。

周延霖:《龙树与僧肇的"变迁"哲学——"中论"与"物不迁论"的对比》,《中华佛学研究》2016 年第 17 期。

朱树民、杨骅、王海林:《鲶鱼效应与现代图书馆人力资源管理》,《湖南工业大学学报(社会科学版)》2004 年第 10 期。

朱熹:《四书章句集注》,北京:中华书局,1983 年。

庄子:《庄子》,《诸子集成》第 3 册,上海:上海书店出版社,1986 年。

二、英文资料

Ahmad, Syed. "Adam Smith's Four Invisible Hands," *History of Political Economy*, 1990, 22(1).

Alchian, Armen A. "Some Economics of Property Rights," *Politico*, 1965, 30 (4).

Anderson, P. W. "More is Different," *Science*, 1972, 177 (4047).

Aristotle. *Nicomachean Ethics*. Kitchener: Batoche Books, 1999.

Arrow, Kenneth. "A Difficulty in the Concept of Social Welfare," *Journal of Political Economy*, 1950, 58 (4).

Arrow, Kennth. "The Principle of Rationality in Collective Decisions," in *Collected Papers of Kenneth J. Arrow: Social Choice and Justice*, Kennth Arrow, ed., Cambridge: The Belknap Press of Harvard University Press, 1983.

Arrow, Kennth. "The Trade-off between Growth and Equity," in *Collected Papers of Kenneth J. Arrow*: *Social Choice and Justice*, Kennth Arrow, ed., Cambridge: The Belknap Press of Harvard University Press, 1983.

Arthur, Brian. "Competing Technologies, Increasing Returns, and Lock-in by Historical Events," *The Economic Journal*, 1989, 99 (394).

Arthur, Brian. *Increasing Returns and Path Dependence in the Economy*. Ann Arbor: University of Michigan Press, 1994.

Arthur, Brian. "Complexity and the Economy," *Science*, 1999, 284 (107).

Arthur, Brian. *Complexity and the Economy*. New York: Oxford University Press, 2015.

Arthur, Brian and Wolfgang Polak. "The Evolution of Technology within a Simple Computer Model," *Complexity*, 2006, 11 (5).

Axelrod, Robert and W.D. Hamilton. "The Evolution of Cooperation," *Science*, 1981, 211 (4489).

Ayres, Clarence. *Toward a Reasonable Society*. Austin: University of Texas Press, 1971.

Bennett, Nathan and G. James Lemoine. "What VUCA Really Means for You," *Harvard Business Review*, 2014 (January–February).

Berkowitz, Edward D. *America's Welfare State: From Roosevelt to Reagan*. Baltimore: The Johns Hopkins University Press, 1991.

Bernanke, Ben. "The Great Moderation," *Federal Reserve History*, November 22, 2013, https://www.federalreservehistory.org/essays/

great_moderation.

Blaug, Mark. *The Methodology of Economics: Or, How Economists Explain.* Cambridge: Cambridge University Press, 1992.

Boole, George. *The Mathematical Analysis of Logic, Being an Essay towards a Calculus of Deductive Reasoning.* London, England: Macmillan, Barclay & Macmillan, 1847.

Boorstin, Daniel. *The Americans, The National Experience.* New York: Vintage Books, 1965.

Bowen, Howard. "Toward a Humanist Economics," *Nebraska Journal of Economic and Business*, 1972, 11 (4).

Bowles, Samuel. "Endogenous Preferences: The Cultural Consequences of Markets and Other Economic Institutions," *Journal of Economic Literature*, 1998, 36 (1).

Boyer, Paul. *The Enduring Vision.* Boston: Wadsworth, vol. 2, 1993.

Brown, Richard. *Modernization—The Transformation of American Life*, 1600–1865. New York: Waveland Pr Inc., 1986.

Bush, Paul. "The Theory of Institutional Change," *Journal of Economic Issues*, 1987, 21 (3).

Buttonwood, D. "Economic Optimism Drives Stockmarket Highs," *The Economist*, October 17, 2017.

Carole, Lewis. *A Survey of Symbolic Logic.* London: Forgotten Books, 2015.

Cary, John. *The Social Fabric.* Boston: Little, Brown & Co., vol. 1, 1989.

Castellani, Marco. "Does Culture Matter for the Economic Performance of Countries? An Overview of the Literature?" *The Society for Policy Modeling*, 2019, 41 (4).

Cheung, Steven. "The Fable of the Bees: An Economic Investigation," *Journal of Law and Economics*, 1973, 16 (1).

Chobham, Thomas de. *Summa Confessorum*. Paris: Be'atrice Nauwelaerts, 1968.

Chrystal, Alec and Paul Mizen. "Goodhart's Law: Its Origins, Meaning and Implications for Monetary Policy," working paper, November 15—16, 2011, http://cyberlibris. typepad. com/blog/files/Goodharts_Law.pdf.

Cicero. *De Officiis*. Latin Text with an English Translation by Walter Miller. Cambridge: Harvard University Press, 1990.

Clarke, Arthur C. *The Ghost from the Grand Banks*. London: Gollancz, 1990.

Colander, D. and R. Kupers. *Laissez-Faire Activism: The Complexity Frame for Policy*. Princeton: Princeton University Press, 2014.

Coase, R. H. "The Nature of the Firm," *Economica*, 1937, 4 (16).

Coase, R. H. "The Federal Communications Commission," *Journal of Law and Economics*, 1959(2).

Coase, R. H. "The Problem of Social Cost," *Journal of Law and Economics*, 1960(3).

Collins, Jim. *Form Good to Great: Why Some Companies Make the*

Leap ... and Others Don't. New York: Harper Business, 2001.

Commons, John. "Institutional Economics," *American Economic Review*, 1936, 26 (1).

Commons, John. *A Sociological View of Sovereignty*. New York: Augustus M. Kelley, 1967.

Commons, John. *Legal Foundation of Capitalism*. New Brunswick: Transaction Publishers, 1995.

Commons, John. *Institutional Economics: Its Place in Political Economy*. New Brunswick: Transaction Publishers, 2009.

Crosona, Rachel and Simon Gächterb. "The Science of Experimental Economics," *Journal of Economic Behavior & Organization*, 2010, 73 (1).

Cuito, Anrora and Cristina Montes. *Antoni Gaudi: Complete Works*. Madrid: H. Kliczkowski-Only Book, 2002.

Cummings, Richard. *The American Ice Harvests: A Historical Study in Technology, 1800-1918*. Berkeley: University of California Press, 1989.

Current, Richard. *American History*. New York: Knopf, 1983.

De Krey, Grey. *Restoration and Revolution in Britain: A Political History of the Era of Charlies II and the Glorious Revolution*. New York: Palgrave Macmillan, 2007.

Deng, Julong. "Control Problems of Grey Systems," *Systems and Control Letters*, 1982(5).

Deng, Julong. "Introduction to Grey System Theory," *The Journal of Grey System*, 1989(1).

Devine, Joel A. and James D. Wright. *The Greatest of Evils: Urban Poverty and the American Underclass*. New York: Aldine Dr Gruyter, 1993.

Diderot, Denis."Regrets on Parting with My Old Dressing Gown," translated by Kate Tunstall and Katie Scott.*Oxford Art Journal*, 2016, 39 (2).

Dietrich, Michael. *Transaction Cost Economics and Beyond: Towards a New Economics of the Firm*. London: Routledge, 1994.

Drucker, Peter.*The End of Economic Man—The Origins of Totalitarianism*. London and New York: Routledge, 2017.

Editorial."The Uneasy Triangle," *The Economist*, August 9, 16, & 23, 1952.

Edley, Christopher, Jr. *Not All Black and White: Affirmative Action and American Values*. New York: Hill and Wang, 1996.

Epstein, Richard.*Takings: Private Property and the Power of Eminent Domain*. Cambridge: Harvard University Press, 1985.

Erickson, Millard. *Christian Theology*. Grand Rapids: Baker Books, 1998.

Featherstonbaugh, George. *Excursion through the Slave States, from Washington on the Potomac, to the Frontier of Mexico*, New York: Harper & brothers, 1844.

Fine, Gail.*The Possibility of Inquiry: Meno's Paradox from Socrates to Sextus*. Oxford: Oxford University Press, 2014.

Fishlow, Albert. "The Common School Revival: Fact or Fancy?" in Henry Rosovsky, ed., *Industrialization in Two Systems*. New York: Wiley, 1966.

Fogel, Robert. *Without Consent or Contract: The Rise and Fall of American Slavery*. New York: W.W. Norton & Company, 1989.

Fogel, Robert and Stanley Engerman. *Time on the Cross—The Economics of American Negro Slavery*. New York: W. W. Norton & Company, 1974

Friedman, Lawrence. *A History of American Law*. New York: A Touchstone Book, 1974.

Gabriel, Henry Ralph. *The Course of American Democratic Thought*. New York: Ronal Press Co., 1956.

Galbraith, J. K. *A Short History of Financial Euphoria*. New York: Penguin Books, 1990.

Gates, Paul. "The Homestead Law in an Incongruous Land System," *American Historical Review*, 1936 (41).

Gibbin, John. *In Search of Schrodinger's Cat: Quantum Physics and Reality*. New York: Random House Publishing Group, 2011.

Gilbert, Neil. *Capitalism and the Welfare State*. New Haven, CT: Yale University Press, 1983.

Glaser, Barney G. and Anselm Strauss. *The Discovery of Grounded Theory: Strategies for Qualitative Research*. New York: Routledge, 2017.

Glaeser, Edward, David Laibson, Jose Scheinkman, and Christine

Soutter. "Measuring Trust," *Quarterly Journal of Economics*, 2000, 115 (3).

Gödel, Kurt. *Collected Works, I: Publications 1929-1936.* Oxford: Oxford University Press, 1986.

Granovetter, Mark. *Society and Economic: Framework and Principles.* Cambridge: The Belknap Press of Harvard University Press, 2017.

Griffin, Jennifer, and John Mahon. "The Corporate Social Performance and Corporate Financial Performance Debate: Twenty-five Years of Incomparable Research," *Business and Society*, 1997, 36 (5).

Guan, Cheng He, and Peter Rowe. "The Concept of Urban Intensity and China's Townization Policy: Cases from Zhejiang Province," *Cities*, 2016(55).

Guiso, Luigi, Paola Sapienza and Luigi Zingales. "Does Culture Affect Economic Outcomes?" *Journal of Economic Perspectives*, 2006, 20 (2).

Gulley, Normaney. "Plato's Theory of Recollection," *The Classical Quarterly*, 1954, 4 (3-4).

Habakkuk, H. J. *American and British Technology in the Nineteenth Century.* Cambridge: Cambridge University Press, 1982.

Hahn, Frank. "Next Hundred Years," *Economic Journal*, 1991, 101 (404).

Hamakawa, Yoshihiro. "New Energy Option for 21st Century: Recent Progress in Solar Photovoltaic Energy Conversion," *Oyobutsuri*, 2000, 69 (8).

Hanson, Norwood. *Patterns of Discovery*. Cambridge: Cambridge University Press, 1958.

Harrington, Michael. *The Other America: Poverty in the United States*. New York: Penguin Books, 1968.

Harrison, Lawrence E. "Why Culture Matters," in Lawrence E. Harrison and Samuel P. Huntington, eds., *Culture Matters: How Values Shape Human Progress*. New York: Basic Books, 2000.

Hayek, Friedrich. *The Road to Serfdom*. Chicago: The University of Chicago Press, 2011.

Heller, Robert. *Bill Gates*. London: Dorling Kindersley, 2001.

Helpman, E. and P. R. Krugman. *Market Structure and Foreign Trade*. Cambridge: MIT Press, 1985.

Hett, Benjamin. *The Death of Democracy: Hitler's Rise to Power and the Downfall of the Weimar Republic*. New York: Henry Holt and Company, 2018.

Hicks, John. *A History of Economic Theory*. Oxford: Oxford University Press, 1969.

Holton, Judith A. and Isabelle Walsh. *Classic Grounded Theory: Applications with Qualitative & Quantitative Data*. Los Angeles: SAGE, 2017.

Hong, Zhaohui. "Comparative Studies on Land Reform Advancement between Mainland China and Taiwan," *Asian Profile*, (October 1997).

Hong, Zhaohui. "Reform of Township-Village Enterprises and

Local-Central Relations in China—A Case Study of Zhejiang Province," *Asian Thought & Society: An International Review*, 23 (September-December), 1998.

Hong, Zhaohui, and Hong Liang. "Cultural Dimensions of China's Corporate Government Reform," *Asian Thought and Society*, XXV (75) (September-December), 2000.

Hong, Zhaohui. "The Theory of Moral Sentiments and Whole Person Education," in *Whole Person Education in East Asian Universities: Perspectives from Philosophy and Beyond*, eds., Benedict Chan and Victor Chan. New York: Routledge, 2022.

Horwitz, Morton. *The Transformation of American Law, 1780 – 1860: The Crises of Legal Orthodoxy*. Cambridge: Harvard University Press, 1979.

Hu, Bingxin. *Breaking Grounds—The Journal of a Top Chinese Woman Manager in Retail*, translated from the Chinese by Chengchi Wang. Paramus, NJ: Homa & Sekey Books, 2004.

Hudson, Michael. "The Bubble Economy: From Asset-Price Inflation to Debt Deflation," *Counterpunch*, July 5, 2013.

Hughes, Jonathan and Louis Cane. *American Economic History*. New York: Pearson Education, Inc., 2011.

Hume, David. *Dialogues Concerning Natural Religion*. New York: Hackett Publishing Co., 1998.

Hume, David. *A Treatise of Human Nature: Being an Attempt to Introduce the Experimental Method of Reasoning into Moral Subjects*. New

York: Cover Publications, 2003.

Hurst, James. *Law and the Conditions of Freedom in the Nineteenth Century United States*. Madison: The University of Wisconsin Press, 1956.

Hurwicz, Leonid. "The Design of Mechanisms for Resource Allocation," *The American Economic Review: Papers and Proceedings. American Economic Association*, 1973, 63 (2).

Hurwicz, Leonid and Stanley Reiter. *Designing Economic Mechanisms*. New York: Cambridge University Press, 2008.

Isocrates. *Isocrates with an English Translation in Three Volumes*. Cambridge: Harvard University Press, 1980.

Jacobs, Alan Adams. "Free Will and Predetermination," Advaita Vision, 2000, http://www.advaita.org.uk/discourses/teachers/freewill_jacobs.htm.

Jammer, Max. *Einstein and Religion: Physics and Theology*. Princeton: Princeton University Press, 2011.

Jaspers, Karl. *The Origin and Goal of History*. New York: Routledge, 2010.

Jennings, James. *Understanding the Nature of Poverty in Urban America*. Westport, CT: Praeger, 1994.

Jewell, K. Sue. *Survival of the Black Family: The Institutional Impact of U.S. Social Policy*. Westport, CT: Praeger, 1988.

Kahneman, Daniel and Amos Tversky. "Prospective Theory: An Analysis of Decision under Risk," *Econometrica*, 1979, 47 (2).

Kahneman, Daniel, Jack L. Knetsch and Richard Thaler. "Fairness and the Assumptions of Economics," *The Journal of Business*, 1986, 59 (4).

Kahneman, Daniel, Jack L. Knetsch and Richard Thaler. "Fairness as a Constraint on Profit Seeking: Entitlements in the Market," *The American Economic Review*, 1986, 76 (4).

Kahneman, Daniel, Alan B. Krueger, David A. Schkade, Norbert Schwarz, and Arthur A. Stone. "A Survey Method for Characterizing Daily Life Experience: The Day Reconstruction Method," *Science*, 2004, 306 (5702).

Kaldor, Nicholas. "Welfare Propositions of Economics and Interpersonal Comparisons of Utility," *The Economic Journal*, 1939, 49 (195).

Kant, Immanuel. *Critique of Pure Reason*. New York: Barnes & Noble, 2004.

Kant, Immanuel. *The Critique of Practical Reason*. Cambridge: Cambridge University Press, 2015.

Kelley, E. W. *Policy and Politics in the United States: The Limits of Localism*. Philadelphia: Temple University Press, 1987.

Keynes, John Maynard. *The General Theory of Employment, Interest and Money*. London: Macmillan, 1936.

Kidd, Celeste, Steven T. Piantadosi and Richard N. Aslin. "The Goldilocks Effect: Human Infants Allocate Attention to Visual Sequences That Are Neither Too Simple nor Too Complex," *Plos One*,

May 23, 2012.

Kim, Siew, Jean Lee and Kelvin Yu. "Corporate Culture and Organizational Performance," *Journal of Managerial Psychology*, 2004, 19 (4).

Kirkland, Edward. *A History of American Economic Life*. New York: Appleton-Century-Crofts, 1969.

Kirman, Alan. "The Intrinsic Limits of Modern Economic Theory: The Emperor has No Clothes," *The Economic Journal*, 1989, 99 (395).

Knight, Frank. *Risk, Uncertainty, and Profit—Economic Theory of Uncertainty in Business Enterprises, and Its Connection to Profit and Prosperity in Society*. New York: Adansonia Press, 2018.

Krakauer, David and Geoffrey West. "The Damage We're Not Attending to: Scientists who Study Complex Systems Offer Solutions to the Pandemic," *Nautilus*, July 8, 2020. http://nautil.us/issue/87/risk/the-damage-were-not-attending-to.

Laffer, Arthur, Stephen Moore and Peter Tanous. *The End of Prosperity: How Higher Taxes Will Doom the Economy—If We Let It Happen*. New York: Threshold Editions, 2008.

Lampman, Robert J. *Ends and Means of Reducing Income Poverty*. Chicago: Markham, 1971.

Lands, David. "Culture Makes Almost All the Difference," in *Culture Matters: How Values Shape Human Progress*, Harrison Lawrence and Samuel Huntington, eds. New York: Basic Books, 2000.

Larrimore, Mark Joseph. *The Problem of Evil: A Reader*. New

York: Blackwell, 2001.

Le Bon, Gustave. *The Crowd: A Study of the Popular Mind*. New York: The Macmillan Company, 1897.

Lee, Patrick and Robert P. George.*Body-Self Dualism in Contemporary Ethics and Politics*. Cambridge: Cambridge University Press, 2008.

Levy, Leon, and Nassau W. Senior. *The Prophet of Modern Capitalism*. Boston, MA: Bruce Humphries, 1943.

Lindenfeld, David. "The Myth of the Older Historical School of Economics,"*Central European History*, 1993, 26 (4).

Little, Peter.*Somalia: Economy without State*. Bloomington: Indiana University Press, 2003.

Loemker, Leroy."Gottfried Wilhelm Leibniz. Philosophical Papers and Letters," *Philosophical Quarterly*, 1958, 8 (32).

Loshitzky, Yosefa, ed.*Schindler's Holocaust: Critical Perspective on Schindler's List*. Bloomington: Indiana University Press, 1997.

Lutz, Mark. *Economics for the Common Good: Two Centuries of Social Economic Thought in the Humanistic Tradition*. London and New York: Routledge, 1999.

Mabsout, Ramzi. "Abduction and Economics: The Contributions of Charles Peirce and Herbert Simon,"*Journal of Economic Methodology*, (April), 2015.

Macfie, A. "The Invisible Hand of Jupiter,"*Journal of the History of Ideas*, 1971, 32 (4).

Marshall, Alfred. *Principles of Economics: Unabridged Eighth Edi-*

tion. New York: Cosimo, Inc., 2009 [1890].

Marshall, Alfred. *Principles of Economics*, 8th. ed. London: Palgrave Macmillan and Co., 2013.

McCracken, Grant David. *The Long Interview—Qualitative Research Methods Series* 13. Newbury Park, CA: A Sage University Paper, 1988.

Mead, Lawrence M. "Social Programs and Social Obligations," *The Public Interest*, 1982, 69 (3).

Metcalf, Allan A. *Predicting New Words: The Secrets of Their Success*. Boston: Houghton Mifflin Co., 2002.

Middleton, Karen and Meheroo Jussawalla, eds. *The Economics of Communication: A Selected Bibliography with Abstracts*. New York: Pergamon Press, 1981.

Mill, John Stuart. *On Liberty*. London: John W. Parker and Son, West Strand, 1859.

Mowry, George. *The Progressive Movement, 1900–1920*. American Historical Association, 1972.

Mullainathan, Sendhil and Richard Thaler. "Behavior Economics," *National Bureau of Economic Research Working Paper Series* 7948. Washington, D. C.: National Bureau of Economic Research, 2000.

Nathan, Andrew, Zhaohui Hong & Steven Smith. *Dilemmas of Reform in Jiang Zemin's China*. Boulder: Lynne Rienner Publishers, 1999.

Nell, Guinevere. *The Driving Force of the Collective: Post-Austrian Theory in Response to Israel Kirzner*. New York: Palgrave

Macmillan, 2017.

North, Douglass. *Growth and Welfare in the American Past: A New Economic History*. New Jersey: Prentice-Hall, Inc., 1982.

North, Douglass. "Institutions and Economic Growth: An Historical Introduction," *World Development*, 1989, 17 (9).

North, Douglass. "Institutions and Economic Theory," *The American Economists*, 1992, 36 (1).

North, Douglass. "Economic Performance Through Time," *American Economic Review*, 1994, 84 (3).

Norton, Mary. *A People and A Nation: A History of the United States*. Boston: Cengage, vol. 1, 1990.

Obstfeld, Maurice, Jay C. Shambaugh and Alan M. Taylor. "The Trilemma in History: Tradeoffs Among Exchange Rates, Monetary Policies, and Capital Mobility," *The Review of Economics and Statistics*, 2005, 87 (3).

Pais, Abraham. *Subtle is the Lord: The Science and the Life of Albert Einstein*. Oxford: Oxford University Press, 2005.

Pareto, Vilfredo. *The Mind and Society*, Arthur Livingston, ed. New York: Harcourt, Brace & Company, 1935.

Pearl, Judea and Dana Mackenzie. *The Book of Why: The New Science of Cause and Effect*. New York: Basic Books, 2018.

Peirce, Charles. *Reasoning and the Logic of Things*. Cambridge: Harvard University Press, 1992.

Phillips, A. W. "The Relation between Unemployment and the

Rate of Change of Money Wage Rates in the United Kingdom, 1861-1957," *Economica*, 1958, 25 (100).

Pigou, A. C. *The Economics of Welfare*. London: Macmillan and Co., 1929.

Piketty, Thomas. *Capital in the Twenty-First Century*. Cambridge: The Belknap Press of Harvard University Press, 2014.

Piketty, Thomas. *Capital and Ideology*. Cambridge: The Belknap Press of Harvard University Press, 2020.

Pinker, Steven. *The Blank Slate: The Modern Denial of Human Nature*. London: The Penguin, 2002.

Plato. *The Republic of Plato*. Translated with notes and an interpretive essay by Allan Bloom. New York: Basic Book, 1968.

Popper, K. R. *Objective Knowledge: An Evolutionary Approach*. Oxford: Oxford University Press, 1972.

Porter, Glenn, ed. *Encyclopedia of American Economic History*. New York: Simon & Schuster Trade, 1980, vol. 1.

Ramstad, Yngve. "John R. Commons' Puzzling Inconsequentiality as an Economic Theorist," *Journal of Economic Issues*, 1995, 29 (4).

Raphael, D. D. *The Impartial Spectator: Adam Smith's Moral Philosophy*. New York: Oxford University Press, 2007.

Rawls, John. *A Theory of Justice* (Revised Edition). Cambridge: Harvard University Press, 1999.

Reischauer, Edwin. *Japan: The Story of a Nation*. New York: Alfred A. Knopf, 1989.

Richardo, David. *On the Principles of Political Economy and Taxation*. Ontario, Kitchener: Batoche Books, 2001.

Rima, Samuel. *Spiritual Capital: A Moral Core for Social and Economic Justice*. London and New York: Routledge, 2016.

Robinson, J. "Time in Economic Theory," *Kyklos*, 1980, 33 (2).

Rodgers, Harrell R., Jr. *Poor Women, Poor Family: The Economic Plight of America's Female-Headed Households*. Armonk, New York: M. E. Sharpe, 1990.

Rodrik, Dani. *The Globalization Paradox: Democracy and the Future of the World Economy*. New York: W. W. Norton & Company, 2011.

Romer, Paul. "Mathiness in the Theory of Economic Growth," *American Economic Review*, 2015, 105 (5).

The Royal Swedish Academy of Sciences. "Press Release: The Prize in Economic Sciences 2019," October 14, 2019, https://www.nobelprize.org/prizes/economic-sciences/2019/press-release/.

Rubin, Lillian B. "Maximum Feasible Participation: The Origins, Implications, and Present Status," *The Annals of the American Academy of Political and Social Science*, 1969 (385).

Rutherford, Malcolm. "The Old and the New Institutionalism: Can Bridges Be Built?" *Journal of Economic Issues*, 1995, 29 (2).

Rutherford, Malcolm. "Introduction to the Transaction Edition," in *Institutional Economics: Its Place in Political Economy*, John Commons. New Brunswick: Transaction Publishers, 2009.

Samuelson, Paul. *Foundations of Economic Analysis*. Cambridge: Harvard University Press, 1983.

Samuelson, Paul. *Economics: An Introductory Analysis*, 19th ed. New York: McGraw-Hill Book Co., 2009.

Sathe, Vijay. "Implications of Corporate Culture: A Manager's Guide to Action," *Organizational Dynamics*, 1983, 12 (2).

Sawer, Marian. *The Ethical State? Social Liberalism in Australia*. Victoria, Australia: Melbourne University Press, 2003.

Schein, Edgar and Peter Schein. *Humble Leadership—The Power of Relationships, Openness, and Trust*. Oakland: Berrett-Koehler Publishers, Inc., 2018.

Schelling, Thomas. *The Strategy of Conflict*. Cambridge: Harvard University Press, 1960.

Schneberger, Scott, Hugh Watson and Carol Pollard. "The Efficacy of 'Little t' Theories," *IEEE Proceedings of the 40th Hawaii International Conference on System Sciences*, 2007.

Schor, Juliet. *The Overspent American: Why We Want What We Don't Need*. New York: Harper Perennial, 1999.

Schumpeter, Joseph. *The Theory of Economic Development*. London: Oxford University Press, 1961.

Schumpeter, Joseph. *The Concise Encyclopedia of Economics*, Library of Economics and Liberty, 2000, https://www.econlib.org/library/Enc/bios/Schumpeter.html.

Schumpeter, Joseph. *Capitalism, Socialism and Democracy*. New

York: Routledge, 2006.

Sedláček, Tomáš. *Economics of Good and Evil: The Quest for Economic Meaning from Gilgamesh to Wall Street*. Oxford: Oxford University Press, 2011.

Sen, Amartya. "The Impossibility of a Paretian Liberal," *The Journal of Political Economy*, 1970, 78 (1).

Sharp, L. and J. Frechtling. "Overview of the Design Process for Mixed Method Evaluation," in *User-Friendly Handbook for Mixed Method Evaluations*, L. Sharp & J. Frechtling, eds., 1997, http://www.nsf.gov/pubs/1997/nsf97153/start.htm.

Simon, Herbert. "A Behavioral Model of Rational Choice," *The Quarterly Journal of Economics*, 1955, 69 (1).

Simon, Herbert. "Theories of Bounded Rationality," in *Decision and Organization: A Volume in Honor of Jacob Marschak*, C. B. McGuire and Roy Radner, eds. Amsterdam: North-Holland Publishing Company, 1972.

Simon, Herbert. *Models of Discovery*. Dordrecht: Reidel, 1977.

Simon, Herbert. "Rationality and Organizational Learning," *Organization Science*, 1991, 2 (1).

Simon, Herbert. *Models of Bounded Rationality: Empirically Grounded Economic Reason*. Cambridge: The MIT Press, 1997.

Simon, Herbert. "Bounded Rationality in Social Science: Today and Tomorrow," *Mind & Society*, 2000, 1 (1).

Skrabec, Quentin. *The 100 Most Important American Financial Crises: *An Encyclopedia of the Lowest Points in American Economic History*. New York: Greenwood, 2014.

Smith, Adam. *The Glasgow Edition of the Works and Correspondence of Adam Smith*. Oxford: Oxford University Press, 1980.

Smith, Adam. *The Theory of Moral Sentiments*. Indianapolis: Liberty Fund, Inc., 1982.

Smith, Adam. *The Wealth of Nations*. New York: Shine Classics, 2014.

Snowball, Jeanette. *Measuring the Value of Culture*. New York: Springer, 2008.

Sober, Elliott. *Core Questions in Philosophy: A Text with Readings*. Boston: Pearson Education, 2013.

Sombart, Werner. *War and Capitalism*. New Hampshire: Ayer Company, 1975.

Sternberg, Robert. *Beyond IQ: A Triarchic Theory of Human Intelligence*. New York: Cambridge University Press, 1985.

Sternberg, Robert, ed. *Handbook of Intelligence*. Cambridge: Cambridge University Press, 2000.

Sternberg, Robert and Karin Sternberg, eds. *The New Psychology of Love*. Cambridge: Cambridge University Press, 2018.

Stigler, George and Gary Becker. "De Gustibus Non Est Disputandum," *American Economic Review*, 1977, 67 (2).

Stoesz, David. "Poor Policy: The Legacy of the Kerner Commission for Social Welfare," *North Carolina Law Review*, 1993, 71 (5).

Struik, Dirk. *Yankee Science in the Making: Sicence and Engineering in New England from Colonial Times to the Civil War.* New York: Dover Publications, 1992.

Swenson, Peter A. *Fair Shares: Unions, Pay, and Politics in Sweden and West Germany.* New York: Cornell University Press, 1989.

Tabb, W. *Reconstructing Political Economy.* New York: Routledge, 1999.

Temin, Peter. "Steam and Waterpower in the Early Nineteenth Century," in Robert Fogel and Stanley Eugerman, ed., *The Reinterpretation of American Economic History.* New York: Harper & Row, 1971.

Thaler, Richard. "Mental Accounting and Consumer Choice," *Marketing Science*, 1985, 4 (3).

Thaler, Richard. *Misbehaving: The Making of Behavioral Economics.* New York: W.W. Norton & Company, 2016.

Thaler, Richard and Cass R. Sunstein. *Nudge: Improving Decisions about Health, Wealth, and Happiness.* New York: Penguin Books, 2009.

Tideman, Nicolaus. *Collective Decision and Voting: The Potential for Public Choice.* Burlington: Ashgate Publishing Company, 2006.

Towse, Ruth. *A Textbooks of Cultural Economics.* Cambridge: Cambridge University Press, 2019.

Trimble, V. "Existence and Nature of Dark Matter in the Universe," *Annual Review of Astronomy and Astrophysics*, 1987, 25 (1).

Udersky, Laurie. "Welfare Reform and Its Victims," *The Nations*, September 24, 1990.

United Nations, Department of Economics and Social Affairs, Population Division.*World Urbanization Prospects: The 2018 Revision*. New York: United Nations,2019.

Ura,Karma,Sabina Alkire,Tshoki Zangmo and Karma Wangdi. *A Short Guide to Gross National Happiness Index*. Thimphu,Bhutan: The Centre for Bhutan Studies,2012.

U. S. Bureau of the Census. *Historical Statistics of the United States,from Colonial Period to* 1957. Washington,D.C.,1960.

U. S. Bureau of the Census. *Historical Statistics of the United States, Colonial Times to* 1970. Washington,D.C.: U.S. Government Printing Office,1975,vol. 2.

U.S. Bureau of the Census. Current Population Reports,"Poverty in the United States: 1990," *Series*, No. 175. Washington,DC: U.S. Government Printing Office,1991.

U.S. Bureau of the Census. Current Population Reports,"Poverty in the United States: 2002," *Series*, written by Bernadette D. Proctor and Joseph Dalaker. Washington, DC: U. S. Government Printing Office,2002.

U.S. Bureau of Land Management. *Public Land Statistics*. Washington,D.C.,1974.

Veblen,Thorstein. "Why is Economics not an Evolutionary Science?" *The Quarterly Journal of Economics*, 1898,12 (4).

Veblen,Thorstein. *The Theory of the Leisure Class—An Economic Study of Institutions*. New York: Macmillan,1899.

Walras,Léon. *Elements of Theoretical Economics: The Theory of Social Wealth*. Cambridge: Cambridge University Press,2014.

Wanniski, Jude. "Taxes, Revenue & the 'Laffer Curve'," *The Republic Interests*, 1978, 50.

Weber, Max. *General Economic History*. New York: Cosimo, Inc., 2007.

Witt, Ulrich. "What is Specific about Evolutionary Economics?" *Journal of Evolutionary Economics*, 2008, 18 (5).

Witt, Ulrich. *Evolutionary Economics*. UK: Edward Elgar Publishing, Inc., 1993.

Wolensko, Jan. "Jan Lukasiewiez on the Liar Paradox, Logical Consequence, Truth, and Induction," *Modern Logic*, 1994, 4 (4).

World Bank. *World Bank Atlas*. Washington, D.C., 1975.

Xenophon. *Oeconomicus*. Oxford: Oxford University Press, 1995.

Zadeh, L.A. "Fuzzy Sets," *Information and Control*, 1965, 8 (3).

Zak, Paul, ed. *Moral Markets: The Critical Role of Values in the Economy*. Princeton: Princeton University Press, 2008.

Zak, Paul. "The Neurobiology of Trust," *Scientific American*, 2008, 298 (6).

Zak, Paul. "The Physiology of Moral Sentiments," *Journal of Economic Behavior & Organization*, 2011, 77 (1).

Zak, Paul and S. Knack. "Trust and Growth," *The Economic Journal*, 2011, 111 (470).

Zak, Paul, Karla Borja, William Matzner, and Robert Kurzban. "The Neuroeconomics of Distrust: Sex Differences in Behavior and Physiology," *American Economic Review Papers and Proceedings*, 2005, 95 (2).

"大学问"是广西师范大学出版社旗下的学术图书出版品牌。品牌以"始于问而终于明"为理念,以"守望学术的视界"为宗旨,致力于原创+引进的人文社会科学领域的学术图书出版。倡导以问题意识为核心,弘扬学术情怀、人文精神和探究意识,展现学术的时代性、思想性和思辨色彩。

截至目前,大学问品牌已推出《现代中国的形成(1600—1949)》《中华帝国晚期的性、法律与社会》等70多种图书,涵盖思想、文化、历史、政治、法学、社会、经济等人文社会科学领域的学术作品,力图在普及大众的同时,保证其文化内蕴。

"大学问"品牌书目

大学问·学术名家作品系列
朱孝远　《学史之道》
朱孝远　《宗教改革与德国近代化道路》
池田知久　《问道:〈老子〉思想细读》
赵冬梅　《大宋之变,1063—1086》
黄宗智　《中国的新型正义体系:实践与理论》
黄宗智　《中国的新型小农经济:实践与理论》
黄宗智　《中国的新型非正规经济:实践与理论》
夏明方　《文明的"双相":灾害与历史的缠绕》
王向远　《宏观比较文学19讲》
张闻玉　《铜器历日研究》
张闻玉　《西周王年论稿》
谢天佑　《专制主义统治下的臣民心理》
王向远　《比较文学系谱学》
王向远　《比较文学构造论》
刘彦君　廖奔　《中外戏剧史(第三版)》
干春松　《儒学的近代转型》
王瑞来　《士人走向民间:宋元变革与社会转型》

大学问·国文名师课系列
龚鹏程　《文心雕龙讲记》
张闻玉　《古代天文历法讲座》
刘　强　《四书通讲》
刘　强　《论语新识》
王兆鹏　《唐宋词小讲》
徐晋如　《国文课:中国文脉十五讲》
胡大雷　《岁月忽已晚:古诗十九首里的东汉世情》

大学问·明清以来文史研究系列

周绚隆	《易代：侯岐曾和他的亲友们（修订本）》
巫仁恕	《劫后"天堂"：抗战沦陷后的苏州城市生活》
台静农	《亡明讲史》
张艺曦	《结社的艺术：16—18世纪东亚世界的文人社集》
何冠彪	《生与死：明季士大夫的抉择》
李孝悌	《恋恋红尘：明清江南的城市、欲望和生活》
孙竞昊	《经营地方：明清时期济宁的士绅与社会》
范金民	《明清江南商业的发展》
方志远	《明代国家权力结构及运行机制》

大学问·哲思系列

罗伯特·S.韦斯特曼	《哥白尼问题：占星预言、怀疑主义与天体秩序（上）》
罗伯特·斯特恩	《黑格尔的〈精神现象学〉》
A.D.史密斯	《胡塞尔与〈笛卡尔式的沉思〉》
约翰·利皮特	《克尔凯郭尔的〈恐惧与颤栗〉》
迈克尔·莫里斯	《维特根斯坦与〈逻辑哲学论〉》
M.麦金	《维特根斯坦的〈哲学研究〉》
G·哈特费尔德	《笛卡尔的〈第一哲学的沉思〉》
罗杰·F.库克	《后电影视觉：运动影像媒介与观众的共同进化》
苏珊·沃尔夫	《生活中的意义》

大学问·名人传记与思想系列

孙德鹏	《乡下人：沈从文与近代中国（1902—1947）》
黄克武	《笔醒山河：中国近代启蒙人严复》
黄克武	《文字奇功：梁启超与中国学术思想的现代诠释》
王　锐	《革命儒生：章太炎传》
保罗·约翰逊	《苏格拉底：我们的同时代人》
方志远	《何处不归鸿：苏轼传》

大学问·实践社会科学系列

胡宗绮	《意欲何为：清代以来刑事法律中的意图谱系》
黄宗智	《实践社会科学研究指南》
黄宗智	《国家与社会的二元合一》
黄宗智	《华北的小农经济与社会变迁》
黄宗智	《长江三角洲的小农家庭与乡村发展》
白德瑞	《爪牙：清代县衙的书吏与差役》

赵刘洋　《妇女、家庭与法律实践:清代以来的法律社会史》
李怀印　《现代中国的形成(1600—1949)》
苏成捷　《中华帝国晚期的性、法律与社会》
黄宗智　《实践社会科学的方法、理论与前瞻》
黄宗智　周黎安　《黄宗智对话周黎安:实践社会科学》

大学问·雅理系列
拉里·西登托普　《发明个体:人在古典时代与中世纪的地位》
玛吉·伯格等　《慢教授》
菲利普·范·帕里斯等　《全民基本收入:实现自由社会与健全经济的方案》
田　雷　《继往以为序章:中国宪法的制度展开》
寺田浩明　《清代传统法秩序》

大学问·桂子山史学丛书
张固也　《先秦诸子与简帛研究》
田　彤　《生产关系、社会结构与阶级:民国时期劳资关系研究》
承红磊　《"社会"的发现:晚清民初"社会"概念研究》

其他重点单品
郑荣华　《城市的兴衰:基于经济、社会、制度的逻辑》
郑荣华　《经济的兴衰:基于地缘经济、城市增长、产业转型的研究》
王　锐　《中国现代思想史十讲》
简·赫斯菲尔德　《十扇窗:伟大的诗歌如何改变世界》
北鬼三郎　《大清宪法案》
屈小玲　《晚清西南社会与近代变迁:法国人来华考察笔记研究(1892—1910)》
徐鼎鼎　《春秋时期齐、卫、晋、秦交通路线考论》
苏俊林　《身份与秩序：走马楼吴简中的孙吴基层社会》
周玉波　《庶民之声:近现代民歌与社会文化嬗递》
蔡万进等　《里耶秦简编年考证(第一卷)》
张　城　《文明与革命:中国道路的内生性逻辑》
蔡　斐　《1903:上海苏报案与清末司法转型》
洪朝辉　《适度经济学导论》

检验合格 | 检验员 35